초등교과서 단어의 비밀

아울북 초등교육연구소 지음

5단계 ①

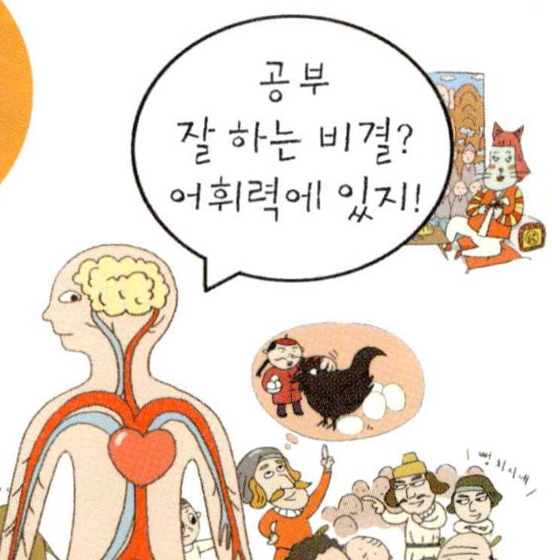

공부 잘 하는 비결? 어휘력에 있지!

교과서 한자 개념어 12,800개 철저 분석!
240개 기본 어휘소로 초등 교과서 완전 정복!

KB247271

아울북

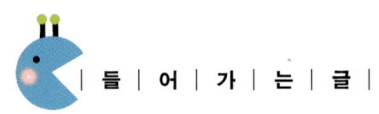
무슨 단어든 척척 아는 내 짝, 비결이 뭘까?

교과서나 책에서 쓰는 단어는 우리가 늘 쓰는 단어보다 훨씬 많습니다. 자꾸 익혀서 그 뜻을 정확하게 알지 못하면, 남의 생각을 이해하기도 어렵고 자기 생각을 표현하기도 어렵지요.

그럼 시간이 흐르고 중학생, 고등학생이 되면 좀 나아질까요? 그렇지 않습니다. 시간이 흐를수록 단어 실력은 더욱 차이가 날 뿐입니다. 어른이 되어도 마찬가지랍니다.

그렇다고 그 많은 단어를 일일이 외울 필요는 없어요. 교과서에 나오는 수많은 단어가 만들어진 원리와 개념을 이해하면 저절로 그 뜻을 알게 되거든요. 그러면 짝처럼 단어 척척박사가 될 수 있답니다.

여러분을 단어 척척박사로 만들기 위해 작가, 초등학교 선생님, 국어교육 연구자들이 모여서 이 책을 만들었습니다. 표현력과 생각하는 힘은 물론 성적도 쑥쑥 올려주는 그런 책 말이지요!

교과서 한자어 12,800개를 완전 분석했습니다

학년별 교과서 어휘를 모두 익힐 수 있게 구성하였습니다. 교과서에 등장하는 한자어 12,800여 개를 데이터베이스 프로그램에 입력하여 그 단어가 언제 교과서에 처음 나오는지, 어떤 학년 어떤 과목에 몇 번이나 나오는지 통계를 냈습니다. 그 결과를 기준으로 학년별로 배워야 할 단어들을 뽑아냈습니다.

한자어와 고유어의 결합 원리를 익히도록 했습니다

단어의 구조와 단어가 만들어진 원리를 익힐 수 있도록 구성하였습니다. 초등 교과서에는 한자가 42만 번도 넘게 나옵니다. 하지만 100번 이상 등장하는 한자는 500개도 안 됩니다. 몇 개의 한자어와 고유어가 서로 결합하여 수많은 단어를 만들어 내기 때문입니다. 따라서 이러한 원리를 익힐 수 있다면 어린이들의 단어 실력은 엄청나게 성장할 것입니다.

외우지 않고도 기억하고 익힐 수 있습니다

「초단비」는 스스로 묻고 답하면서 익힐 수 있습니다. 아이들은 제일 먼저 퀴즈나 만화를 통해 바탕말(어휘소)을 익힙니다. 바탕말은 수많은 단어를 만들어 내는 '어머니'와 같은 말입니다. 바탕말을 익히고 나면 그 뒤에 따라 나오는 이십여 개의 단어를 쉽게 이해하고 익힐 수 있습니다. 퀴즈를 풀고 빈칸을 채우고 만화를 보고 웃으면서 바탕말의 꼬리를 따라가다 보면, 어려운 말도 쉽게 이해하게 될 것입니다.

아울북 초등교육연구소

흐음~
저거 바탕말
이로군!

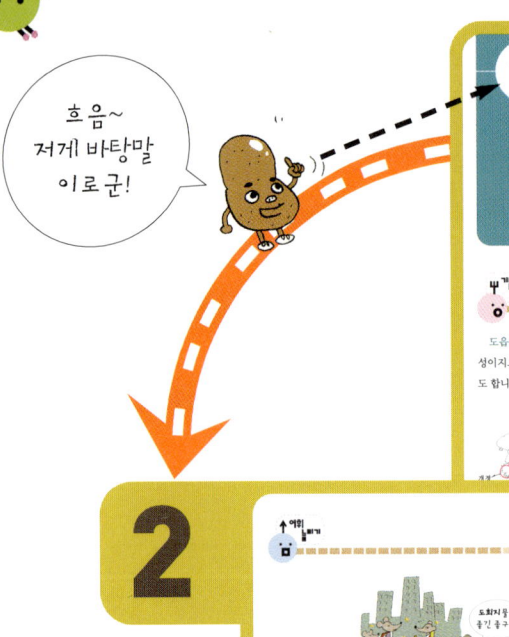

1 기본어휘 잡기

바탕말로 이루어진
기본 단어를 익혀요.

2 어휘 늘리기

바탕말로 이루어진
확장 단어를 익혀요.

와~~
바탕말 하나가
열 단어, 스무
단어로!

3 어휘 키우기

바탕말로 이루어진
심화 단어를 익혀요.

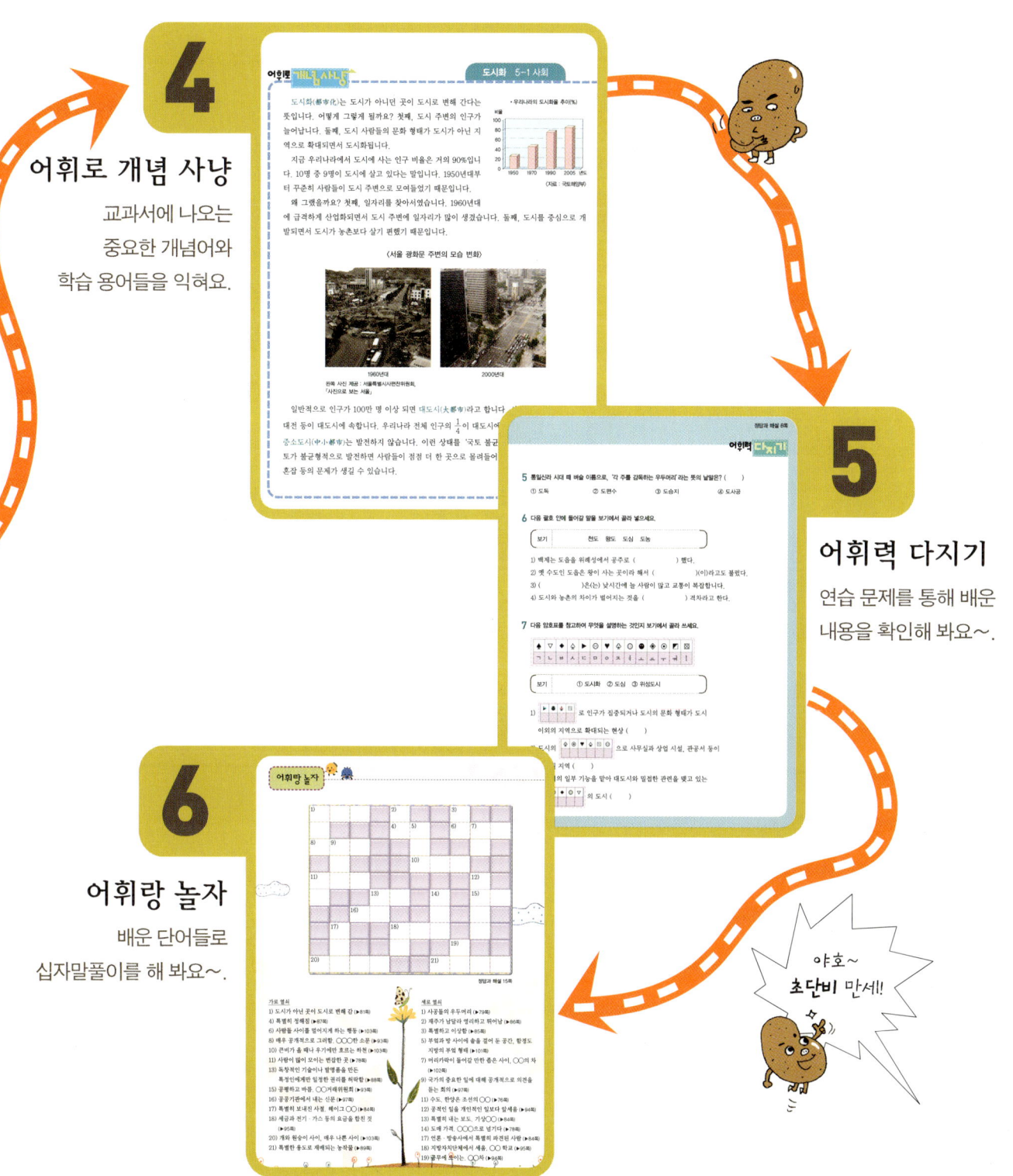

4 어휘로 개념 사냥

교과서에 나오는
중요한 개념어와
학습 용어들을 익혀요.

5 어휘력 다지기

연습 문제를 통해 배운
내용을 확인해 봐요~.

6 어휘랑 놀자

배운 단어들로
십자말풀이를 해 봐요~.

야호~
초단비 만세!!

차례

제3장

제 4 장

제 5 장

제 6 장

제 1 장

單
하나 단

단숨에 날아와 단칼에 날려 버려

□칼에 날려 버려요!

캬오!

기본어휘 잡기

위 그림의 빈칸에 가장 알맞은 말은 무엇일까요? (　　　)

① 날　　　　② 단　　　　③ 담　　　　④ 탄

　답은 ②번 단입니다. 단(單)은 '하나' 라는 뜻입니다. 식구들을 먹여 살리기 위해, 밭에 나가 여러 날을 홀로 일한다는 데서 나온 글자입니다. 혼자 일한다는 것에서 '하나' 라는 뜻을 갖게 된 것이죠.

　한 층만 있는 집은 단층집입니다. 한 가지 색으로만 되어 있으면 단색, 숨 한 번에 곧장 일을 해치우면 단숨에 한 것이죠.

　그럼 '단' 이 들어가는 말로 다음 빈칸을 채워 볼까요? 두 번이 아니고 한 번이면 □□에, 한 판으로 승부를 내는 것은 □□승부, 칼을 한 번 휘둘러 무를 자르면 □□□ 무를 자르는 거죠.

　답은 순서대로 단번, 단판, 단칼에입니다.

單	하나 단

- 단층(單 層층 층)
  일층
- 단색(單 色색깔 색)
  한 가지 색깔
- 단(單)숨에
  쉬지 않고 곧장
- 단번(單 番차례 번)에
  단 한 번에
- 단(單)판 승부
  한 판에 승부를 내는 것
- 단(單)칼에
  단 한 번 쓰는 칼,
  단 한 번에

혈혈단신

혈혈단신(孑 외로울 혈 孑 單 身 몸 신)은 의지할 곳 없이 외로운 홀몸을 말해요.

난 봉우리가 하나야.

왼쪽 낙타의 이름은 무엇일까요? (   )

① 한봉낙타   ② 일봉낙타

③ 단봉낙타   ④ 고봉낙타

답은 ③번 단봉(單峰)낙타입니다. 볼록 솟은 혹이 하나여서 붙여진 이름이죠. 간혹 '외봉낙타' 라고도 하는데, 단봉낙타가 올바른 이름입니다. 반면에 혹이 한 쌍, 즉 두 개 솟은 것은 쌍봉낙타랍니다.

아, 아쉽습니다. 이승엽 선수, **단타**에 그치고 말았군요.

아, 그러게요. 걸음이 조금만 빨랐어도 2루타인데요.

단타(單打)는 타자가 공을 친 뒤 1루까지만 진출하는 1루타를 뜻합니다. 그래도 조금만 더 빨리 뛰었으면 2루까지 갈 수 있었겠죠?

한편, 탁구나 테니스 같은 경기는 운영 방식이 두 가지입니다.

각 팀에서 한 명씩 나와 경기하는 방식을 무엇이라고 할까요? (   )

① 단식   ② 한식   ③ 복식   ④ 혼식

정답은 단식이죠. 단식(單式)은 각 팀에서 한 명씩 나와 하는 경기 방식입니다. 각 팀에서 두 명 이상 나와 경기를 하면 복식이라고 하죠.

그럼 단막극은 무슨 뜻일까요? 하나의 사건만 벌어져 하나의 막으로 끝나는 연극을 말합니다. '막' 은 연극의 단락을 세는 단위거든요. 한번으로 끝나는 텔레비전 드라마도 '단막극' 이라고 부릅니다.

單	하나 **단**

- **단봉**(單 峰봉우리 봉)**낙타**
  봉우리 모양의 혹이 하나뿐인 낙타
- **쌍봉**(雙둘 쌍 峰)**낙타**
  혹이 두 개인 낙타

🔴 **단봉낙타와 쌍봉낙타**

'단봉낙타' 는 아프리카 일대에서 주로 가축으로 기릅니다. '쌍봉낙타' 는 중앙아시아의 사막이나 고원 지대에서 운송 수단으로 주로 씁니다.

- **단타**(單 打칠 타)
  타자가 1루에 진출할 수 있는 안타, 1루타
- **단식**(單 式방식 식)
  각 팀에서 한 명씩 나와서 하는 경기 방식

🔴 **복식**

복(複)은 '겹치다', '둘 이상이다' 라는 뜻입니다. 복식(複겹칠 복 式)은 한 팀에서 두 명 이상이 짝이 되어 하는 경기 방식입니다.

- **단막극**(單 幕막 막 劇극 극)
  하나의 막으로 끝나는 연극

🔴 **연속극**

계속 이어지는 드라마는 연속극(連이어질 연 續계속될 속 劇)입니다. 이야기가 이어져 계속된다는 뜻이지요.

단	單	하나

아기들은 뭐든지 손으로 가리키고 옹알거리죠. 하지만 무슨 말인지 알아듣기 힘들어요. 제대로 된 □□를 쓰지 않으니까요. 오른쪽 친구도 □□를 제대로 말하지 못 하네요.

저기…응….

아이고, 말 좀 똑바로 하렴.

빈칸에 공통으로 들어갈 말은 무엇일까요? (   )

① 속담　　　② 농담　　　③ 비유　　　④ 단어

답은 ④번 단어(單語)입니다. 기본이 되는 말, 낱말이라는 뜻이지요. 단어는 혼자 쓰여도 의미를 알 수 있는 가장 작은 단위의 말입니다.

'단위'라고요? 단위(單位)는 기준이 될 수 있는 일정한 양을 말합니다.

빈칸을 채우면서 뜻을 생각해 볼까요? 미터나 센티미터는 길이의 □□입니다. 길이를 잴 때 기준이 되지요. 그램이나 킬로그램은 무게의 □□입니다. 무게를 재는 기준이 되지요.

이만큼?

이만큼이 1cm야.

1cm에 해당하는 길이가 자꾸 바뀌면 **단위**가 될 수 없겠죠?

답은 모두 '단위'겠죠? 여기서 단(單)은 기본, 기준을 뜻합니다.

기본이 되는 것은 복잡하면 안 되겠죠? 그래서 단(單)에는 복잡하지 않다는 뜻도 있어요. 간단(簡單)과 단순(單純)은 둘 다 복잡하지 않다는 뜻이에요. 또 단순하고 변화가 없으면 '단조롭다'라고 해요.

單	기본 단

■ 단어(單 語말 어)
　기본이 되는 말, 낱말
■ 단위(單 位자리 위)
　기준이 될 수 있는 일정한 양

單	단순할 단

■ 간단(簡간략할 간 單)
　복잡하지 않음
　= 단순(單 純순수할 순)
■ 단조(單 調가락 조)롭다
　단순하고 변화가 없다

🍊 **단원**

교과서에 나오는 단원(單 元으뜸 원)은 으뜸이 되는 학습 단위라는 뜻입니다. 단원은 주제나 내용을 중심으로 나누거든요.

🍒 **이런 뜻도 있어요**

오직 하나뿐이면 단일, 오직 혼자뿐이면 단독, 오직 둘만 있으면 단둘이라고 해요. 이때 단(單)은 '오직'이라는 뜻입니다. 단짝의 '단'도 마찬가지예요. 오직 서로만을 짝으로 삼는 것입니다.

■ 단일(單 一한 일) 오직 하나
■ 단독(單 獨홀로 독) 오직 혼자
■ 단(單)둘 오직 둘이서
■ 단(單)짝 오직 서로만 짝으로 삼는 친구 사이

혹시 '사주단자' 라는 말 들어 본 적이 있나요? 사주단자(四柱單子)는 신랑의 사주를 적은 종이를 일컫는 말입니다. 옛날 사람들은 사주를 보면 그 사람의 운명을 알 수 있다고 생각했어요. 그래서 신랑이 어떤 사람인가를 보여주기 위해 사주단자를 보냈답니다.

여기서 단(單)은 하나하나 항목을 밝혀 적은 종이를 뜻합니다.

음식의 종류와 가격을 하나하나 밝혀 적은 것을 뭐라고 할까요? (　　)

① 음식단　　　② 음식표　　　③ 식단　　　④ 식권

정답은 ③번 식단(食單)이랍니다. 영어로는 메뉴(menu)라고도 하는데, 요새는 식단이나 메뉴 대신 '차림표' 라는 말도 많이 써요.

그럼 어떤 말들이 더 있는지 빈칸을 채우며 읽어 봅시다.
사람의 이름을 하나하나 밝혀 적은 것은 명☐이라고 합니다.
사람들에게 전하는 내용을 하나하나 밝혀 적은 것은 전할 전(傳)을 써서 전☐이라고 해요.

單	항목 단

- 사주단자(四넉 사 柱기둥 주 單 子물건 자)
  신랑의 사주를 적은 종이

사주(四柱)
어떤 사람이 태어난 연(年), 월(月), 일(日), 시(時), 이 네 가지를 뜻합니다.

- 식단(食밥 식 單)
  음식의 종류와 가격을 항목별로 적은 것
- 명단(名이름 명 單)
  이름을 하나하나 적은 것
- 전단(傳전할 전 單)
  사람들에게 전하려는 내용을 하나하나 적은 것
  = 전단지

이런 말도 있어요

아메바처럼 생물체의 몸이 단 하나의 세포로 되어 있으면 단(單)세포라고 해요. 이 말은 생각이나 의식 수준이 낮고 단순한 것을 빗대는 말이기도 합니다.

- 단세포(單 細가늘 세 胞세포 포) 몸이 하나의 세포로 이루어진 생물체

단위(單位)는 길이, 무게, 넓이, 시간 등을 표시할 때, 기준이 되는 분량입니다. 기준이 되는 것은 단(單), 즉 '하나'에서 출발합니다. 그래서 단위는 언제나 1에 해당하는 분량을 가리키지요.

단위길이는 단위로 삼는 길이, 1이 되는 길이를 뜻합니다. 예를 들어, 팔의 길이를 잴 때 연필을 기준으로 삼을 수 있습니다. 팔의 길이가 연필 4개만큼이라고 하면, 다음과 같이 나타낼 수 있어요.

> 팔의 길이 = 연필길이의 4배 = 4연필
>   단위가 되는 길이   길이의 단위

마찬가지로 팔의 길이가 연필 7개만큼이라면, 팔의 길이는 '7연필'이 됩니다. 이때 단위길이는 1연필, 단위는 연필이 됩니다.

단위넓이는 단위로 삼는 넓이, 즉 1이 되는 넓이를 뜻합니다. 단위길이가 길이를 나타낼 때 쓰이듯이, 단위넓이는 넓이를 나타낼 때 쓰입니다. 만일 도형의 넓이가 종이 6장만큼이라면 도형의 넓이는 '6종이'입니다. 이때 단위넓이는 1종이, 단위는 종이가 되겠죠?

하지만 실제로 우리가 쓰는 단위는 '연필'이나 '종이'가 아니에요. 그럼 도형의 단위넓이는 무엇으로 나타낼까요? 도형의 단위넓이는 '한 변의 길이가 1cm인 정사각형의 넓이'입니다. 이 단위넓이를 $1cm^2$라고 쓰고, '일 제곱센티미터'라고 읽어요.

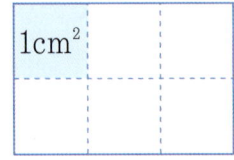

왼쪽 직사각형의 넓이를 구해 봅시다. 단위넓이인 $1cm^2$가 몇 개 들어가나요?

네, 6개입니다. 따라서 이 직사각형의 넓이는 다음과 같이 나타낼 수 있습니다.

 제곱

같은 값을 두 번 곱했다는 뜻입니다. 오른쪽 위에 숫자 2를 작게 써서 나타냅니다.
$cm \times cm = cm^2$

> 직사각형의 넓이 = $1cm^2$의 6배 = $6cm^2$
>   단위넓이   단위

이 때 단위넓이가 $1cm^2$이기 때문에, 직사각형의 넓이의 단위는 cm^2로 나타냅니다.

단(單)의 뜻을 떠올리며 찾아 봅시다. 다음 중 단위분수는 어떤 것일까요? (   )

① $\frac{2}{5}$　　　　② $\frac{3}{10}$　　　　③ $\frac{1}{5}$　　　　④ $\frac{2}{9}$

정답은 ③번입니다. 단위분수는 분자가 1인 분수로서, 가장 기본이 되는 분수를 가리킵니다. $\frac{1}{2}$, $\frac{1}{3}$, $\frac{1}{4}$, $\frac{1}{99}$ 등이 모두 단위분수입니다. 분모가 아무리 커져도 분자가 1이면 단위분수입니다. 나누었을 때 가장 기본이 되는 '하나'이기 때문입니다.

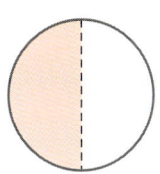 2등분으로 나눈 것 중의 **하나** = $\frac{1}{2}$

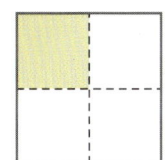 4등분으로 나눈 것 중의 **하나** = $\frac{1}{4}$

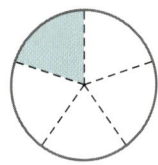 5등분으로 나눈 것 중의 **하나** = $\frac{1}{5}$

단위분수와 단위분수를 곱하면 어떻게 될까요? $\frac{1}{2} \times \frac{1}{4}$의 값을 구해 봅시다.

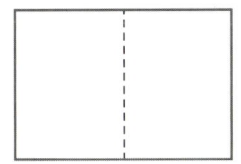 ➡  ➡  ➡  ⬅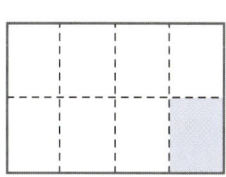

전체를 2등분 하면 그중 한 조각은 $\frac{1}{2}$입니다. 그 조각을 다시 4등분 했더니 그중 한 조각은 전체의 $\frac{1}{8}$과 같아지네요! 이것을 식으로 나타내면

$$\frac{1}{2} \quad \times \quad \frac{1}{4} \quad = \quad \frac{1}{8}$$

2등분 하고　그것을 또　4등분 하면

이 됩니다. 또 분자가 1이네요! 네, 그렇습니다. 단위분수와 단위분수를 곱하면, 또 단위분수가 됩니다.

어휘력 다지기

1 다음에 쓰인 '단' 중에서 나머지와 뜻이 <u>다른</u> 하나를 고르세요. (　　　)

① 한약은 맛이 쓰니까 두 눈 딱 감고 <u>단</u>숨에 마셔 버리는 게 좋아.

② 저는 알록달록한 옷보다는 한 가지 색으로 된 <u>단</u>색 옷이 좋아요.

③ 축구나 농구 같은 <u>단</u>체 운동은 협동심을 길러 줍니다.

④ 그 할아버지는 안타깝게도 곁에 아무도 없이 혈혈<u>단</u>신이라고 합니다.

2 낱말과 낱말의 뜻을 올바르게 연결하세요.

1) 음식의 종류와 가격을 하나하나 밝혀 적은 것　　•　　　　　• 사주단자

2) 다른 사람에게 전할 내용을 적은 것　　•　　　　　• 식단

3) 신랑의 생년월일시를 적어 신부 집에 보내는 종이 •　　　　　• 명단

4) 사람들의 이름을 하나하나 밝혀 적은 것　　•　　　　　• 전단

3 괄호에 알맞은 말을 보기에서 골라 문장을 완성하세요.

> 보기　　　　　단조　단순　단위　단독

1) 내가 응원하는 팀이 (　　　　　　) 선두에 올라서 기분이 좋아요.

2) '페소'는 필리핀의 화폐 (　　　　　)입니다.

3) 동해안은 서해안에 비해 해안선이 (　　　　　)롭습니다.

4) 줄넘기는 (　　　　　)한 운동이라 누구든지 쉽게 배울 수 있습니다.

4 다음 빈칸에 공통으로 들어갈 말을 고르세요. (　　　)

> • 짚신벌레도 아메바처럼 한 개의 세포로 이루어진 □□□생물입니다.
>
> • 속도의 시대에 휩쓸려 깊이 생각하지 않고 내키는 대로 말을 쏟아 내는 □□□동물이 되어서는 안 되겠습니다.

① 단세포　　　　　② 전단지　　　　　③ 단막극　　　　　④ 단층집

5 빈칸을 채워 그림에 어울리는 낱말을 완성하세요.

> 보기   단식   복식   단짝   단층

1) □□

2) □□

3) □□

4) □□

6 다음 중, 밑줄 친 '단'의 뜻이 나머지와 <u>다른</u> 것을 고르세요. (　　　)

① <u>단</u>칼   ② <u>단</u>층집   ③ <u>단</u>봉 낙타   ④ 절<u>단</u>

7 어떤 사다리를 <u>없애야</u> 낱말과 설명이 올바르게 연결될까요? (　　　)

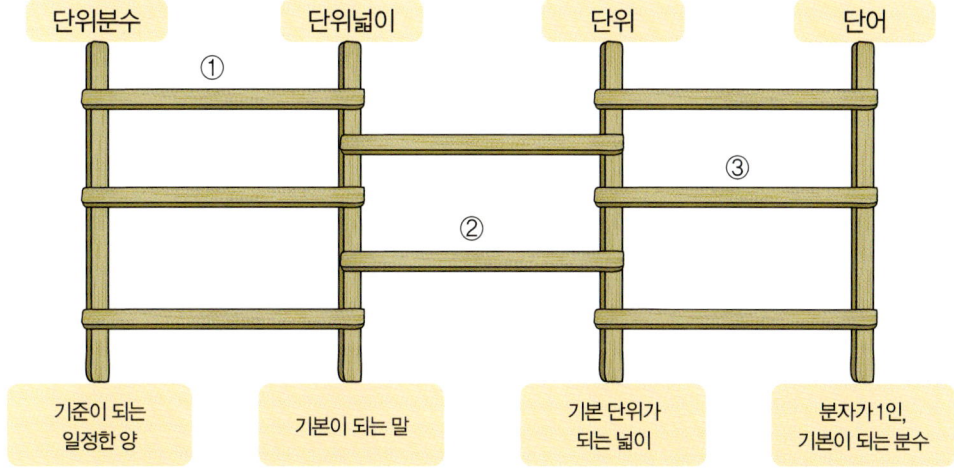

단위분수	단위넓이	단위	단어
①			
	②		③
기준이 되는 일정한 양	기본이 되는 말	기본 단위가 되는 넓이	분자가 1인, 기본이 되는 분수

約 약속할 약

꼬리 걸고 꼭꼭 약속해~

자, 이 선 넘어오지 않기로 □□해.

흔들흔들

알았어. 이렇게 꼬리 걸고 □□하잖아.

기본어휘 잡기

악어들이 뭘 하자는 걸까요? 위 그림의 빈칸에 들어갈 말은? (　　)

① 야단　　　　② 칭찬　　　　③ 약속

네, 답은 ③번 약속이지요. 말로 하는 약속은 언약(言約), 자기들끼리 몰래 한 약속은 밀약(密約)이지요. 이렇게 약(約)은 사람 사이를 맺어 주는 약속을 뜻합니다.

다음 빈칸을 채워 낱말을 완성해 보세요.

미리 정한 약속은 예□, 먼저 한 약속은 선□입니다. 기차표나 숙소는 '예약' 하는 것이고, 약속이 겹칠 때는 '선약' 을 지키는 게 보통이죠.

약혼(約婚)은 결혼하겠다고 약속하는 거예요. 혼약이라고도 하지요. 약혼한 뒤에는 결혼식을 올리고 '백년가약' 을 맺습니다. 백년가약(百年佳約)은 부부가 되어 함께 살기로 약속하는 것입니다. 여기서 '백 년' 은 오랜 세월을 뜻해요.

約 약속할 약

- 언약(言말씀 언 約)
  말로 하는 약속
- 밀약(密몰래 밀 約)
  몰래 하는 약속
- 예약(豫미리 예 約)
  미리 정한 약속
- 선약(先먼저 선 約)
  먼저 한 약속
- 약혼(約 婚결혼 혼)
  결혼을 약속함
- 백년가약(百일백 백 年해 년 佳아름다울 가 約)
  오랜 세월을 함께하겠다는 아름다운 약속

백년가약을 맺겠습니다 ….

안 돼요! 난 천 년 산단 말예요.

명절이 끝날 때 친척들과 다음을 '기약' 하며 헤어지죠? 기약은 때를 정하여 약속하는 거예요. '기약이 없다'는 때를 약속할 수 없다는 거죠.

저를 뽑아 주시면 토끼와 미팅을 주선하겠습니다.

호랑이가 '공약'을 하고 있네요. 공약(公約)은 여러 사람과 공개적으로 하는 약속입니다. 각종 선거에서 후보들이 내거는 정책 약속과 같은 것이죠.

개인이 아니라 국가나 단체 간에 서로 협의해서 정한 약속은 협약(協約)입니다. 국가 간에 여러 가지 조항을 두고서 맺은 약속은 조약이라고 합니다.

약속은 잘 지키는 것이 중요하지요. 굳게 지키겠다고 맹세한 약속은 맹□, 확실한 약속은 확□, 잘 지키겠다고 선서하고 맺는 약속은 서□입니다. 금석지□(金石之約)은 쇠와 돌처럼 굳건한 약속을 뜻해요. 앞의 빈칸들에 들어갈 말은? 모두 약속을 뜻하는 약(約)입니다.

조선 시대 마을 공동체에 있었던 공통의 규칙과 약속으로서 미풍양속을 장려하는 내용을 담고 있는 것은? (   )

① 헌법   ② 향약   ③ 경국대전   ④ 계약

정답은 ②번입니다. 마을 공동체의 약속이니까 마을 향(鄕)자를 써서 향약(鄕約)이에요.

약속과 비슷한 말로 계약(契約)이 있습니다. 주로 어른들이 쓰는 말이죠? '계약'은 서로 지켜야 할 의무를 글이나 말로 정한 것이라서, 보통의 약속보다 훨씬 엄격해요.

계약서는 계약의 내용을 기록한 문서입니다. 계약을 위반하는 것은 위약, 맺었던 계약을 풀어서 없었던 걸로 하는 것은 해약이라고 합니다.

約 **약속 약**

- 기약(期때 기 約)
  때를 정하여 약속함
- 공약(公여럿 공 約)
  여러 사람과 하는 약속
- 협약(協협의할 협 約)
  협의하여 하는 약속
- 조약(條조항 조 約)
  여러 조항을 두고 맺은 약속
- 맹약(盟맹세할 맹 約)
  굳게 맹세한 약속
- 확약(確확실할 확 約)
  확실한 약속
- 서약(誓맹세 서 約)
  선서하고 맺은 약속
- 금석지약(金쇠 금 石돌 석 之~할 지 約)
  쇠와 돌처럼 굳건한 약속
- 향약(鄕마을 향 約)
  조선 시대 마을의 자치 규약
- 계약(契맺을 계 約)
  서로 지켜야 할 의무를 글이나 말로 정한 약속
- 계약서(契約 書문서 서)
  계약 내용을 기록한 문서

約 **계약 약**

- 위약(違어길 위 約)
  계약을 어김
- 해약(解풀 해 約)
  계약을 풀어 없던 것으로 함

약 約 약속하다, 약속, 계약

다음 빈칸에 공통으로 들어갈 말은 무엇일까요?

1) 길게 말하지 말고 ☐☐해서 간단히 말하지.

2) 아무리 ☐☐해도 한 쪽이 넘어요.

① 요점　　② 요약　　③ 중요　　④ 요령

約	줄일 약

■ 요약(要중요할 요 約)
　중요한 것만 묶어 간단하게
　함
■ 축약(縮줄 축 約)
　줄여서 간단히 함
■ 축약어(縮約 語말씀 어)
　줄여서 간단히 한 말, 준말

　정답은 ②번 요약입니다.

　요약(要約)은 중요한 것만 묶어 간추려서 간단하게 만들어 준다는 뜻입니다. 이렇게 약(約)은 내용을 묶어서 줄여 준다는 뜻으로도 쓰입니다.

　요약과 비슷한 말은 축약(縮約)입니다. 줄여서 간단히 하는 거지요. 간단히 줄여서 쓰는 '준말'을 한자어로 축약어라고 합니다. 우리말에서 '가리어'의 축약어는 '가려'이고, '되어'의 축약어는 '돼'입니다.

　인터넷 상에서도 축약어를 많이 쓰지요. 축약어를 쓰면 빠르고 간단하게 표현할 수 있어서 좋지만, 지나칠 경우 우리 말을 해칠 수도 있답니다.

이런 말도 있어요

약 200미터쯤 될 걸요.

약 100킬로그램쯤 되는 것 같았어요.

여기서 약(約)은 '대충 혹은 어림잡아서 어떤 수에 가깝다'라는 말입니다. 그러니까 정확하지 않은 수를 말할 때, 수를 나타내는 말 앞에 '약'을 씁니다.

約	아낄 **약**

- 절**약**(節절약할 절 約)
  아껴 씀
- 절전(節 電전기 전)
  전기를 아낌
- 절수(節 水물 수)
  물을 아낌
- 검**약**(儉검소할 검 約)
  검소하게 아낌
- 인색(吝아낄 인 嗇아낄 색)
  지나치게 아낌
- 수전노
  (守지킬 수 錢돈 전 奴노예 노)
  돈을 지키는 노예, 돈만 아는
  사람 = 구두쇠, 자린고비

다음 말들을 잘 살펴보세요. 무엇을 강조하는 말일까요? (   )

"화장실에서 나올 땐 불 끄는 것 잊지 마.", "수도꼭지 꼭 잠가라."

① 운동   ② 친절   ③ 절약   ④ 근면

쉽죠? 정답은 ③번입니다. 절약(節約)은 필요한 데만 아껴 쓴다는 말입니다. 절약해야 할 것에도 여러 가지가 있어요. 전기를 아껴 쓰는 것은 절전(節電), 물을 아껴 쓰는 것은 절수(節水)라고 해요.

그럼, '절약'에 쓰인 약(約)의 뜻은 무엇일까요? (   )

① 약속하다   ② 계약   ③ 줄이다   ④ 아끼다

답은 ④번. '약'에는 '아끼다'라는 뜻도 있어요. 검소하게 아껴 쓰는 것은 검약(儉約)입니다. '검소'는 꾸밈없이 수수하다는 말이에요.

근검 이야기

다산 정약용 선생은 아들들에게 '근'과 '검' 두 글자를 물려 주셨죠. 근(勤)은 부지런함, 검(儉)은 절약을 뜻합니다. '근'과 '검'은 어떤 재산보다 좋은 것이며, 평생을 써도 닳지 않는다고 하셨답니다.

아껴 쓰는 것이 지나치면 '인색'해지죠. 인색(吝嗇)은 '아끼고 아끼다', 즉 지나치게 아끼는 것입니다. 인색한 사람을 구두쇠라고 하지요. 비슷한 말로 자린고비, 수전노가 있어요.

■ 약수

약수(約數)는 '묶어 주는 수' 라는 말입니다. 다음 6개의 빈대떡을 같은 수로 묶을 수 있는 방법은 몇 가지나 될까요? 함께 세어 보면서 약수를 배워 봅시다.

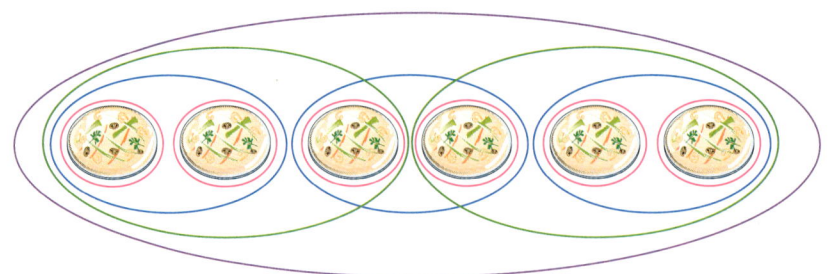

○는 빈대떡 1개씩 ○는 빈대떡 2개씩, ○는 빈대떡 3개씩, ○는 빈대떡 6개씩 한 묶음이지요. 이렇게 6은 1, 2, 3, 6으로 묶입니다. 이럴 때 1, 2, 3, 6을 '6의 약수' 라고 합니다. 묶는다는 것은 나눈다는 말과 비슷합니다. 둘씩 묶어 주는 것은 2로 나누어 주는 겁니다. 그래서 묶어 주는 수인 약수는, 나머지 없이 나누어 떨어지는 수를 가리킵니다.

공약수(公約數)는 여러 수에 똑같이 약수가 되는 수입니다. 8의 약수는 1, 2, 4, 8입니다. 12의 약수는 1, 2, 3, 4, 6, 12입니다. 8의 약수도 되고 12의 약수도 되는 것은 1, 2, 4이지요. 이것이 8과 12의 공약수입니다. 8의 약수도 되고 12의 약수도 된다는 말이지요. 이렇게 공약수는 '여러 수의 약수들에 공통으로 들어 있는 수' 입니다. 그리고 이 공약수 중에서 가장 큰 수를 최대공약수라고 하지요.

그런데 약수와 공약수는 왜 배우는 걸까요? $\frac{12}{18}$ 라는 분수가 있습니다. 분자 12와 분모 18의 공약수 1, 2, 3, 6으로 분자와 분모를 각각 나눠 보면 아래와 같이 $\frac{12}{18}$ 에서 $\frac{6}{9}$, $\frac{4}{6}$, $\frac{2}{3}$ 로 점점 간단해지지요.

1) $\frac{12÷1}{18÷1}=\frac{12}{18}$　　2) $\frac{12÷2}{18÷2}=\frac{6}{9}$　　3) $\frac{12÷3}{18÷3}=\frac{4}{6}$　　4) $\frac{12÷6}{18÷6}=\frac{2}{3}$

이렇게 분수를 공약수로 나누어서 간단한 숫자로 만드는 것을 약분이라고 합니다. 약분을 하면 분수가 간단해지겠죠?

약분은 분수[分]를 줄여 나간다[約]는 뜻이지요. $\frac{6}{9}$, $\frac{4}{6}$, $\frac{2}{3}$ 가운데 $\frac{2}{3}$는 더 이상 줄일 수 없습니다. 이런 분수를 기약분수라고 합니다. 이미 약분된 분수라는 뜻이지요.

■ 배수

배수(倍數)는 어떤 수의 몇 곱절이 되는 수를 말합니다.
2를 1배, 2배, 3배, 4배, …하면 어떤 수가 될까요?
2, 4, 6, 8, 10, 12, 14, 16, 18, 20, …이 되겠지요.
3을 1배, 2배, 3배, 4배, …하면 어떤 수가 될까요?
3, 6, 9, 12, 18, 21, …이 되겠지요.

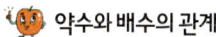 **약수와 배수의 관계**

약수는 배수의 약수가 되고, 배수는 약수의 배수가 되는 관계가 항상 성립합니다. 8은 2와 4의 배수이고, 2와 4는 8의 약수인 것처럼 말이죠.

이때 2의 배수에도 있고, 3의 배수에도 있는 수는 6, 12, 18, …입니다. 이것을 공배수(公倍數)라고 합니다. '여러 수에 똑같이 배수가 되는 수'라는 말이지요. 공배수 중에서 제일 작은 수가 최소공배수입니다. 2와 3의 최소 공배수는 뭐지요? 네, 6입니다.

최소공배수는 언제 필요할까요? $\frac{2}{3}$와 $\frac{1}{2}$ 중에서 누가 큰지 확실히 알려면 분모가 같아야 합니다. 이때 최소공배수가 필요합니다. $\frac{2}{3}$의 분모 3의 배수는 3, 6, 12, …입니다. $\frac{1}{2}$의 분모 2의 배수는 2, 4, 6, 8, 10, …입니다. 공통인 배수 중에서 제일 작은 수는 6입니다. 바로 6이 최소공배수지요. 두 분수의 분모를 최소공배수 6이 되도록 만들어 주면 $\frac{2\times2}{3\times2}=\frac{4}{6}$와 $\frac{1\times3}{2\times3}=\frac{3}{6}$이 됩니다. 이렇게 분모를 같게 만드는 것을 통분(通分)이라고 합니다. 통분된 분모는 공통이 되는 분모입니다. 그래서 공통분모라고 하지요. 공통분모 6으로 통분을 하니, $\frac{2}{3}$가 $\frac{1}{2}$보다 큰 것을 알 수 있겠죠?

낱말상자

- **약수**(約묶을 약 數숫자 수) 묶어 주는 숫자
- **공약수**(公여럿 공 約數) 여러 수에 똑같이 약수가 되는 수
- **최대공약수**(最가장 최 大클 대 公約數) 가장 큰 공약수
- **약분**(約 分나눌 분) 분수를 공약수로 나누는 것
- **기약분수**(旣이미 기 約分數) 이미 약분된 분수
- **배수**(倍곱절 배 數) 곱절이 되는 숫자
- **공배수**(公倍數) 여러 수에 똑같이 배수가 되는 수
- **최소공배수**(最가장 최 小작을 소 公倍數) 가장 작은 공배수
- **통분**(通통할 통 分) 분모를 같게 만듦
- **공통분모**(共함께공 通 分 母어미 모) 공통이 되는 분모

1 다음 빈칸에 공통으로 들어갈 말은 무엇일까요? (   )

> • 아주 좋은 레스토랑으로 예□했답니다.
>
> • 전 먼저 일어나야겠어요. 선□이(가) 있어서요. 죄송합니다.
>
> • 기□도 없이 가시다니, 언제나 돌아오실까?
>
> • 아마도 그 둘 사이에는 절대 말하지 않을 밀□이(가) 있었나 봅니다.
>
> • 저는 굳은 맹세로 죽을 때까지 당신을 사랑하겠노라고 서□합니다.

2 낱말과 낱말의 뜻을 올바르게 연결하세요.

1) 국가나 단체 간에 협의하여 정한 약속   •   • 조약

2) 많은 사람 앞에서 하는 공적인 약속   •   • 백년가약

3) 국가 간에 여러 가지 조항을 두고 맺은 약속 •   • 협약

4) 오랜 세월을 함께하겠다는 아름다운 약속   •   • 공약

3 괄호 안에 들어갈 말을 보기에서 찾아 쓰세요.

> 보기 | 위약   확약   계약   해약   조약

1) 집을 서로 사고팔겠다는 매매 (   )이 이루어졌다.

2) 계약서대로 하지 않았으니 (   ) 사항이 발생한 셈입니다.

3) 사정이 생겨서 계약을 없었던 일로 해야 하니 (   )하고 싶습니다.

4) 일본이 우리나라에 을사보호(   )을 강요했다고 합니다.

4 조선 시대 마을 공동체에 있었던 자치 규약을 일컫는 말입니다. 미풍양속을 장려하는 내용으로 된 이 규약의 이름은? (   )

① 삼강오륜   ② 향약

③ 관혼상제   ④ 세속오계

5 빈칸에 알맞은 말을 보기에서 골라 써 넣으세요.

> 보기　　　　　요약　축약　절약　인색　해약

1) 그렇게 길게 말하니 무슨 말인지 모르겠다. ▢▢ 해서 말해 줘.

2) '되어'를 ▢▢ 하면 '돼'고요, '가리어'를 ▢▢ 하면 '가려'라니까요.

3) 아껴야 산다! 앞으로는 비누도 ▢▢ 하고 샴푸도 ▢▢ 하거라.

4) 한 턱 낸다더니, 겨우 사탕 한 개? 너, 정말 ▢▢ 하구나.

6 다음 약수와 배수에 대한 설명 중 <u>잘못된</u> 것은? (　　　)

① 어떤 수를 약수로 나누면 나머지가 없습니다.

② 공약수는 두 수의 약수 가운데 공통이 되는 수를 말합니다.

③ 공배수는 두 수의 배수 가운데 공통이 되는 수를 말합니다.

④ 약수는 배수의 약수이지만 배수는 약수의 배수가 아닙니다.

7 화살표를 따라가며 글자를 모아 보세요. ▢▢▢▢  (⟶ 예　⟶ 아니오)

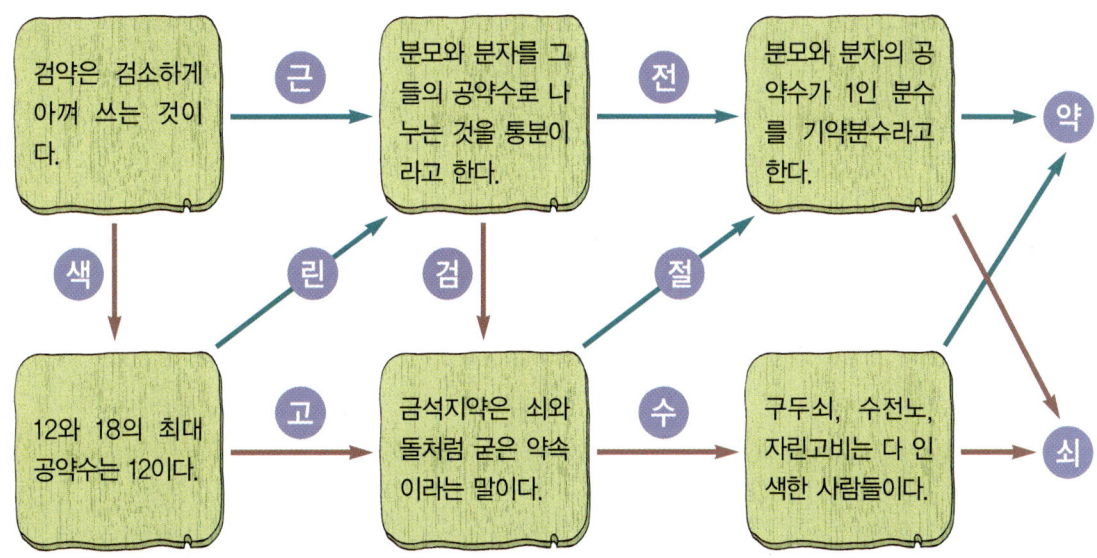

通
통할 통

어이구, 답답해. 말이 통해야지~

너 경의선 개통되었다는 얘기 들었어?

어, 너 내가 겟돈 탄 거 어떻게 알았어?

기본어휘 잡기

사오정이 또 엉뚱한 대답을? 2007년 11월 서울과 신의주를 잇는 경의선이 다시 연결되었죠. 철도나 도로, 전화 같은 것이 완성되거나 이어져 '통하기 시작하는 것' 이 개통(開通)입니다.

통(通)에는 이렇게 '통하다', '오고 가다' 라는 뜻이 있어요. 통하여 왔다 갔다 하는 것은 통행, 통하여 다니는 길은 통로입니다.

서로의 생각이나 뜻이 통하는 것은 의사□□이라고 합니다. 빈칸에 들어갈 말은 무엇일까요? (   )

① 개통   ② 소통   ③ 유통   ④ 통로

맞혔어요? 답은 ②번이죠. 탁 트여 통하는 것이 소통입니다. 차량이 막히지 않고 잘 통할 때도 '소통' 이 잘 된다고 해요.

유통(流通)은 상품이 소비자에게 오는 과정을 물이 흐르는 것에 비유한 말입니다. 상품이 공장에서 생산되면, 창고에 보관됐다가, 자동차나 기차를 통해 각지로 운반됩니다. 그리고 중간 상인들을 거쳐 시장에 오면 우리를 만나게 되는 거죠. 어때요? 물이 흐르는 것 같나요?

通	통할 통

- **개통**(開시작할 개 通)
  철도, 도로, 전화 등이 이어져 통하기 시작함
- **통행**(通 行갈 행)
  통하여 왔다 갔다 함
- **통로**(通 路길 로)
  통하여 다니는 길
- **소통**(疏트일 소 通)
  탁 트여 통함
- **의사소통**
  (意뜻 의 思생각 사 疏通)
  생각이나 뜻이 서로 통함
- **유통**(流흐를 유 通)
  흐르듯이 통함, 상품이 생산되어 소비자에게 오는 과정

...... 대장경판을 보관하는 데에 영향을 끼치는 습도와 □□이 잘 조절되도록 설계되었다는 것이다. 자연적으로 습기가 조절되도록 땅에 숯과 횟가루, 찰흙 등을 넣어 다지고, 창문도 □□이 잘 되도록 만들어진, 매우 과학적인 건물이다.

팔만대장경을 보관하고 있는 해인사 장경판전에 관한 글입니다.

위의 빈칸에 공통으로 들어갈, '바람이 통함' 이라는 뜻의 낱말은? (　　　)

① 입풍　　　　② 외풍　　　　③ 허풍　　　　④ 통풍

②번이라고 한 친구는 없겠죠? '외풍' 은 '밖에서 들어오는 바람' 이라는 말이에요. 답은 ④번 통풍(通風)입니다.

빈칸을 채우면서 계속 읽어 볼까요? 널리 통하는 것은 보□(普通)입니다. 널리 통하는 것, 즉 흔하고 평범한 것을 말해요. 선 채로 허리를 가볍게 숙여 하는 보통의 인사를 □□례라고 합니다. 여럿이 똑같이 통할 때는 공□(共通)이라고 합니다.

너는 왜 그렇게 융통성이 없니?

당연하죠. 전 돈이 없다고요~.

응? 뭉치가 대체 무슨 말을 하고 있는 걸까요? 융통성은 상황에 맞춰 일을 처리하는 재주나 감각을 뜻해요. 그런데 돈이나 물건을 상황에 맞춰 구하는 것도 융통이라고 해요. 이때는 돈이나 물건을 빌리거나 빌려 주는 일을 가리킵니다. 알고 보니 뭉치의 어휘 실력이 보통이 아닌데요?

여기서 '융통' 은 변통(變通)으로 바꿔 쓸 수 있어요. 임시변통은 갑자기 생긴 일을 임시로 상황에 맞춰 처리하는 걸 뜻해요.

通　　통할 통

- 통풍(通 風바람 풍)
  바람이 통함
- 보통(普널리 보 通)
  널리 통함, 평범함
- 보통례(普通 禮인사 례)
  허리를 가볍게 숙여 하는 보통의 인사
- 공통(共같이 공 通)
  여럿에 똑같이 통함
- 융통(融통할 융 通)
  돈이나 물품을 빌림, 일을 적절히 처리함
- 융통성(融通 性성질 성)
  상황에 맞춰 일을 처리하는 재주나 감각
- 변통(變움직일 변 通)
  상황에 맞게 움직여 통함, 일을 적절히 처리함
- 임시변통
  (臨임시 임 時때 시 變通)
  갑자기 생긴 일을 임시로 상황에 맞춰 처리함

통 通　막힘없이 오고 가다, 통하다

通	오갈 통

■ 교통(交 서로 교 通)
탈것을 이용해 사람이나
물건이 서로 오감

■ 교통량(交通 量 양 양)
일정한 시간에 오가는 사람
이나 차의 양

■ 교통비(交通 費 돈 비)
교통수단을 이용하는 데
드는 비용

■ 교통망(交通 網 그물 망)
교통로가 그물망처럼 이리
저리 퍼져 있는 것

■ 교통 체증
(交通 滯 막힐 체 症 증세 증)
교통의 흐름이 순조롭지
않아 길이 막힘

57분 **교통** 정보입니다.
여러분! 웬만하면…
차 끌고 나오지 마시기
바랍니다!!

자동차, 기차, 배, 비행기와 같은 탈것을 이용하여 사람이나 물건이 서로 오가는 것이 바로 교통(交通)입니다. 교통과 관련된 말들을 빈칸을 채우면서 알아볼까요?

일정한 시간에 오가는 사람이나 차의 양은 교통□, 교통수단을 이용하는 데 드는 비용은 교통□, 길이 그물망처럼 이리저리 분포되어 있는 것은 교통□입니다.

교통의 흐름이 순조롭지 않아 길이 막히는 것은 뭐라고 할까요? (   )

① 교통 체증　　② 교통 불편　　③ 교통질서　　④ 교통정리

답은 ①번 교통 체증입니다. '체증'은 원래 먹은 것이 소화가 되지 않는 증상을 뜻해요. '교통 체증'은 자동차로 꽉 막혀서 '길이 소화가 안 되는 현상'인 셈이죠.

뻥 뚫린 고속도로를 상상해 보세요. 막히지 않고 '통'하여 오고 갈 수 있지요? 이렇게 통(通)은 '오고 가다'라는 뜻을 나타냅니다. '통'의 뜻을 생각하며 다음 빈칸을 채우세요.

조금만 참아.
교통 체증에
체증까지…
어떡하니?

속이 안 좋아요.

학교를 오고 가는 것은 □학, 전화로 대화가 오고 가는 것은 □화, 어떤 곳을 지나쳐서 가는 것은 □과입니다.

교통수단만 세상을 오가는 것은 아니죠. 물건도 오갑니다. 물건이 나라와 나라 사이를 오갈 때, 이를 통상(通商)이라고 합니다. 그러니까 '통상'은 수출과 수입에 관련된 일을 뜻해요.

■ 통학(通 學 학교 학)
학교를 오고 감

■ 통화(通 話 대화 화)
전화로 대화가 오고 감

■ 통과(通 過 지날 과)
어떤 곳을 지나쳐 감

■ 통상(通 商 장사 상)
나라 사이에 장사를 하며
오고 감

어! 문자 왔네!

띵동

- 통신(通信소식 신)
  소식을 알림
- 통신수단
  (通信 手손 수 段단계 단)
  통신을 도와주는 수단
- 통신비(通信 費돈 비)
  통신에 드는 비용
- 통신망(通信 網그물 망)
  그물처럼 연결된 통신 체계
- 가정 통신문(通信 文글 문)
  학교 소식을 가정에 알리는 글
- 통장(通 帳수첩 장)
  계좌의 거래 내용을 알려 주는 장부

이렇게 휴대전화로 친구와 문자 메시지를 주고받으면, 진짜로 이야기를 나누는 것처럼 느껴지죠? '통신' 기술의 발전 덕분이에요. 멀리 있는 사람에게 소식을 알리는 것을 통신(通信)이라고 합니다. 통신과 관련된 말들을 빈칸을 채우며 알아볼까요?

인터넷이나 전화처럼 통신할 수 있게 도와주는 것은 □□수단, 전화요금이나 인터넷 사용료와 같이 통신할 때 드는 비용은 □□□, 그물처럼 이리저리 연결되어 있는 통신 체계는 통신□입니다.

학교에서 가정의 학부모에게 알리는 소식도 '통신'이에요. 그래서 우리가 집으로 들고 가는, 학교 소식을 담은 글은 가정 □□□입니다.

이렇게 통(通)은 '알리다'를 뜻합니다. 그래서 통장은 은행 계좌에 언제, 얼마나 돈을 넣고 뺐는지 알려 주는 장부를 말해요.

이런 뜻도 있어요

사물의 이치나 기술, 지식을 훤히 잘 알고 있을 때에도 통(通)을 씁니다. 사물의 이치에 대해 막힘없이 통하는 경지에 이른 것은 통달(通達)이고, 신기할 정도로 통달한 것은 신통(神通)입니다. 어떤 것에 대해 자세히 알고 있으면 정통하다고 말하죠. 뒤에 '통' 자만 붙여 낱말을 만들 수 있어요. 소식에 대해 정통하면 소식통, 정보에 대해 정통하면 정보통이라고 부르죠.

- 통달(通 達이를 달) 사물의 이치를 막힘없이 훤히 앎
- 신통(神신기할 신 通) 신기할 정도로 통달함
- 정통(精자세할 정 通) 자세히 앎
- 소식통(通) 소식을 잘 아는 사람
- 정보통(通) 정보를 잘 아는 사람

예지는 피자 한 판의 $\frac{3}{4}$을 먹었고, 이든이는 $\frac{5}{6}$를 먹었습니다. 누가 더 많이 먹었을까요?

아니, 그냥 잘라 준 대로 먹지 왜 그러는 거야???

하하하. 저팔계 말도 맞긴 해요. 하지만 이 문제를 풀어야만 피자를 주겠다고 하면, 저팔계도 별수 없겠죠?

이 문제를 풀려면 $\frac{3}{4}$과 $\frac{5}{6}$의 크기를 비교해야 합니다. 하지만 4개로 나눈 것 중 3조각이 큰지, 6개로 나눈 것 중 5조각이 큰지 쉽게 비교가 되지 않습니다.

이럴 때는 조각들을 더 잘게 쪼개서, 모두 같은 크기로 만들어 주면 비교가 훨씬 쉬울 거예요. $\frac{3}{4}$의 분모인 4의 배수도 되고, $\frac{5}{6}$의 분모인 6의 배수도 되는 공배수(公倍數) 12로 피자를 나눠 봅시다.

$$\frac{3}{4} = \frac{9}{12} =$$ 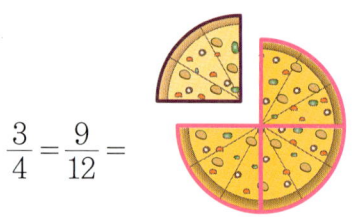 $$\frac{5}{6} = \frac{10}{12} =$$

피자를 12조각으로 나누고, $\frac{3}{4}$과 $\frac{5}{6}$로 표시해 봅시다.

$\frac{3}{4}$ = 12개로 나눈 것 중 9조각 = $\frac{9}{12}$

$\frac{5}{6}$ = 12개로 나눈 것 중 10조각 = $\frac{10}{12}$

자, 분모가 같으니 어느 쪽이 더 큰지 쉽게 알 수 있죠? $\frac{10}{12}$이 $\frac{9}{12}$보다 크니까, $\frac{5}{6}$가 $\frac{3}{4}$보다 큽니다.

이렇게 분수의 분모를 같게 하는 것을 통분(通分)이라고 합니다. 분수가 서로 통하게 한다는 말이지요. 분모가 서로 통하니까, 분자만 비교해서 어느 쪽이 더 큰지 쉽게 알 수 있겠지요? 통분한 분수의 분모는 공통분모(共通分母)라고 합니다. 공통이 되는 분모라는 말이지요.

 **낱말상자**

- **통분**(通통할통 分나눌분) 분수의 분모를 같게 하여 서로 통하게 하는 것

- **공배수**(公여럿공 倍곱절배 數숫자수) 여러 수에 똑같이 배수가 되는 수

- **최소공배수**(最가장최 小작을소 公倍數) 공배수 중 가장 작은 것. 통분할 때는 최소공배수를 공통분모로 사용함

- **공통분모**(共같이공 通分 母어미모) 공통이 되는 분모

통화(通貨)는 유통수단으로 사용될 수 있는 물건입니다. 유통은 상품이 흘러가는 것이니까, 통화는 여러 상품과 교환할 수 있는 물건이지요.

우리가 가장 많이 사용하는 통화는 지폐나 동전입니다. 아하! 그럼 통화는 돈인가요? 으음, 그렇지 않습니다. 돈은 통화의 한 종류입니다. 왜냐하면 금이 통화였던 시절도 있었고, 쌀이 통화였던 시절도 있었고, 비단이 통화였던 시절도 있었으니까요.

여기선 쌀이 **통화**입니다.

여기선 비단이 **통화**입니다.

비단이 통화인 나라와 쌀이 통화인 나라가 서로 무역을 할 때 어떻게 해야 공평할까요? (　　　)

① 무조건 쌀 한 가마는 비단 한 필과 같다고 보고, 얼마나 사고팔지 계산한다.

② 비단을 쌀 한 가마로 바꾸면 몇 필이 될지 정한 뒤, 물건을 사고판다.

네. 답은 ②번입니다. 이렇게 통화와 통화 사이에는 서로 비교하여 교환할 수 있게 하는 기준이 있습니다. 이것을 환율(換率)이라고 합니다.

1997년 말 외환 위기 때에 우리나라의 환율이 아주 높아졌습니다. 이 말은 다른 나라에 가서 물건을 사려면 우리나라 돈을 아주 많이 주어야 한다는 겁니다. 예전에 오백 원이면 샀을 물건을 천 원 주고 사야 한다는 말이죠. 그러다 보니 나라 살림이 어려워졌습니다. 그래서 우리나라는 국제통화기금에서 돈을 빌렸어요.

국제통화기금(IMF-International Monetary Fund)은 세계 무역을 안정시키기 위한 국제기구입니다. 이 기구에 가입한 나라가 경제적으로 위기에 처하면, 돈을 빌려 주고 다시 경제가 회복되도록 도와주지요. 다행히, 지금 우리나라는 그때 빌린 돈을 모두 갚았습니다.

 낱말상자

■ **통화**(通통할 통 貨물건 화) 여러 상품과 교환할 수 있는 물건

■ **환율**(換바꿀 환 率비율 율) 통화를 서로 바꾸는 비율

1 밑줄 친 '통' 가운데, 나머지와 뜻이 <u>다른</u> 것을 고르세요. (   )

① 통로   ② 통나무   ③ 소통   ④ 통행

2 낱말과 낱말의 뜻을 바르게 연결하세요.

1) 길이나 도로, 전화가 이어져 통하기 시작함 •   • 통풍

2) 바람이 통함   •   • 통화

3) 널리 통하는 흔한 것   •   • 보통

4) 여러 상품과 교환할 수 있는 물건   •   • 개통

3 무엇에 관한 그림과 설명인가요? 괄호 안에 알맞은 낱말을 쓰세요.

 안녕하세요.

• 일상생활에서 많이 하는 인사
• 윗사람이나 손님을 대할 때, 선 채로 허리를 가볍게 숙여 하는 보통의 인사

(   )

4 아래 말풍선의 빈칸들에 공통으로 들어갈 낱말은 무엇일까요? (   )

어머니, 저에게 5천 원만 □□해 주세요.

용돈 준 지가 언젠데 벌써?

아우~ 사전을 아무리 뒤져도 안 나오네.

잘 안 되면 인터넷 검색 같은 다른 방법도 찾아봐야지, 왜 그렇게 □□성이 없어?

① 소통   ② 공통   ③ 융통   ④ 신통

5 글자판에서 필요한 글자들을 골라, 말풍선의 빈칸에 들어갈 말을 완성하여 괄호 안에 쓰세요.

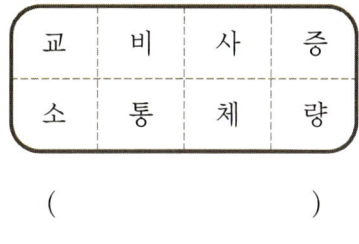

교	비	사	증
소	통	체	량

(   )

6 밑줄 친 '통' 중에서 나머지와 뜻이 <u>다른</u> 것을 고르세요. (   )

① 치<u>통</u>이 심해서 밤새 한숨도 못 잤어.

② 이분은 고구려 역사에 정<u>통</u>하신 분이랍니다.

③ 최신 게임에 대해 모르는 게 있으면 진수에게 물어 봐. 걘 게임 정보<u>통</u>이거든.

④ 그렇게 열심히 공부하더니 드디어 한자에 <u>통</u>달했구나!

7 다음의 규칙을 잘 읽고, '통'이 들어가는 두 글자 짜리 낱말을 완성하세요.

규칙 1. 같은 방향의 공터에서 공통으로 들어 있는 자음과 모음을 찾습니다. 방향은 위, 아래, 왼쪽, 오른쪽 모두 4개입니다.
　예 위: ㅂ, ㅕ, ㄴ → 변
규칙 2. 한 번 쓴 자음과 모음은 지워야 합니다.

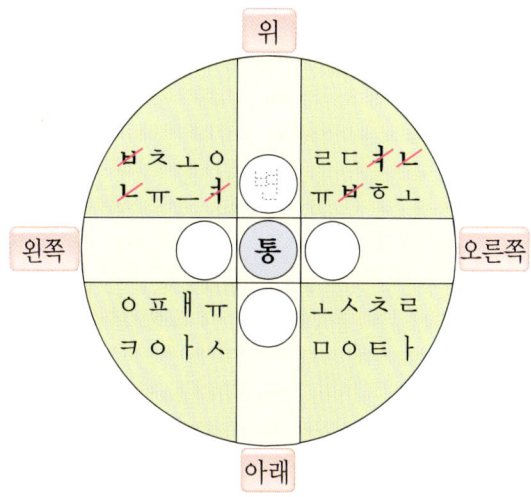

最
가장 최

나도 최고 중의 최고가 될 거야

박지상 선수처럼 최고가 될 거예요!!

그래. 일단 살부터 좀 빼자.

후보

숙

기본어휘 잡기

최고(最高)는 가장 높다는 말이죠? 최(最)에는 '가장, 제일'이라는 뜻이 있으니까요. '최고'가 있으면 '최저'도 있겠죠?

90

최고 속도 제한

30

최저 속도 제한

이것은 도로에서 볼 수 있는 속도 제한 표시입니다. 이 도로에서 낼 수 있는 가장 높은 속도는 시속 90Km, 가장 낮은 속도는 시속 30Km라는 것이지요. 네, 최저(最低)는 '가장 낮다'라는 것입니다.

'최고'를 뜻하는 것에는 어떤 말들이 있는지 빈칸을 채워 봐요.

에베레스트 산은 세계 □□□, 파도가 가장 높은 상태는 □□□.

빈칸에 들어갈 말은 각각 최고봉, 최고조입니다.

최고봉(最高峰)은 가장 높은 봉우리죠. 어떤 분야에서 최고가 된 사람도 그 분야의 '최고봉'이라고 해요. 최고조(最高潮)는 감정이나 분위기가 가장 높아진 것을 가리킬 때에도 쓰는 말입니다.

最	가장 최

- 최고(最高 高높을 고)
  가장 높음
- 최고봉(最高 峰봉우리 봉)
  가장 높은 봉우리, 어떤 분야에서 최고인 사람
- 최고조(最高 潮파도 조)
  파도가 가장 높은 상태, 감정이나 분위기가 가장 높아진 때
- 최저(最低 低낮을 저)
  가장 낮음

응원석의 열기가 최고조에 달하고 있습니다!!!!

박지상슛!

골인?

BS중계석

최단(最短)은 '가장 짧은'이죠. '최단 거리'는 가장 짧은 거리, '최단 시간'은 가장 짧은 시간입니다. 육상 단거리 선수들은 저마다 100m를 최단 시간에 달려서 최단 기록을 세우려고 애쓴답니다. 그럼, '가장 긴'은 무엇일까요? 네, 길 장(長)이 들어간 최장(最長)이죠.

영국의 벤담이라는 철학자는 최대한 많은 사람이 최대한 많은 행복을 누리는 사회가 좋은 사회라고 주장했어요. 이것을 '□□ 다수의 □□ 행복'이라고 하지요.

위의 빈칸에 들어갈 말은 무엇일까요? 답은 최대(最大)입니다. '최대'의 반대는? 네, 가장 작다는 뜻의 최소(最小)입니다.

'최대'와 '최소'의 뜻을 생각하면서 다음 빈칸을 채워 볼까요.

할 수 있는 데까지 최대한 노력해야지.

최소한 살은 빠질 것 같다.

가장 크게 만드는 것은 □□화,

가장 작게 만드는 것은 □□화.

일정한 조건에서 가장 큰 한도는 □□한,

일정한 조건에서 가장 작은 한도는 □□한.

답은 최대, 최소, 최대, 최소입니다.

조선 시대 과거 시험 □□□ 합격자는 만 13세였다고 해요. 빈칸에 가장 알맞은 말은 무엇일까요? (   )

① 최연소   ② 최고령   ③ 최첨단   ④ 최약체

답은 ①번 최연소(最年少)입니다. 가장 나이가 어리다는 말이죠. 반대로, 가장 나이가 많은 것은 최고령이라고 합니다.

最	가장 최

- 최단(最短짧을 단)
  가장 짧은
- 최장(最長길 장)
  가장 긴
- 최대(最大클 대)
  가장 큰
- 최대화(最大化될 화)
  가장 크게 되는 것
- 최대한(最大限한도 한)
  가장 큰 한도
- 최소(最小작을 소)
  가장 작은
- 최소화(最小化)
  가장 작게 되는 것
- 최소한(最小限)
  가장 작은 한도
- 최연소
  (最年나이 연 少어릴 소)
  나이가 가장 어린
- 최고령(最高齡나이 령)
  연령이 가장 많은

조선 시대 과거 시험 최연소 합격자는 고종 3년인 1866년에 합격한 이건창이라는 사람이래요.

공약수 중에 가장 큰 공약수는 '최대공약수', 공배수 중에 가장 작은 공배수는 '최소공배수'라고 합니다.

최	最	가장

최상(最上)은 '수준이나 등급의 가장 위'라는 말입니다. 그래서 아주 좋다는 말로도 자주 씁니다. '기분이 최상'이면 기분이 아주 좋겠지요? '상품이 최상'이면 가장 높은 등급의 좋은 상품이겠고요.

저 오늘 컨디션 **최상**이거든요?

다음 중, '최상'의 반대말이 될 수 <u>없는</u> 것은 무엇일까요? (　　)

① 최저　　　② 최하　　　③ 최적　　　④ 최악

답은 ③번입니다. 최적은 '가장 적당하다'라는 말이에요. 수준이나 등급이 가장 낮을 때, 최저 또는 최하(最下)라는 말을 써요. 가장 나쁘다는 뜻으로, 최악(最惡)이라고도 하지요.

뱃살 빼는 데는 윗몸일으키기가 **최선**이야.

꾸준히 하는 게 **최선**이겠지.

끙~

最	가장 **최**

- **최상**(最 上위 상)
  수준이나 등급의 가장 위
- **최적**(最 適적당할 적)
  가장 적당한
- **최하**(最 下아래 하)
  수준이나 등급의 가장 아래
- **최악**(最 惡나쁠 악)
  가장 나쁜
- **최선**(最 善좋을 선)
  가장 좋은
- **최선책**(最善 策방법 책)
  가장 좋은 방법
- **차선**(次다음 차 善)
  다음으로 좋은
- **차선책**(次 善 策)
  다음으로 좋은 방법
- **최약체**
  (最 弱약할 약 體몸 체)
  가장 약한 조직
- **최강**(最 强강할 강)
  가장 강한

선(善)에는 착하다는 뜻 이외에 좋다는 뜻도 있어요. 최선은 가장 좋은 것을 말해요. 가장 좋은 방법은 최선책입니다.

'최선책' 다음으로 좋은 방법을 뭐라고 할까요? (　　)

① 최중책　　　② 차선책　　　③ 다음책　　　④ 차방책

답은 ②번 차선책이에요. 차선은 다음으로 좋은 것을 뜻하죠. 빈칸을 채우면서 다른 낱말을 알아볼까요?

몸이 약한 것이 약체이니, □□□는 실력이 가장 약한 조직을 뜻합니다. 반대로, 가장 실력이 강할 때는 □□이라고 합니다.

답은 최약체, 최강입니다.

最	가장 **최**

- **최초**(最 初처음 초)
  가장 처음
- **최후**(最 後뒤 후)
  가장 마지막
- **최종**(最 終마칠 종)
  일의 가장 나중
- **최고**(最 古오래될 고)
  가장 오래된
- **최근**(最 近가까울 근)
  지금과 가장 가까운 때
- **최신**(最 新새로울 신)
  가장 새로운
- **최첨단**
  (最 尖뾰족할 첨 端끝 단)
  가장 앞부분의 뾰족한 끝,
  시대나 유행의 맨 앞
- **최우선**
  (最 于~에 우 先먼저 선)
  가장 먼저, 가장 중요한

도대체 누가 수학을 처음 만들었을까요? '최초'의 수학자는 고대 그리스의 탈레스와 그의 제자 피타고라스라고 하지요. 최초(最初)는 '가장 처음'입니다. 이렇게 시간의 순서를 나타낼 때도 최(最)를 써요.

'최'의 뜻을 생각하며 다음 빈칸을 채워 볼까요?

'가장 마지막'은 □후(最後)입니다. '최후'가 지나면 아무것도 남지 않겠죠? □종(最終)은 '순서나 단계의 가장 나중'을 뜻합니다.

내가 지구 **최고**의 동물이 아닐까?

설마, 바퀴벌레가 가장 멋져서? 아니죠~. '최고(最高)'가 아니라 '최고(最古)'거든요. 오래될 고(古)니까, 가장 오래되었다는 말이지요. 실제로 바퀴벌레는 지구 상에서 가장 오래된 동물 중 하나랍니다.

지금으로부터 가장 가까운 시간은 최근(最近)이라고 합니다. 비슷한 말로 '요즈음'이 있지요.

빈칸에 공통으로 들어갈, 가장 알맞은 말은 무엇일까요? (　　　)

'이 휴대전화는 □□형이야.' '이 옷이 □□ 유행이라니까.'

① 최후　　② 최종　　③ 최신　　④ 최강

최첨단

답은 ③번입니다. 최신(最新)은 가장 새롭다는 말입니다.

'최신'보다 더 새롭다는 걸 강조하려면 어떤 말을 써야 할까요? 최첨단(最尖端)입니다. '첨단'은 물건의 가장 앞부분에 있는 뾰족한 끝을 가리켜요. 그래서 시대나 유행의 맨 앞을 뜻하지요. 여기에 '최'가 붙었으니 가장 앞선 것이라는 말이겠죠?

또, 최우선(最于先)은 가장 앞에 두고 중요하게 여긴다는 말입니다.

1 다음 빈칸에 공통으로 들어갈 말은? (   )

> • 민수는 자기가 게임에서는 □고라고 생각한다.
>
> • 마라톤의 □단 기록은 2시간 5분대이다.
>
> • 이건 □상품 한우 갈비야.
>
> • 바나나가 자랄 수 있는 □적 온도는 연평균 섭씨 11~16도이다.

2 낱말과 낱말의 뜻을 올바르게 연결하세요.

1) 가장 높은 산봉우리   •   • 최첨단

2) 지금과 가장 가까운 때   •   • 최근

3) 시대나 유행의 맨 앞   •   • 최고조

4) 감정이나 분위기가 가장 높아진 상태 •   • 최고봉

3 괄호 안에 들어갈 말을 보기에서 골라 문장을 완성하세요.

> 보기   최고   최악   최강   최초

1) 이 도로의 (   ) 속도는 100km니까 과속하지 않도록 주의하세요.

2) 오늘 내 기분은 (   )(이)야. 선생님께 야단맞고, 엄마께도 혼났거든.

3) 아무도 가 보지 않은 달나라에 간 (   )의 사람은 루이 암스트롱이다.

4) 올해 우리나라 축구팀의 전력은 (   )(이)다. 반드시 우승할 거야.

4 다음 빈칸에 공통으로 들어갈 말을 찾으세요. (   )

> • 이순신 장군은 전쟁터에서 □□을/를 마쳤다.
>
> • 내일까지 출근하지 않으면 해고하겠다는 □□ 통첩을 받았다.

① 최고   ② 최후   ③ 최저   ④ 최신

5 괄호 안에 들어갈 말을 보기에서 골라 대화를 완성하세요.

> 보기　　최연소　최신　최고(最古)　최소한　최다

1) 진호 : 세계에서 제일 오래된 금속활자본이 뭐더라?

　　정희 : 직지심체요절이 세계 (　　　　　　　)의 금속활자본이야.

2) 정희 : 와, 멋진 옷 입었는걸.

　　윤수 : 보는 눈은 있구나. 이번 봄에 새로 나온 (　　　　　　　) 스타일의 옷이야.

3) 경미 : 정말 훌륭한 바이올린 연주자네. 나이도 어린데…….

　　엄마 : 저 아이가 우리나라 (　　　　　　　) 바이올린 콩쿠르 우승자야.

4) 진행자 : 저 선수는 매 시합 선발로 출전하고 있습니다.

　　해설자 : 네, 맞습니다. 올해 (　　　　　　　) 출전을 기록했죠.

5) 부인 : 너무 돈이 많이 드네. 이러다가는 파산하겠어.

　　남편 : 그러게. 돈 씀씀이를 (　　　　　　　)(으)로 줄여야겠어.

6 사다리를 타고 내려가, 설명에 해당하는 낱말을 보기에서 찾아 빈 자리에 써넣으세요.

> 보기　　최약체　최고령　최소공배수　최우선

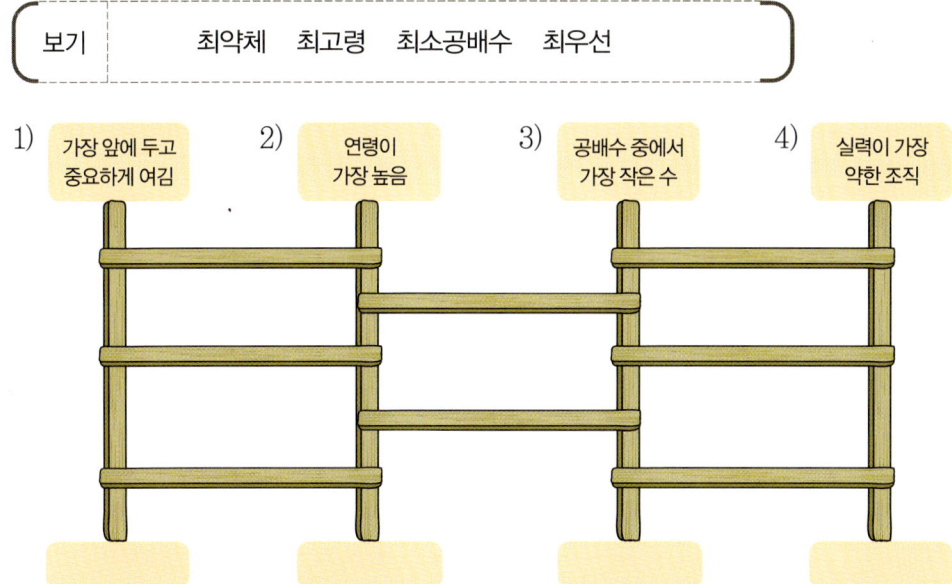

1) 가장 앞에 두고 중요하게 여김
2) 연령이 가장 높음
3) 공배수 중에서 가장 작은 수
4) 실력이 가장 약한 조직

어휘랑 놀자

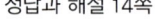

정답과 해설 14쪽

가로 열쇠

3) 나이가 가장 어림 (▶37쪽)
5) 분모가 1인, 가장 기본이 되는 분수 (▶17쪽)
9) 전하는 내용을 하나하나 밝혀 적은 것 (▶15쪽)
10) 팀당 한 명씩 나와서 하는 경기 방식 (▶13쪽)
11) 시대나 유행의 맨 앞 (▶39쪽)
14) 아끼고 아낌, 지나치게 아낌 (▶23쪽)
16) 국가 간에 여러 조항을 두고 맺은 약속 (▶21쪽)
18) 허리를 가볍게 숙여 하는 보통의 인사 (▶29쪽)
21) 한 분야에서 최고인 사람을 비유하는 말
　　(▶36쪽)
22) 조선 시대 마을의 자치 규약 (▶21쪽)
23) 여럿에 똑같이 통함. ○○분모 (▶29쪽)
24) 결혼을 달리 백년○○이라고도 함 (▶20쪽)
25) 유통수단으로 사용될 수 있는 물건.
　　국제○○기금 (▶33쪽)

세로 열쇠

1) 음식의 종류와 가격을 항목별로 적은 것 (▶15쪽)
2) 분수의 분모를 같게 하는 것 (▶32쪽)
3) 가장 적당한 (▶38쪽)
4) 탁 트여 통함, 의사○○ (▶28쪽)
6) 계약을 어김 (▶21쪽)
7) 돈을 지키는 노예. 돈만 아는 사람 (▶23쪽)
8) 소식에 정통하여 잘 아는 사람 (▶31쪽)
12) 의지할 곳 없는 홀몸, 혈혈○○ (▶12쪽)
13) 한 가지 색 (▶12쪽)
15) 상황에 맞춰 일을 처리하는 재주, 감각 (▶29쪽)
17) 분수를 공약수로 나눠 간단히 하는 것 (▶25쪽)
19) 봉우리 모양의 혹이 하나인 낙타 (▶13쪽)
20) 줄여서 간단히 한 말. 준말 (▶22쪽)
21) 가장 작게 만드는 것. 피해의 ○○○ (▶37쪽)
23) 여러 사람과 공개적으로 하는 약속 (▶21쪽)

明
밝을 **명**

와! 꼭 조명을 켠 것처럼 밝아

밝기도 하구나
□□아, □□아!

네가 바로 저기 저 위에 둥실 떠 있구나!

기본어휘 잡기

위 그림의 빈칸에 들어갈 말로 '밝은 달'을 뜻하는 것은 무엇일까요? (　　)

① 명월　　　② 만월　　　③ 풍월　　　④ 글월

답은 ①번 명월(明月)입니다. 어두운 밤하늘에 둥실 떠 있는 밝은 달을 가리키는 말이지요.

밝을 명(明)은 태양[日]과 달[月]이 합쳐진 글자입니다. 태양은 지구 전체를 밝혀 주고, 달은 어둠을 밝혀 줍니다. 이 둘이 합쳐졌으니 '명'은 말할 것도 없이 세상에서 제일 밝은 것입니다.

밝음과 어둠을 함께 이르는 말은 명암(明暗)입니다. 그래서 '명암'은 기쁨과 슬픔, 또는 행복과 불행을 통틀어 부르는 말이기도 해요.

어두운 밤을 밝게 비추는 것은 각종 조명 장치입니다. 현관 등, 거실 등, 내 책상 위에 있는 스탠드, 무대를 비추는 각종 장치 등을 말하죠. 조명(照明)은 밝게 비춘다는 뜻입니다.

마음에 빛을 비추면 마음도 밝아집니다. 이렇게 사람이 밝고 맑으면 명랑(明朗)하다고 합니다. '명랑'한 사람과 있으면 기분이 유쾌해져요.

明	밝을 명

■ 명월(明 月 달 월)
밝은 달

🌰 **만월**

만월(滿 찰 만 月)은 속이 꽉 찬 달, 즉 보름달을 말합니다.

■ 명암(明 暗 어두울 암)
밝고 어두움, 행복과 불행

■ 조명(照 비출 조 明)
밝게 비춤

■ 조명(照明) 장치
어두운 곳을 밝게 비추어 주는 장치

■ 명랑(明 朗 유쾌할 랑)
밝고 유쾌함

호호 투명 개 맞아.

으악! 투명 인간, 아니, 투명 개닷!

明 밝을 명

■ 투명(透통할 투 明)
  빛이 통과하는 밝은 상태
■ 투명(透明) 인간
  투명하여 보이지 않는 사람
■ 투명(透明) 경영
  부정부패를 저지르지 않는
  깨끗한 경영

明 깨끗할 명

■ 공명정대(公공정할 공 明 正
  바를 정 大클 대)
  공정하고 깨끗하고 바르고
  너그러움

😀 윤리 경영

윤리(倫인륜 륜 理이치 리)경영
은 인륜과 이치에 맞는 경영이
라는 뜻입니다.

투명 인간은 왜 안 보일까요? 빛이 통과해 버리니까 안 보이는 거예요.

투명(透明)은 빛이 통과하는 밝은 상태를 말합니다. 유리창이 '투명' 하면 빛이 통과하여 밝지요. 그래서 그 뒤에 있는 것이 잘 보입니다. 편지 봉투의 '투명' 창으로 내용이 다 들여다 보입니다. 물이 '투명' 하면 물속에 있는 돌이나 물고기가 잘 보입니다.

'투명' 이라는 말은 맑고 깨끗하다는 뜻으로도 쓰입니다. 그럼 이말을 기업 경영에 적용한 것은 무슨 말일까요? (   )

① 투명 산업   ② 투명 경영   ③ 투명 생산   ④ 투명 기업

답은 투명 경영입니다. 투명 경영은 기업이 부정부패를 저지르지 않고 깨끗하게 경영하는 것입니다.

투명 경영과 비슷한 말은 윤리 경영입니다. 윤리 경영을 하는 회사는 사람들의 신뢰를 얻습니다. 일을 공정하고, 깨끗하고, 바르며, 너그럽게 처리하기 때문입니다. 이것을 공명정대(公明正大)하다고 합니다.

여기서 명(明)은 '깨끗하다' 라는 뜻이기도 합니다.

앗! 투명 선수잖아. 이건 공명정대하지 못해!

명 明 밝다, 밝히다, 깨끗하다

다음 빈칸에 공통으로 들어갈 말은 무엇일까요? (　　　)

1) 내가 알아들을 수 있게 잘 □□해 봐.

2) 이 문제집에는 어휘 □□이 정말 잘 되어 있는걸.

정답은 설명(說明)이죠. 설명은 상대편이 알기 쉽게 밝혀서 말한다는 뜻입니다.

친구를 괴롭히다 '딱!' 걸린 모양이네요. 변명(辨明)은 잘못이나 실수에 대해 구실을 대며 까닭을 밝히는 거예요. 위에서는 자기가 친구를 괴롭히지 않았다고 '변명' 하고 있지요? 그런데 그 말을 '증명' 할 길이 없네요. 증명(證明)은 증거를 들어 사실 여부를 밝히는 겁니다.

마지막으로 다음 빈칸에 들어갈 말은 무엇일까요?

"에디슨은 □□의 왕이다."

'발명' 이잖아요. 쉽죠? 발명(發明)은 지금까지 없던 물건이나 방법, 기술을 새로 세상에 나타나게 만드는 겁니다. 에디슨은 전구를 발명하여 세상의 밤을 환하게 밝혔습니다. 이런 것은 '발명 중의 발명' 이지요.

明	밝힐 **명**

- **설명**(說말씀 설 明)
  알기 쉽게 밝혀서 말함
- **변명**(辨밝힐 변 明)
  옳고 그름을 분별하여 밝힘
- **증명**(證알릴 증 明)
  증거를 들어서 사실 여부를 밝힘
- **발명**(發나타날 발 明)
  지금까지 없던 물건이나 방법, 기술을 세상에 나타나게 함

🌰 **명심보감**

명심보감(明 마음 심 心 寶 보배 보 鑑 거울 감)은 마음을 밝히는 소중한 본보기라는 뜻을 지닌 제목의 책입니다. 고려 시대에 훌륭한 조상들의 말씀 중에서 인격을 수양하는 데 도움이 되는 소중한 말씀만을 뽑아 엮은 책입니다.

"분□히 여기에 뒀는데 어디 갔지?"에서 빈칸에 들어갈 말은 무엇일까요?

네, '명'입니다. 분명은 밝게 구분되어 확실하고 틀림없다는 뜻이지요. 비슷한 말로 '명백'과 '명확'이 있습니다. 명확은 분명하고 확실하다는 뜻입니다. 명백은 분명하고 뚜렷하다는 뜻으로 명명백백의 준말입니다.

이렇게 명(明)은 '분명하다'라는 뜻을 지니고 있습니다.

明	분명할 명

■ 분명(分구분될 분 明)
밝게 구분되어 확실하고 틀림없음
■ 명확(明 確뚜렷할 확)
분명하고 뚜렷함
■ 명백(明 白흴 백)
분명하고 뚜렷함
=명명백백(明明白白)
■ 명쾌(明 快시원할 쾌)
더 이상 물어 볼 필요가 없을 정도로 분명하고 시원함
■ 명료(明 瞭맑을 료)
분명하고 맑아 뚜렷함
■ 명석(明 晳밝을 석)
분명하고 똑똑함
■ 명시(明 示보일 시)
분명하게 보임
■ 명세서
(明 細자세할 세 書문서 서)
물품이나 금액을 분명하고 자세하게 적은 문서

자, 삼촌이 바퀴 떨림 문제를 **명쾌**하게 해결했다.

어! 내 바퀴….

하하. 바퀴가 없으면 떨릴 것도 없으니 '명쾌'한 해결책이긴 하네요. 삼촌이 아주 '명석'하시군요. 생각이 분명하고 똑똑한 것이 명석이죠. 명쾌(明快)한 것은 더 이상 물어볼 필요가 없을 정도로 분명하고 시원한 걸 말합니다. '명쾌'와 비슷한 말은 명료입니다. 설명이 '명료'하면 알아듣기 쉬워요.

그럼 빈칸을 채우면서 분명함을 나타내는 낱말을 더 알아볼까요? 무엇인가를 분명하게 보여 주는 것은 □시, 이것저것을 분명하고 자세하게 적은 문서는 □세서라고 합니다.

이런 뜻도 있어요

명(明)은 똑똑하다는 뜻도 있어요. 사리에 밝으면서도 어진 사람은 현명(賢明)하다고 합니다. 또, 똑똑하고 슬기로우면 총명(聰明)하다고 말해요.

■ 현명(賢어질 현 明) 사리에 밝으면서 어진 것   ■ 총명(聰총명할 총 明) 똑똑하고 슬기로움

'명도'와 '채도'라는 말은 무엇과 관련된 말일까요? (   )

① 색상   ② 밝기와 맑기   ③ 미술   ④ 그림

'에라, 모르겠다' 찍었나요? 괜찮아요. ①, ②, ③, ④번 모두 답이거든요.

명도(明渡)는 색의 밝기의 정도를 나타냅니다. 그리고 색의 밝기는 빛의 양에 따라 달라집니다.

오른쪽 그림에서 가장 어두운 것과 가장 밝은 것은 각각 몇 번인가요?

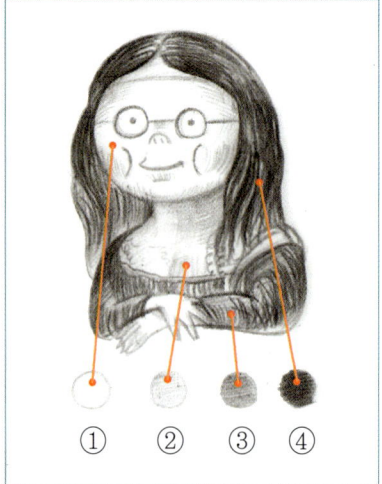

1) 가장 어두운 것 :   2) 가장 밝은 것 :

가장 어두운 것은 ④번, 가장 밝은 것은 ①번이죠? 그런데 왜 이런 차이가 생길까요?

빛 자체는 색이 없습니다. 다만 빛이 많으면 밝아 보이고, 빛이 적으면 어두워 보일 뿐이에요. 우리가 보기에 가장 밝은 색은 흰색, 중간이 회색, 가장 어두운 색이 검정으로 보이는 겁니다. 그래서 흰색을 10, 검정을 0으로 해서 밝기를 10단계로 나타낸 것이 명도입니다.

채도(彩度)는 색의 곱고 선명한 정도를 나타냅니다. 빨간색에 흰색을 섞거나 검은 색을 섞으면 빨간색의 선명함이 줄어듭니다. 이걸 색이 탁(濁)해진다고 해요. 색이 탁해지면 채도가 낮아지는 겁니다. 세상의 모든 색은 빨강, 파랑, 노랑을 섞어서 만듭니다. 그래서 이 세 가지 색을 근본이 되는 세 가지 색깔인 '색의 삼원색(三原色)'이라고 합니다.

그럼, 채도가 가장 높은 색은 뭘까요? (   )

① 검은색   ② 흰색   ③ 빨간색   ④ 회색

네, 답은 ③번 빨간색입니다.

빨강, 파랑, 노랑, 이 삼원색은 채도가 가장 높은 색입니다. 아무것도 섞지 않았으니까요. 빨강, 파랑, 노랑, 이 세 가지 색의 채도를 높이고 낮추는 과정에서 수많은 색깔이 만들어지는 겁니다.

여러 가지 색을 마구 섞으면 채도가 마구 낮아질 겁니다. 그러면 채도가 0이 되기도 할까요?

그래요. 0이 되기도 합니다.

이렇게 채도가 없는 색을 무엇이라고 할까요? (　　　)

① 유채색　　　② 무채색　　　③ 중간색

정답은 ②번 무채색(無彩色)입니다. 무채색은 채도가 없다는 말입니다. 보다 많은 색의 물감을 섞을수록 검은색에 가까워집니다. 또 물감에 흰색을 많이 섞을수록 본래의 빛깔을 잃어버리고 흰색에 가까워집니다. 그래서 검은색과 흰색은 채도가 0입니다. 검은색과 흰색을 섞어서 만든 회색도 채도가 0이지요. 이들은 명도만 있습니다.

우리 눈에 보이는 알록달록 아름다운 색들은 모두 밝은 정도인 명도와 곱고 선명한 정도인 채도에 따라서 각각 다르게 표현됩니다.

빨간색, 검은색, 노란색으로 이루어진 교통 표지판은 멀리서도 눈에 잘 띄죠? 이렇게 두 가지 이상의 색을 서로 어울려 놓았을 때 잘 보이는 성질을 명시성(明視性)이라고 합니다. 색깔들 사이의 명도나 채도의 차이가 클수록 '명시성'이 높지요.

특히 노란색과 검은색이 어울릴 때 명시성이 가장 높습니다. 그래서 노란색과 검은색이 공사 중 표지판이나 교통 안내 표지판에 많이 사용되는 거예요.

흑백 영화

흑백 영화에는 명도만 있고 채도는 없습니다. 명도가 다른 흰색, 회색, 검은색뿐입니다. 그러니까 색이 없어서 배경색이나 배우들의 옷 색깔을 알 수 없지요.

공사중

 **낱말상자**

■ **명도**(明밝을 명 度정도 도) 색의 밝은 정도

■ **채도**(彩고운빛 채 度) 색의 곱고 선명한 정도

■ **색이 탁**(濁흐릴 탁)**해지다** = 색이 흐려지다, 선명함이 줄어들다

■ **삼원색**(三셋 삼 原근원 원 色색 색) 세 개의 근본이 되는 색깔

■ **무채색**(無없을 무 彩 色) 채도가 없는 색

■ **명시성**(明 視볼 시 性성질 성) 밝게 잘 보이는 성질

1 다음 빈칸에 공통으로 들어갈 말은 무엇일까요? (   )

- 오늘 밤하늘에는 휘영청 밝은 □월이 떴습니다.
- 이 사진은 밝고 어두운 □암이 아주 뚜렷합니다.
- 전시관의 조□이(가) 너무 어두워서 전시물이 잘 보이지 않아요.
- 색상의 밝은 정도를 □도라고 합니다.

2 다음 빈칸에 공통으로 들어갈 말은 무엇일까요? (   )

- 여기 이 □□한 샘물을 좀 봐. 밑바닥까지 다 보이지 않니?
- 눈이 오네. 창이 □□하니까 눈이 오는 풍경도 다 보여.
- 아빠 회사는 부정부패 없이 깨끗하고 □□한 경영을 한대.

① 명쾌   ② 명랑   ③ 투명   ④ 명백

3 낱말과 낱말의 뜻을 올바르게 연결하세요.

1) 증거를 대면서 밝힘   •   • 공명정대
2) 어두운 곳을 밝게 비추어 주는 장치   •   • 발명
3) 새로운 물건이나 방법을 밝혀 만들어 냄 •   • 증명
4) 공정하고, 깨끗하고, 바르며, 너그러움 •   • 조명 장치

4 보기의 괄호에 들어갈 수 <u>없는</u> 낱말은 다음 중 무엇일까요? (   )

보기   "네가 숙제를 안 했다는 사실은 이미 (   )하게 드러났어."

① 명확   ② 명백   ③ 명료   ④ 명랑

어휘력 **다지기**

5 다음 대화의 빈칸에 가장 적당한 낱말은? (   )

① 명세서　　　　② 무채색　　　　③ 유채색　　　　④ 명시성

6 괄호에 알맞은 말을 보기에서 골라 문장을 완성하세요.

보기　　　　명랑　총명　현명　공명정대

1) 우리 아이는 무엇이든 척척 알아듣지. 무척 (　　　　　　)하다니까.

2) 너는 워낙 (　　　　　　)해서 같이 있으면 나까지 기분이 좋아져.

3) 성품이 어진 신사임당은 (　　　　　　)한 어머니의 대표적 표본이지.

4) 법은 모든 사람에게 (　　　　　　)해야 합니다.

7 화살표를 따라가며 글자를 모아 보세요. (☐☐☐☐☐) (━━▶ 예　━━▶ 아니오)

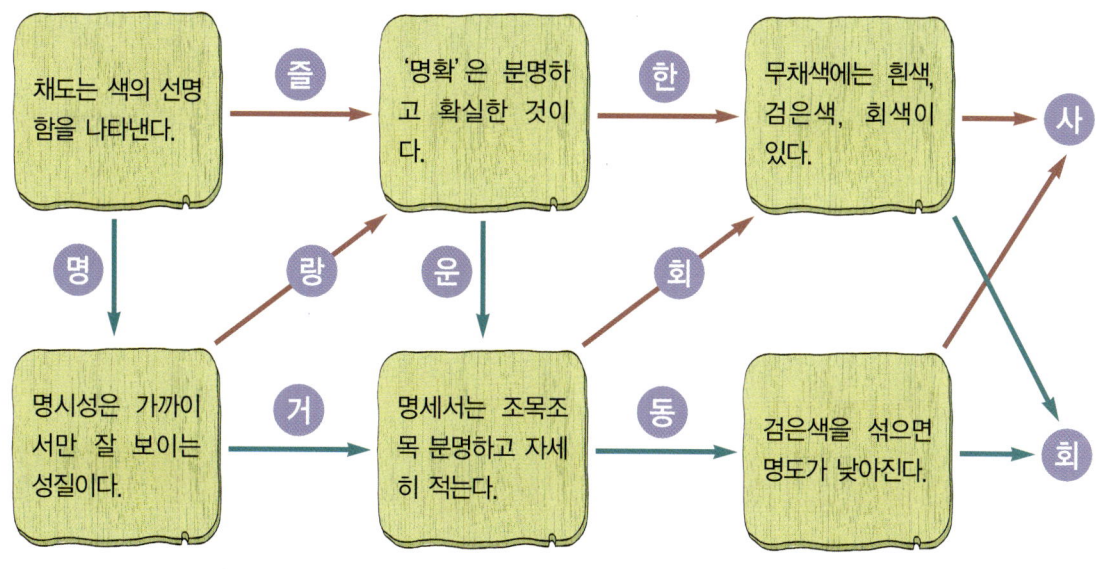

發
낼 발

빛이 반짝 발광, 열이 후끈 발열

ㅂ 기본어휘 잡기
ㅇ

하하. 고양 군은 미친병의 증세가 밖으로 나타나는 발광(發狂)이지만, 빛을 내는 것은 빛광(光) 자를 쓰는 발광(發光)입니다. 배에서 빛을 내는 반딧불이는 '발광 곤충'에 속합니다.

여기서 발(發)은 '내다', 또는 '나다'를 뜻합니다. 열이 나는 것은 발열(發熱)입니다. 컴퓨터를 오래 쓰면 뜨거워지는 것이 '발열 현상'이죠. 우리 몸에 좋은 발아 현미는 '싹이 난 현미'를 말합니다.

자, 그럼 다음 빈칸을 채워 볼까요?

털이 나는 것은 □모, 병이 나는 것은 □병, 불이 나는 것은 □화!

계속해 볼까요? 노래를 부를 때 '발성' 연습을 하죠? 소리를 내는 것이 □성(發聲)입니다. 말소리를 내는 것은 □음(發音)이죠. 발언(發言)은 말을 꺼내어 의견을 내는 것을 뜻합니다.

의견이 아니라 그냥 '입 밖으로 말을 내는 것'은 뭘까요? (   )

① 해설   ② 발설   ③ 전설   ④ 학설

發	낼 날 발

- 발광(發 狂미칠 광)
  미친병의 증세가 나타남
- 발광(發 光빛 광)
  빛을 냄
- 발열(發 熱열 열)
  열이 남
- 발아(發 芽싹 아)
  싹이 남
- 발모(發 毛털 모)
  털이 남
- 발병(發 病병 병)
  병이 남
- 발화(發 火불 화)
  불이 남
- 발성(發 聲소리 성)
  소리를 냄
- 발음(發 音소리 음)
  말소리를 냄
- 발언(發 言말씀 언)
  말을 꺼내 의견을 냄

네, ②번 발설이에요. 보통은 하면 안 되는 말을 입 밖에 내는 것을 발설(發說)이라고 합니다. 비밀은 '발설' 하면 안 되는 거예요.

이렇게 발(發)은 밖으로 나타나는 것이어서, '일어나다' 라는 뜻도 있습니다. 발생(發生)은 어떤 일이나 사물이 생겨나는 것을 말해요. 보통의 일이나 사건은 '발생' 했다고 말하지만, 2차 대전은 '발발' 했다고 하지요? 발발(勃發)은 전쟁이나 큰 사건이 갑작스럽게 일어나는 것을 말합니다.

'발' 의 뜻을 생각하면서 발생에 관한 낱말들을 살펴볼까요?

우연히 일어나는 것은 우발(偶發)입니다. '우발적 범행' 은 계획하지 않고 우연히 벌인 범행이죠.

전에 일어난 일이 다시 일어나는 것은 재발(再發), 뜻밖의 일이 갑자기 일어나는 것은 돌발(突發), 어떤 일이 많이 일어나는 것은 다발(多發)입니다.

자! 그럼 빈칸을 채우면서 배운 말들을 정리할까요?

> 여행지로 가는 도중, 우리가 탄 버스가 사고 ☐☐ 지역에서 사고가 났습니다. 갑자기 일어난 사건에 무척 당황했지만, 서로 힘을 합쳐 ☐☐ 상황에 신속히 대처했습니다. 하지만, 같은 곳에서 사고가 계속 ☐☐ 하니 근본적인 대책을 세워야 합니다.

정답은 다발, 돌발, 재발이에요. 잘 맞혔어요?

'역사적으로 중요한 일이나 사물이 처음 나타난 곳' 을 뜻하는 말은? (   )

① 발견지   ② 발명지   ③ 발상지   ④ 발생지

정답은 ③번 발상지입니다. '축구의 발상지', '크리스트교의 발상지', '유럽 문화의 발상지' 처럼 쓸 수 있어요.

■ 발설(發 說말씀 설)
(하면 안 되는) 말을 입 밖에 냄

| 發 | 일어날 발 |

■ 발생(發 生날 생)
어떤 일이나 사물이 생겨남
■ 발발(勃갑자기 발 發)
전쟁이나 큰 사건이 갑자기 일어남
■ 우발(偶우연 우 發)
우연히 일어남

미안, 나도 모르게 우발적으로….

■ 재발(再다시 재 發)
다시 일어남
■ 돌발(突갑자기 돌 發)
갑자기 일어남
■ 돌발 상황
(突發 狀상태 상 況상황 상)
갑자기 벌어진 상황
■ 다발(多많을 다 發)
많이 일어남
■ 사고 다발 지역
(事일 사 故사건 고 多發地땅 지 域구역 역)
사고가 많이 일어나는 지역
■ 발상지
(發 祥조짐 상 地땅 지)
역사적으로 중요한 일이나 사물이 처음 나타난 곳

발 | 發   내다, 나다, 일어나다

사과가 떨어진다…. 혹시 땅이 끌어당겨서?

바로 그거야! 지구는 모든 것을 끌어당기고 있어!

뉴턴이 역사적인 '발견'을 하는 순간이네요. 발견(發見)이란 남이 미처 찾아내지 못하였거나 세상에 알려지지 않은 것을 먼저 밝혀내는 것을 말합니다. 이때의 발(發)은 '밝히다, 드러내다'라는 뜻을 지니고 있어요.

수업 시간에 '발표'를 하죠? 어떤 의견이나 결과 따위를 겉으로 드러내어 널리 알리는 것이 발표(發表)입니다.

한편, 유물이나 지하자원처럼 땅에 묻혀 있는 것을 파서 드러내는 것은 뭐라고 할까요? 네, 발굴이라고 합니다. 꼭 땅속에 묻힌 것에만 쓰는 말은 아니고, '인재 발굴'이나 '신인 발굴'처럼 세상에 널리 알려지지 않은 것을 찾아낸다는 말로도 씁니다.

發	드러낼 발

■ 발견(發 見볼 견)
알려지지 않은 것을 드러내어 봄
■ 발표(發 表겉 표)
의견이나 결과 따위를 겉으로 드러내어 알림
■ 발굴(發 掘팔 굴)
땅에 묻힌 것을 파서 드러냄
■ 발각(發 覺나타날 각)
숨기던 것이 드러나 나타남
■ 적발(摘들추어낼 적 發)
숨겨져 있던 것을 들추어 드러냄

다음 빈칸에 가장 알맞은 말을 순서대로 짝 지은 것은?

• 용의자는 완전범죄를 꿈꿨지만 결국 범행이 □□됐다.

• 경찰은 불량 식품을 공급해 온 무허가 식품 제조업자를 □□했다.

① 발굴 – 발각   ② 발각 – 적발   ③ 적발 – 발각

꽤 어려웠죠? 답은 ②번입니다. 숨기고 있던 것이 남에게 드러나면 발각입니다. 남에게 '발각되는' 것이니까 '발각하다'라고는 잘 쓰지 않아요. 반면에, 숨겨져 있던 것을 들추어 드러내는 일은 적발입니다. 경찰은 불법적인 일들을 '적발'하고, 범죄자는 죄가 '적발'되는 거예요. 그러니 '적발하다', '적발되다' 둘 다 씁니다.

🥕 발견과 발명의 차이

'발견'이 이미 존재하던 것을 우연한 기회에 알게 되는 것이라면, '발명'은 노력과 시간을 투자해 새로운 것을 만들어 내는 것을 말합니다.

낼 발 發

꽃이 만발~

꽃이 가득 피어난 것을 보고 꽃이 만발했다고 하죠? 발(發)은 원래 꽃이 핀다는 말인데, '꽃이 피어나듯 좋은 상태가 되는 것'을 뜻하기도 해요.

發 | 필발

■ 만발(滿 가득할 만 發)
　가득 피어남

다음 중, '더 좋은 상태로 나아감'을 뜻하는 말은 무엇일까요? (　　　)

① 발명　　　② 발전　　　③ 발견　　　④ 발표

네, 답은 ②번 발전(發展)입니다. 발(發)은 이렇게 '발전'이라는 뜻을 나타낼 때도 있어요.

발달(發達)은 발전한 상태에 이르렀다는 말입니다. 신체나 지능이 '발달'하기도 하고, 의학이나 과학 기술이 '발달'하기도 합니다.

개발은 새롭게 열어 발전시킨다는 말입니다. 전에는 없던 것을 새롭게 이루어 내는 것이지요. 쓸모없던 땅을 개발하거나, 새로운 기술을 개발하죠. 이에 비해, 계발은 지능이나 소질처럼 이미 가지고 있는 것을 일깨워 발전시키는 것을 가리킵니다.

개발과 계발이 어떻게 다른지 생각하면서 빈칸을 채워 볼까요?

국토 □□, 창의성 □□, 신제품 □□, 소질 □□.

답은 개발, 계발, 개발, 계발입니다.

發 | 발전할 발

■ 발전(發 展 나아갈 전)
　더 좋은 상태로 나아감
■ 발달(發 達 이를 달)
　발전한 상태에 이름
■ 개발(開 열 개 發)
　새롭게 열어 발전시킴
■ 계발(啓 일깨울 계 發)
　일깨워 발전시킴

🌰 자연의 발달

지형이나 날씨에서 어떤 현상이 크게 형성되는 것도 '발달'이라고 해요. '화산 지형의 발달', '태풍의 발달'처럼 말이에요.

이런 뜻도 있어요

목적지를 향해 떠나는 것을 출발(出發)이라고 하지요. 발(發)은 이렇게 '떠나다'라는 의미로도 쓰여요. '서울발 열차'는 서울에서 떠나는 열차를 가리키죠. 버스나 기차가 떠나는 것은 발차(發車)입니다. 그럼, 버스나 기차가 떠나는 시각은? □□ 시각입니다. 빈칸에 들어갈 답은 '발차'겠죠.

■ 출발(出 날 출 發) 떠남　■ 발차(發 車 차 차) 차가 떠남

곧, 발차합니다!

대전행

증발

물이 끓을 때 보면, 하얗게 김이 올라 공기 중으로 사라지죠? 이걸 한 자로는 '증(蒸)' 이라고 해요. 물이 끓어서 기체로 변하는 현상이 바로 '증(蒸)' 인 것이지요. 그럼, 이때 물이 변해서 된 기체는 뭐라고 부를까요? 답은 수증기(水蒸氣)입니다. 기체인 수증기는 눈에 보이지 않기 때문에, 꼭 공기 중으로 사라진 것처럼 보인답니다.

이렇게 증발(蒸發)은 물이 끓어 수증기가 되는 것처럼, 액체가 기체가 되는 현상을 말합니다.

수증기(기체)

김

물(액체)

빨래를 빨랫줄에 널고 어느 정도 시간이 흐르면 빨래가 다 마릅니다. 상처에 바른 소독약도 호호 불면 말라 버립니다. 빨래의 물도, 소독약도 모두 어디로 간 걸까요? 바로 '증발' 하여 공기 중으로 날아간 것이랍니다.

다음 중에서 증발이 이루어진 것을 모두
고르세요. (   )

① 빨래 말리기

② 헤어드라이어로 머리 말리기

③ 화장실에서 손 씻고 건조기로 말리기

④ 걸레로 엎질러진 물 닦기

답은 ①, ②, ③번이죠. ④번은 걸레에 물이 흡수된 것이지, 증발이 아니거든요.

온도가 높을수록, 바람이 불수록 물은 빨리 증발한답니다. 헤어드라이어나 식기 건조기, 세탁물 건조기 등은 열이나 바람을 이용해 물을 빨리 증발시키는 장치이지요.

헉! 어제 받은 세뱃돈이 증발했다!!!

통장에 넣어 두었단다.

■ 사람이나 물건이 갑자기 사라져 행방을 알지 못하게 될 때에도 '증발' 이라고 합니다.

여기서 문제! 물이 끓을 때에만 증발이 일어날까요? (　　)

① 그렇다　　　　　　　　② 아니다

답은 ②번 '아니다' 입니다. '증' 이 원래 물이 끓을 때 일어나는 현상을 나타내는 말이긴 하지만, '증발' 은 액체가 기체로 변하는 현상을 모두 일컫는다는 사실, 명심하세요!

그럼, 증발한 수증기는 어디에 있을까요? 평소엔 공기 중에 기체 상태로 있으니 눈에 보이지 않아요. 그러나 수증기가 찬 공기와 만나면 주변 온도가 내려가면서 다시 물방울이 됩니다. 기체 상태에서 액체 상태로 돌아오는 거지요.

수증기가 바뀐 물방울에는 어떤 것이 있을까요? 구름, 안개, 이슬이 대표적인 예입니다.

김과 수증기

추운 곳에 있다가 따뜻한 곳에 들어가면 안경에 김이 서립니다. 따뜻한 방 안의 수증기가 차가운 안경알에 부딪혀 뿌연 김으로 바뀌는 거랍니다.
눈에 보이지 않는 수증기와 다르게 김은 하얗게 잘 보여요.

다음 설명을 읽으면서 빈칸을 채워 보세요.

솜사탕처럼 보송보송해 보이지만, □□은 아주 작은 물방울들이 서로 엉겨 붙어 있는 것이에요. 구름은 공기 중의 수증기가 높은 곳의 찬 공기와 만나 물방울이 된 것입니다.

새벽에는 하루 중 기온이 가장 낮습니다. 그래서 공기 중에 있던 수증기가 물방울로 변하죠. 이 물방울들이 모여 지표 가까이에 희뿌옇게 떠 있는 것이 바로 □□입니다.

안개가 자욱하네.

□□도 있답니다. 밤새 떨어진 기온 때문에 공기 중의 수증기가 물방울이 되어 풀잎이나 찬 물체의 표면에 대롱대롱 매달려 있는 것이에요.

스모그는?

스모그(smog)는 안개처럼 보이지만, 사실은 도시에서 만들어진 연기입니다.
스모크(smoke연기)
+
포그(fog안개)
자동차 매연, 공장 매연 등 사람들이 만들어 낸 나쁜 연기가 안개처럼 도시를 감싸고 있는 것이 바로 스모그지요.

낱말상자

■**증발**(蒸찔증 發떠날 발) 액체가 기체로 변하는 현상　　　■**수증기**(水물 수 蒸 氣기체 기) 물이 변해서 된 기체

1 빈칸에 공통으로 들어갈 말은 무엇일까요? (   )

> • 산불은 자연적으로 □화되는 경우도 많다.
>
> • 지역에 따라 '쌀' 을 '살' 로 □음하기도 해요.
>
> • 무책임한 □언에 대해 진심으로 사과드립니다.
>
> • 사건 □생 10일 만에 범인이 검거되었다.

2 낱말의 뜻과 낱말을 올바르게 연결하세요.

1) 우연히 일어남   •   • 다발

2) 다시 일어남   •   • 우발

3) 뜻밖의 일이 갑자기 일어남 •   • 재발

4) 많이 일어남   •   • 돌발

3 밑줄 친 '발' 자 중에서 나머지와 뜻이 <u>다른</u> 것을 하나 고르세요. (   )

① <u>발</u>열   ② <u>발</u>광   ③ <u>발</u>화   ④ 가<u>발</u>

4 다음 중, 밑줄 친 낱말이 <u>가장</u> 자연스럽게 쓰인 문장을 고르세요. (   )

① 이 일은 우리만의 비밀이야. 절대로 <u>발언</u>해서는 안 돼.

② 세상에, 들었니? 이번 사고는 치밀하게 계획된 <u>우발적</u> 범행이었대.

③ 지난 주말, 경찰은 음주 운전을 무더기로 <u>발각</u>했다.

④ 음악을 자주 들으면 상상력이 <u>계발</u>된다고 해요.

5 다음 중, '전쟁이나 큰 사건이 갑자기 일어남' 을 뜻하는 낱말은? (   )

① 발굴   ② 발발   ③ 발표   ④ 발설

6 괄호에 알맞은 말을 보기에서 골라 대화를 완성하세요.

> 보기   발견   발표   증발   발굴   발각

1) 콜럼버스는 오랜 항해 끝에 신대륙을 (   )하였다.

2) 돈을 숨겨 둔 곳이 경찰에게 (   )되고 말았다.

3) 그는 우연히 고려 시대의 유물을 (   )하였다.

4) 합격자 (   )을(를) 앞둔 날 밤, 나는 잠을 이룰 수 없었어.

5) 수업 끝나고 진수가 (   )했지 뭐야. 어디 갔는지 모르겠어.

7 십자말풀이를 해 봅시다.

가로 열쇠

1) 빛이 남. ○○ 곤충

2) 물이 공기 중에 기체 상태로 있는 것

5) 땅에 묻힌 것을 파서 드러냄, 세상에 널리 알려지지 않은 것을 찾아냄

6) 싹이 남. ○○ 현미

7) 목적지를 향해 떠남

10) 꽃이 가득 피어남

세로 열쇠

1) 열이 남. ○○ 조끼

3) 액체가 기체가 되는 현상

4) 이미 가지고 있는 것을 일깨워 발전시킴. 소질 ○○

6) 발전한 상태에 이르는 것. 의학의 ○○

8) 역사적으로 중요한 일이나 사물이 처음 나타난 곳. 4대 문명 ○○○

9) 새롭게 열어 발전시킴. 국토 ○○, 기술 ○○

展 펼칠 전

신기한 것들이 펼쳐진 전시장

사람 몸을 □□ 한다고?

인체전

그런데 왜 나를 상상하는 거야?

기본어휘 잡기

위 그림의 빈칸에 들어갈 말은? 전시(展示)입니다. 여러 가지를 한곳에 펼쳐 놓고 보여 주는 것이죠.

전시되어 있는 물건이나 물품은 전시물(展示物), 또는 전시품(展示品)입니다. 그리고 이런 물건들을 전시하는 곳은 전시장, 혹은 전시회장이라고 합니다.

이 전시품은 얼마예요?

그건 전시용이라 안 팔아요.

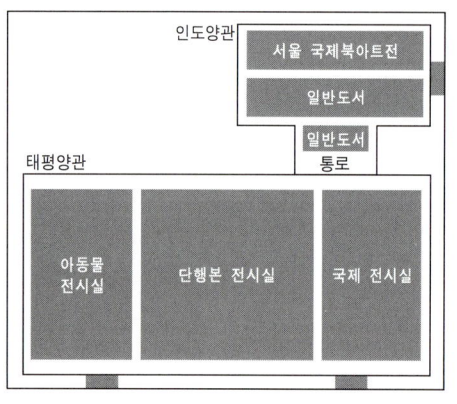

인도양관	
서울 국제북아트전	
일반도서	
	일반도서
	통로

태평양관

아동물 전시실	단행본 전시실	국제 전시실

여기는 도서 전시장입니다. 책을 전시하는 곳이지요. 전시장 안에 두 개의 '전시관'이 있네요. 하나는 태평양관, 하나는 인도양관입니다. 전시관은 전시회를 하기 위해서 지은 건물입니다.

전시관 안은 여러 개의 방으로 나뉘어 있어요. 이런 방을 전시실이라고 합니다. '전시'를 하는 방이라는 뜻이죠.

展	펼칠 전

- 전시(展 示보일 시)
  펼쳐 보임
- 전시품(展示 品물건 품)
  전시된 물건이나 물품
  = 전시물(展示 物물건 물)
- 전시장(展示 場장소 장)
  전시하는 곳 = 전시회장
- 전시관(展示 館건물 관)
  전시회를 위해 지은 건물
- 전시실(展示 室방 실)
  전시를 하는 방

다음 중, '전시'와 비슷한 말은 무엇일까요? (   )

① 전개   ② 전망   ③ 전람   ④ 전진

답은 ③번! 전람의 '람(覽)'도 '보다'라는 뜻이거든요. 전람은 여러 물건을 모아서 보는 것입니다. 전람회는 전시회와 같은 말이에요.

드라마를 보면서 감자와 사과가 하는 말을 들어 보세요. 사실 이 둘은 같은 말을 하고 있는 거예요. 영화나 소설, 드라마에서 어떤 일이 벌어지거나 내용이 발전해 갈 때 전개(展開)라는 말을 쓰거든요.

> 앞으로 이 드라마가 어떻게 될지 궁금해.

> 이 드라마가 어떻게 전개될지 궁금해.

다음 중, '전개'라는 말이 잘 어울리지 않는 표현은 무엇인가요? (   )

① 새로운 일의 전개   ② 소설의 전개

③ 환경운동의 전개   ④ 동물의 전개

답은 ④번. '전개'는 원래 열어서 펼쳐 놓는다는 뜻입니다. 그래서 어떤 일이나 내용이 펼쳐져 발전해 갈 때 써요. 그러니 동물과는 어울리지 않아요.

전망(展望)은 멀리 펼쳐진 것을 바라보는 겁니다. 또 멀리 펼쳐진 경치를 뜻하기도 해요. 그 경치가 멋지면 '전망이 좋다'라고 하죠.

전망대는 전망을 볼 수 있도록 만든 높고 평평한 곳을 뜻해요. 보통 높은 구조물이 설치되어 있습니다.

또, 내다보이는 앞날의 상황을 '전망'이라고 하기도 해요. '이 사업은 전망이 좋다'라는 식으로 표현합니다.

> 우와~ 전망 좋다!

展	펼칠 전

■ 전시용(展示 用쓸 용)
전시에 쓰려는 목적의

■ 전람(展 覽볼 람)
여러 가지 물품들을 한장소에 모아서 봄

■ 전람회(展 覽 會모일 회)
= 전시회(展示會)

■ 전개(展 開열 개)
어떤 일이 벌어지거나 내용이 발전해 감, 또는 새로운 일이 벌어짐

■ 전망(展 望볼 망)
멀리 펼쳐진 것을 바라봄, 멀리 펼쳐진 경치, 앞날의 상황

■ 전망대
(展望 臺높고 평평한 곳 대)
전망을 볼 수 있는 높고 평평한 곳

전	展	펼치다

애고 무거워라….

앗!

여기엔 책 수십 권이 들어 있지.

옛날에는 종이가 없어서 나무판에 글자를 새겨서 책을 지고 다녔어요. 선비가 길을 떠나려면 책을 실은 수레만 수십 대였지요. 또 물건을 옮기는 것도 사람의 힘으로 했어요. 하지만 요즘엔 책 수십만 권의 내용을 컴퓨터에 담을 수 있어요. 이런 걸 흔히 '발전'이라고 해요.

발전(發展)은 '더 좋은 상태로 나아가다'라는 뜻입니다. 경제 발전은 보다 많은 사람들이 더 잘 살게 되는 것을 말해요. 과학 발전은 더 많은 과학 기술을 우리 생활에 유용하게 쓸 수 있게 되는 겁니다.

그럼 '발전적'인 토론은 뭘까요? (   )

① 경제 전문가들이 하는 토론   ② 많은 사람이 하는 토론

③ 문제 해결에 도움이 되는 토론   ④ 국회의원이 하는 토론

답은 ③번입니다. 크든 작든 어떤 문제에 대하여 바람직한 결론이나 결과가 나올 수 있는 토론이 '발전적'인 토론입니다. 더 좋은 결과가 나오거나 더 낫고 좋은 상태가 될 수 있을 때, 발전적이라고 말합니다.

이렇게 해서 토론이 진전되면 문제 해결에 도움이 될 수 있습니다. 진전(進展)은 일이 진행되어 나아간다는 뜻입니다. 일의 진행에 발전이 있다는 말이죠.

展 | 나아갈 **전**

■ 발**전**(發발전할 발 展)
더 좋은 상태로 나아감

🌰 발전

꼭 좋은 상태로 가지 않아도 '발전'이라는 말을 쓸 때가 있어요. 일이 확대되거나 진행되는 것도 발전이라고 하거든요.

■ 경제 발**전**(發展)
경제적으로 더 잘 살게 됨

■ 과학 발**전**(發展)
과학 기술을 우리 생활에 더 유용하게 쓸 수 있게 됨

■ 발**전**적(發展 的~하는 적)
더 좋은 결론이나 결과가 나올 수 있는, 더 좋은 상태가 될 수 있는

■ 진**전**(進진행할 진 展)
일이 진행되어 발전함

두 개의 전시회에 갔더니 아래와 같은 그림들이 전시되어 있었습니다.

각각 무슨 전시회라고 부르면 될까요? (　　　)

1)  □□ 전시회

2) 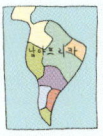 □□ 전시회

1)번은 얼굴, 2)번은 지도가 어울리겠네요.

얼굴 전시회, 지도 전시회 등은 줄여서 얼굴전, 지도전이라고 부를 수 있어요. 얼굴전, 지도전에서 전(展)은 얼굴이나 지도와 같은 명사 뒤에 붙어서 '전시회'라는 뜻을 나타냅니다.

빈칸을 채우면서 다양한 전시회를 살펴볼까요?

환경□은 환경을 주제로 한 다양한 제품들을 전시합니다. 오염을 줄이는 음식물 처리기, 수질 정화기, 신에너지 발전기 등과 같은 것들을 볼 수 있어요.

환경전?
나무나, 숲, 이런 걸 전시하나?

어이구~

풍물□은 각 지역의 놀이와 구경거리, 그리고 산물 등을 보고 즐기는 전시입니다. 세계 풍물전이 열리면 세계 각국의 음식이나 놀이 등, 그 문화를 엿볼 수 있는 좋은 기회가 되지요.

특별□은 특별한 사건, 특정한 날이나 사람을 기념하기 위한 전시회를 말합니다. 크리스마스를 기념하면 '크리스마스 특별전'이죠.

개인□은 한 사람의 작품만을 전시하는 전시회, 국□(國展)은 대한민국미술대전을 줄여서 부르는 말입니다.

전 특별하거든요.

이번 특별전을 기획하신 이유는?

展 | 전시회 전

■ 환경전
(環주위 환 境장소 경 展)
환경을 주제로 한 다양한 제품을 보여 주는 전시회

■ 풍물전
(風풍속 풍 物물건 물 展)
각 지역의 풍속에 따른 놀이와 구경거리, 물건 등을 보여 주는 전시회

■ 특별전(特別展)
특별한 날이나 사건, 사람을 기념하는 전시회

■ 개인전(個人展)
한 사람의 작품만 전시하는 전시회

■ 국전(國나라 국 展)
나라에서 주관하는 대한민국미술대전의 준말

시화전
시화(詩시 시 畵그림 화)는 시와 그림을 말해요. '시화전'은 그림이 곁들여진 시를 전시하는 것입니다.

와! 누나가 버스 전개도로 멋진 종이 버스를 완성했어요. 전개도(展開圖)는 원래 열어서 펼쳐 놓는다는 뜻의 전개(展開)와 그림이라는 뜻의 도(圖)가 합쳐진 말입니다. 따라서 전개도는 열어서 납작하게 펼쳐 놓은 그림을 말합니다.

주변에서 볼 수 있는 여러 가지 입체 모양의 물건을 펼치면 전개도를 얻을 수 있습니다. 전개도는 머릿속으로 생각하는 것과는 많은 차이가 있습니다. 축구공도 펼쳐서 보니까 원래의 모습과 전혀 다르게 생겼잖아요.

자, 우리 주위에서 흔히 볼 수 있는 종이 상자를 펼치면 어떤 모양이 나올까요? 우선 엄마가 새로 산 화장품 상자를 뜯어 보기로 해요.

화장품 상자를 열어서 펼쳐 보니 이렇게 생겼네요!

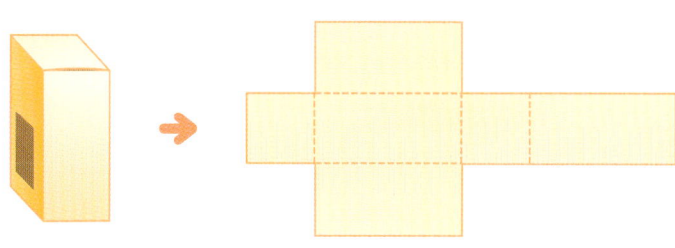

이렇게 화장품 상자가 펼쳐진 모습을 그림으로 나타낸 것이 전개도입니다. 열어서 펼쳐 놓았기 때문에 상자의 겉과 속이 구분되지 않지요. 그래서 전개도를 그릴 때 안으로 접혀 들어가는 부분은 점선으로 그립니다.

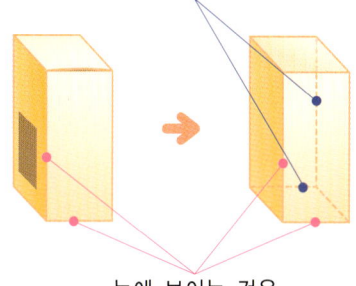

눈에 보이지 않는 것은 점선으로

눈에 보이는 것은 실선으로

이번에는 화장품 상자의 모습을 눈에 보이는 대로 그려 보았습니다. 원래의 모양을 잘 볼 수 있도록 그리는 그림을 겨냥도라고 합니다. '겨냥'은 모양이나 치수를 헤아려 본다는 뜻의 순 우리말입니다.

겨냥도는 입체도형을 한 방향에서 보고 그린 것입니다. 눈에 보이는 선은 실선으로, 보이지 않고 숨어 있는 선은 점선으로 그리지요.

정리해 볼까요?

전개도는 입체모양을 열어서 펼쳐 놓았을 때의 평평한 모습을 그린 것이고, 겨냥도는 입체 모양을 보이는 그대로 입체감을 살려서 그린 그림입니다.

너에게 줄 선물 상자를 완성했어.

근데 선물은 어딨니?

앗! 선물을 깜박 했네.

전개도와 겨냥도의 관계를 알면 예쁜 선물 상자를 직접 만들 수 있답니다.

낱말상자

■ **전개도**(展 펼칠 전 開 열 개 圖 그림 도) 열어서 납작하게 펼쳐 놓은 그림

■ **겨냥도**(圖) 물건의 모양이나 치수를 알기 쉽도록 한 방향에서 보고 그린 그림

어휘력 다지기

1 다음 빈칸에 공통으로 들어갈 말은 무엇일까요? (   )

> • 현재 국립중앙박물관에서는 선사시대 유물을 □시하고 있습니다.
>
> • 피카소 그림은 제 1 □시실에 주로 있습니다.
>
> • 이번에 우리 시에 새로운 □시관이 생겼대요.
>
> • 이건 □시용 음식이라 잡수시면 안 됩니다.   .

2 낱말과 낱말의 뜻을 올바르게 연결하세요.

1) 일이 잘 진행되어 나아감   •   • 진전

2) 멀리 펼쳐진 것을 바라봄   •   • 전개

3) 열어서 펼쳐 놓음, 일이나 내용이 펼쳐짐   •   • 전람

4) 여러 물품을 한 장소에 모아서 펼쳐 놓고 봄 •   • 전망

3 괄호 안에 들어갈 말을 보기에서 골라 써넣으세요.

> 보기   전개   발전

1) 그 이야기는 흥미진진하게 (   )되었다.

2) 지금부터 놀라운 일들이 (   )될 거야. 잘 봐 둬.

3) 사람들이 잘 먹고, 잘 살게 된 것은 경제 (   ) 덕분이다.

4) 농촌과 도시 지역이 골고루 균형 있게 (   )할 필요가 있다.

4 밑줄 친 부분 중, 표현이 어색한 것을 고르세요. (   )

① 대통령은 다음 주 유럽 5개국을 전람할 예정이다.

② 이 사업은 전망이 좋아서 꼭 성공할 겁니다.

③ 결국 아이들 싸움에서 어른들 싸움으로 발전하고 말았다.

④ 어제 회의에서 논의의 진전이 좀 있었습니까?

어휘력  다지기

5 그림을 보고 어떤 전시회인지 보기에서 골라 써넣으세요.

> 보기   시화전   도서전   풍물전   얼굴전

1) (   )

2) (   )

3) (   )

4) (   )

6 낱말과 낱말의 뜻이 올바르게 연결되어 있지 <u>않은</u> 것을 찾으세요. (   )

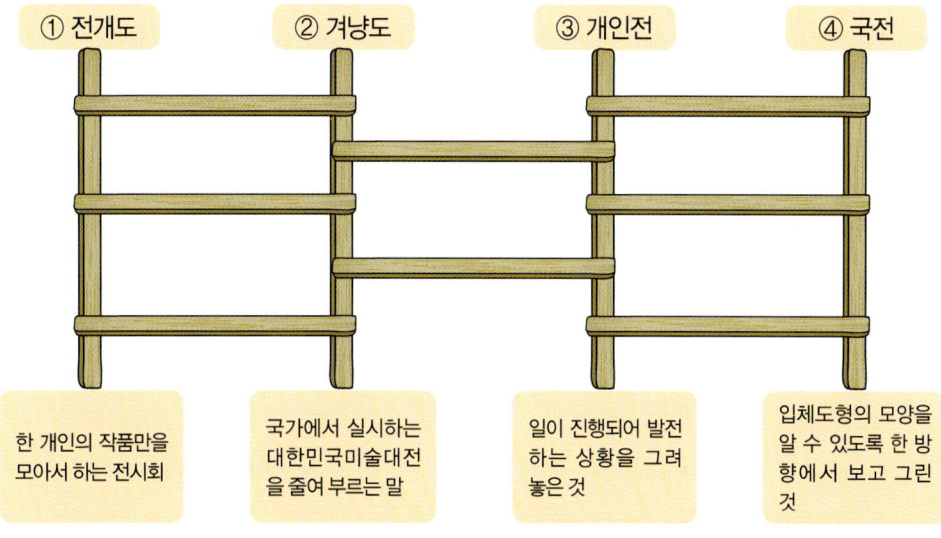

① 전개도   ② 겨냥도   ③ 개인전   ④ 국전

한 개인의 작품만을 모아서 하는 전시회

국가에서 실시하는 대한민국미술대전을 줄여 부르는 말

일이 진행되어 발전하는 상황을 그려 놓은 것

입체도형의 모양을 알 수 있도록 한 방향에서 보고 그린 것

見
볼 견

많이 보고 들어야 견문이 넓어지지

중국에는 말이야….

마르코 폴로는 허풍쟁이래요~.

뻥치시네!

기본어휘 잡기

지금부터 7백여 년 전, 마르코 폴로는 24년 간 아시아를 여행하고 돌아와 '동방견문록' 이라는 책을 남겼습니다. 동방을 여행하면서 보고 들은 것을 기록한 책이지요. 견문(見聞)은 보고 들은 것을 뜻합니다.

보고 들어서 얻은 지식을 말할 때도 견문이라고 합니다. 견문을 넓힌다고 하면, 보고 듣고 경험을 많이 쌓아 지식을 늘리는 것을 가리키지요. 그래서 '견문을 쌓다' 라는 말도 있습니다.

여기서 견(見)은 '보다' 라는 뜻입니다.

그럼 눈으로 직접 보고 배우는 것은 무엇일까요? (   )

① 견학   ② 학견   ③ 견문학   ④ 학습

답은 견학(見學)입니다. 현장학습, 체험 학습 등은 모두 견학에 속합니다. 자, 견학만 한다고 지식이 완전히 자기 것이 될까요?

아닙니다. 직접 해 보며 몸으로 익혀야죠. 보고 익히는 것은 견습(見習)입니다. 또, 보고 익히면서 배우는 사람은 견습생이라고 합니다.

見	볼 견

- 견문(見 聞들을 문)
  보고 들은 것
- 견문을 넓히다
  많이 보고 들어 지식을 늘리다 = 견문을 쌓다

🦊 **동방견문록(東方見聞錄)**
마르코 폴로의 여행 경험을 모험소설가 루스티첼로가 기록한 여행기예요. 당시 유럽인들은 이 내용을 믿을 수 없어 마르코 폴로를 허풍쟁이 취급했다고 합니다.

- 견학(見 學배울 학)
  보고 배움
- 견습(見 習익힐 습)
  보고 익힘
- 견습생(見習 生학생 생)
  견습하면서 배우는 학생

그런데 '견습'은 일본식 표현이어서 우리식 표현으로 바꾸어 쓰는 것이 좋습니다. '견습'의 우리식 표현은 다음 중 무엇일까요? (　　)

① 연습　　　　② 자습　　　　③ 수습　　　　④ 예습

답은 ③번이지요. 수습(修習)은 스스로 닦으면서 익힌다는 뜻입니다. 그럼 '견습생'은 어떻게 바꾸면 좋을까요? 네, 수습생이 맞습니다. '수습' 기자나 '수습' 사원은 모두 기자나 사원이 되기 전에 일을 익히는 단계에 있는 사람을 뜻합니다.

보는 것의 중요성을 강조하는 속담은 다음 중 어느 것일까요? (　　)

① 구슬이 서 말이라도 꿰어야 보배다　　② 백문이 불여일견

③ 쇠귀에 경 읽기　　　　　　　　　　④ 발 없는 말이 천리 간다

네, 답은 ②번이에요. 백문(百聞), 즉 백번 듣는 것이, 불여일견(不如一見), 즉 한 번 보는 것만 못하다는 뜻이죠.

일견(一見)은 한 번 얼핏 본다는 말입니다. 한 번만 보면 대충 보기 쉽겠지요? 그래서 어떤 것을 '일견'한다고 하면, 자세히 보지 않고 대충 본다는 뜻입니다. '일견 타당해 보이지만'이라는 말은 얼핏 보면 타당해 보이지만 자세히 살펴보면 그렇지 않을 때 쓰는 표현이죠.

그럼 안 돼. 주인을 찾아 주렴!

으으… 고민된다.

그냥 쓰는 거야. 캬캬캬

썩 괜찮은 물건이 눈앞에 나타나면, 없던 욕심도 생길 수 있습니다. 이것을 견물생심(見物生心)이라고 하지요. 물건을 보니 마음이 생긴다는 뜻이랍니다. 이럴 때 여러분은 어떤 마음을 따를 건가요?

수습 사원입니다. 잘 부탁드립니다.

■ 수습(修닦을 수 習)
스스로 닦으며 읽힘
■ 수습생(修習生)
수습하여 배우는 사람

見	볼 견

■ 백문(百일백 백 聞들을 문)이 불여일견(不아니 불 如같을 여 一한 일 見)
백 번 듣는 것이 한 번 보는 것과 같지 않다, 듣는 것보다 보는 것이 낫다
■ 일견(一見)
얼핏 봄
■ 견물생심(見 物물건 물 生날 생 心마음 심)
물건을 보면 욕심이 생긴다

🐜 후견인

후견인(後뒤 후 見 人사람 인)은 뒤를 봐주는 사람을 가리키는 말입니다. 뒤를 봐준다는 것은 능력이 부족하거나 어려움에 처한 사람을 뒤에서 돌봐준다는 뜻입니다.

견 見　보다

見	볼**견**

- **발견**(發펼 발 見)
펼쳐 보임, 알려져 있지 않던 것을 밝혀냄
- **재발견**(再다시 재 發見)
다시 발견함
- **선견**(先먼저 선 見)
앞을 먼저 봄
- **선견지명**(先見 之~는 지 明총명할 명)
앞을 먼저 볼줄 아는 총명함
- **예견**(豫미리 예 見)
앞을 미리 봄

위 그림의 빈칸에 공통으로 들어가는 말은 무엇일까요? (   )

① 발명   ② 여행   ③ 이사   ④ 발견

정답은 ④번 발견입니다. 발견(發見)은 알려져 있지 않던 것을 밝혀내서 보인다는 뜻입니다. 하지만 이미 발견됐더라도 가치를 제대로 인정받지 못한 것도 있어요. 그런 것을 새롭게 찾아내 인정하면 다시 발견하는 것과 마찬가지겠지요? 그래서 재발견(再發見)이라고 합니다.

오렌지 군은 앞일을 내다보는 능력이 있나 봐요.

이렇게 앞을 내다보는 것을 뭐라고 할까요? (   )

① 일견   ② 발견   ③ 선견

답은 ③번 선견(先見)이죠. 먼저 본다는 뜻입니다. 앞서 내다볼 줄 아는 지혜는 선견지명, 앞날을 미리 보는 것은 예견입니다.

이런 뜻도 있어요

견(見)은 '만나다'라는 뜻도 있습니다. 손님을 맞아 만나는 것은 접견(接見), 공식적으로 처음 만나서 인사하는 의례는 상견례(相見禮)라고 하지요. 신분이 높은 사람을 만나는 것은 알현(謁見)입니다. 여기서는 한자 見을 '현'으로 읽어요.

- **접견**(接교제할 접 見) 손님을 맞아 서로 교제하며 만남
- **상견례**(相서로 상 見 禮예의 례) 공식적으로 처음 서로 만나서 인사를 하는 의례
- **알현**(謁아뢸 알 見뵐 현) 신분이 높은 사람을 만남

"이 일을 어떻게 보십니까?" 라고 물으면 어떤 일에 대한 의견을 묻는 것이죠? 이처럼 견(見)은 '의견'이라는 뜻도 있습니다. 의견(意見)은 어떤 일에 대해 가지는 생각이나 판단입니다. 어떤 일에 대해 나름대로 해석하여 의견을 갖게 되었다면 견해라고 합니다.

똑같은 일에 대해서도 서로 의견이 다를 수 있죠? 서로 다른 의견은 이견(異見)입니다.

見	생각 의견 **견**

- 의견(意뜻 의 見)
  어떤 일에 대한 생각이나 판단
- 견해(見 解풀 해)
  어떤 일에 대하여 나름대로 해석하여 나온 의견
- 이견(異다를 이 見)
  서로 다른 생각
- 선입견
  (先먼저 선 入들 입 見)
  먼저 머릿속에 들어와 고정 관념이 된 생각
- 편견(偏치우칠 편 見)
  한쪽으로 치우친 생각
- 사견(私개인 사 見)
  개인의 견해
- 단견(短짧을 단 見)
  짧고 부족한 생각, 혹은 자기 생각을 겸손히 이르는 말

하고 다니는 걸 보아 하니… 공부도 못 하고, 부모님 말씀도 안 듣는 불량한 놈일 테지.

어떤 것에 대해 미리부터 갖고 있는 생각을 뭐라고 할까요? (　　)

① 사견　　② 단견　　③ 선입견　　④ 편견

🍠 **식견**

식견(識알 식 見볼 견)은 학식과 견문으로 쌓은 분별력을 뜻해요.

답은 ③번입니다. 선입견(先入見)은 먼저 들은 정보나 이전 경험으로 갖게 된 생각이 바뀌지 않고 그대로 고정관념이 되는 것이죠. 할아버지는 저런 옷차림에 대해 '선입견'이 있으시군요.

편견(偏見)은 한쪽으로 치우쳐서 공정하지 않은 생각을 말합니다. '컴퓨터 게임은 무조건 나쁘다'라는 생각은 편견일 수 있어요. 적당히 즐기면 기분 전환이 돼서 공부의 효율이 더 오를 수 있으니까요. 여러분 생각도 그렇지 않나요?

또한, 개인적인 생각은 사□, 생각이 짧고 부족한 것은 단□이라고 합니다. 빈칸을 채워 낱말을 완성하면 사견, 단견입니다. '단견'은 자기 생각을 겸손히 낮춰 말할 때 쓰기도 합니다.

1 다음 빈칸에 공통으로 들어가는 말은 무엇일까요? (　　　)

- 지난 수요일 우리 반은 방송국으로 □학을 갔습니다.
- 마르코 폴로가 동방□문록을 직접 쓴 것은 아니에요.
- 여행을 많이 하면 □문이 넓어진다고 하지요?
- 이번에 새로운 별이 발□되었다고 합니다.

2 다음 중, '견'의 뜻이 나머지와 <u>다른</u> 하나를 고르세요. (　　　)

① <u>견</u>습은 수습으로 바꿔 쓰는 것이 좋습니다.
② <u>견</u>물생심이라더니 백화점만 가면 사달라고 조르는 게 많네요.
③ 네 말이 일<u>견</u> 타당하게 들리기는 하는구나.
④ 우리 팀은 <u>견</u>고한 수비 실력을 자랑합니다.

3 빈칸에 공통으로 들어갈 말을 보기에서 고르세요.

> 보기　　　　　　예견　알현　발견

1)
- 뉴턴은 만유인력의 법칙을 □□하였다.
- 원시인들은 불을 □□하였다.　　□□

2)
- 노스트라다무스는 그의 책에서 나폴레옹의 등장을 □□하였다.　　□□
- 앞날을 □□하는 것은 어렵다.

3)
- 교황을 만날 때는 □□이라고 표현합니다.　　□□
- 태국을 방문한 유엔사무총장은 곧바로 국왕을 □□했다.

어휘력 **다지기**

4 보기에서 그림과 가장 어울리는 말을 고르세요.

> 보기 상견례   편견   선견지명

1) 틀림없이 B형일 거야.

(　　　　)

2) 왜적의 침입에 대비해 십만 대군을 양성해야 합니다.

(　　　　)

3) 처음 뵙겠습니다. / 앞으로 잘 부탁드립니다.

(　　　　)

5 괄호에 가장 알맞은 말을 보기에서 찾아 넣으세요.

> 보기 이견   편견   사견   의견

1) 이 문제에 관해서는 워낙 (　　　　　　)의 여지가 없습니다.

2) (　　　　　　)을 버리면 새로운 것들을 볼 수 있게 됩니다.

3) 이제 방청객 여러분들의 (　　　　　)을 듣도록 하겠습니다.

4) 김국장은 (　　　　　)임을 전제로 자신이 생각하는 대안을 밝혔다.

6 주어진 글자가 아래 속담이 되도록 순서에 맞게 번호를 붙이세요.

문(聞)　　　백(百)　　　견(見)　　　여(如)　　　일(一)　　　불(不)

(　　)　　(　　)　　(　　)　　(　　)　　(　　)　　(　　)

> 백 번 듣는 것이 한 번 보는 것만 못하다.

어휘랑 놀자

정답과 해설 14쪽

가로 열쇠

1) 물이 변해서 된 기체 (▶57쪽)
6) 열어서 펼쳐 놓음. ○○도 (▶65쪽)
8) 보고 들은 것. ○○을 넓히다 (▶68쪽)
9) 사리에 밝으면서 어짊 (▶47쪽)
11) 역사적으로 중요한 일의 조짐이 처음 일어난
　곳. 축구의 ○○○ (▶53쪽)
12) 개인적인 생각 (▶71쪽)
14) 색의 밝기의 정도 (▶49쪽)
15) 소리를 냄 (▶52쪽)
16) 우연히 일어남 (▶53쪽)
18) 마음을 밝히는 소중한 본보기라는 제목의 책
　(▶46쪽)
21) 밝고 유쾌함. ○○한 성격 (▶44쪽)
22) 알기 쉽게 밝혀 말함 (▶46쪽)
26) 안개처럼 도시를 감싸는 매연 (▶57쪽)
27) 땅에 묻힌 것을 파서 드러냄 (▶54쪽)

세로 열쇠

2) 사실 여부를 증거를 들어 밝힘 (▶46쪽)
3) 일이 진행되어 발전이 있음 (▶62쪽)
4) 앞을 먼저 볼 줄 아는 총명함 (▶70쪽)
5) 신분이 높은 사람을 만나는 것 (▶70쪽)
7) 새롭게 열어 발전시킴 (▶55쪽)
10) 밝게 잘 보이는 성질. 색의 ○○○ (▶31쪽)
13) 물건을 보면 갖고 싶은 마음이 생김 (▶69쪽)
17) 전쟁이나 큰 사건이 갑자기 일어남 (▶53쪽)
18) 물품이나 금액을 분명하고 자세히 적은 문서
　(▶47쪽)
19) 부정부패 없는 깨끗한 경영 = 윤리 경영 (▶45쪽)
20) 비밀 같은 것을 입 밖에 냄 (▶53쪽)
23) 분명하고 시원함 (▶47쪽)
24) 털이 남. ○○제 (▶52쪽)
25) 다시 일어남. ○○ 방지 (▶21쪽)

제 3 장

都
도읍 도

수도 서울은 거대한 도시

병풍처럼 산이 에워싸고 강이 흐르는 천연의 요새요, 교통의 요지니, 도읍의 자리입니다.

도읍(都邑)은 수도를 말합니다. 고려의 도읍은 개경으로 지금의 개성이지요. 조선의 도읍은 한양, 지금의 서울입니다. 도읍은 왕도라고도 합니다. 왕이 사는 도읍이라는 뜻이지요. 도(都)는 '도읍'을 뜻합니다.

개경
한양

조선을 세운 태조 이성계는 무학 대사의 뜻에 따라 도읍을 옮기고자 합니다. 그럼 우선 도읍을 정해야죠. 이것을 정도라고 합니다.

도읍을 옮기는 것은 무엇일까요? (　　)

① 기도　　② 천도　　③ 유도

정답은 ②번 천도(遷都)입니다. 조선이 한양으로 천도하고 나니, 개경은 예전의 권세를 잃은 '고도'가 되고 말았지요. 고도(古都)는 옛 도읍입니다. 도성의 터만이 그 모습을 짐작하게 할 뿐이죠. 고려 시대에도 도읍을 강화도로 옮긴 적이 있어요. 물론, 곧 개경으로 돌아왔지요. 이렇게 도읍을 한때 옮겼다가 옛 도읍으로 돌아오는 것을 환도라고 합니다.

都	도읍 도

■ 도읍(都 邑마을 읍)
　도읍인 마을, 서울
■ 왕도(王임금 왕 都)
　왕이 사는 도읍, 서울
■ 정도(定정할 정 都)
　도읍을 정함
■ 천도(遷옮길 천 都)
　도읍을 옮김
■ 고도(古옛 고 都)
　옛 도읍, 옛 서울
■ 도성(都 城성 성)
　도읍의 성, 서울
■ 환도(還돌아올 환 都)
　옛 도읍으로 돌아옴

🔶 천 년의 고도

경주를 부르는 말입니다. 신라, 통일신라 시대를 거치는 천 년 동안 도읍지였기 때문입니다.

옛날에는 도읍이 경제적으로 커다란 역할을 하였습니다. 큰 도읍에 제일 큰 시장이 섰거든요. 이것이 도시(都市)입니다. 큰 시장인 도시에는 사람이 많이 모였습니다. 그래서 사람이 많이 모여 사는 큰 고을을 '도시'라고 부르게 되었지요.

그 나라에서 으뜸가는 큰 도시는 무엇이라고 할까요? (   )

① 대도   ② 시도   ③ 수도   ④ 역도

정답은 ③번 수도입니다. 수도(首都)는 으뜸가는 도시여서, 나라의 중앙정부가 있습니다. 우리나라의 '수도'는 서울이에요.

도시의 중심은 도심(都心)입니다. 도심지는 도시의 중심이 되는 지역을 일컫는 말이죠. 도심지에는 주요 관공서, 은행, 회사 사무실, 백화점 등이 몰려 있답니다. 그래서 도심은 복잡합니다. 하지만 밤이면 사람들이 모두 집으로 돌아가기 때문에 한적하지요.

도시와 농촌을 합쳐서 도농(都農)이라고 부릅니다. 복잡한 도시는 농촌의 생활 모습과 여러 가지 면에서 다르지요. 아무래도 도시에 많은 시설과 혜택이 집중되다 보니, 도시와 농촌의 생활 수준이 서로 벌어져 차이가 나게 되었습니다. 이것을 도농 격차라고 합니다. '도농 격차'를 해소하는 것은 매우 중요한 문제랍니다.

都 도시 도

- 도시(都 市 시장 시)
  도읍에 선 큰 시장, 큰 고을
- 수도(首 머리 수 都)
  도시 가운데 으뜸가는 큰 도시, 서울
- 도심(都 心 중심 심)
  도시의 중심
- 도심지(都 心 地 지역 지)
  도시의 중심이 되는 지역
- 도농(都 農 농촌 농)
  도시와 농촌
- 도농 격차
  (都 農 隔 벌어질 격 差 차이 차)
  도시와 농촌의 차이가 벌어짐

🍎 촌락

촌락(村 마을 촌 落 마을 락)은 도시의 반대말로 '시골 마을'을 뜻해요. 도시에 비해 인구밀도가 낮고, 주로 농림수산업 등 1차 산업에 종사는 사람이 많습니다.

🍎 도시국가

고대 그리스 로마 시대에는 하나의 도시가 하나의 국가를 이룬 도시국가가 있었다고 하지요. 아테네, 스파르타, 그리고 로마 제국 등은 대표적인 도시국가랍니다.

도 | 都 도읍, 도시

도회지물이 좋긴 좋구나!

- 도회(都 會 모일 회)
  사람들이 많이 모여듦
- 도회지(都 會 地 땅 지)
  사람들이 많이 모이는 번잡한 상공업 지역
- 도회풍(都 會 風 풍습 풍)
  도회지의 생활 방식
- 도(都)맡다
  일을 모아서 모두 맡다
- 도매(都 買 살 매)
  모아서 묶음으로 사는 것
- 도매(都 賣 팔 매)
  모아서 묶음으로 파는 것
- 도매금(都 賣 金 가격 금)
  도매 가격
- 도매금(都 賣 金)으로
  차이가 있는데도 같은 무리로

시골쥐가 '도회지'에 도착했나 봐요. '도회지'는 어떤 곳일까요? (　　)

① 섬이 많은 곳　　　　② 사람들이 많이 모여 만나는 곳

답은 ②번이랍니다. 사람들이 많이 모이는 번잡한 상공업 지역을 도회지(都會地)라고 합니다. 그러니까 시골의 반대말인 셈이죠.

도회지와 시골은 풍경이나 생활 방식도 당연히 서로 다르겠죠? 도회지의 생활 방식을 가리켜 도회풍(都會風)이라고 해요.

여기서 도(都)는 '모이다'라는 뜻이에요. 예를 들어, 일을 모아서 맡으면 도맡다라고 말합니다. 집안일을 엄마 혼자 '도맡으시면' 얼마나 힘드시겠어요? 가족들이 나누어 하면 더욱 좋겠지요?

물건을 낱개로 팔지 않고, 큰 단위로 모아서 파는 것은 도매라고 합니다. 팔 매(賣)를 쓰면 묶음으로 모아서 '파는' 것이고, 살 매(買)를 쓰면 묶음으로 모아서 '사는' 것을 말해요.

너도 피시방에서 놀다 왔지?

저까지 □□□으로 넘기지 마세요. 전 노래방에서 놀았다고요.

PC방 안갈게요!!

오른쪽 그림의 빈칸에 알맞은 말은? (　　)

① 도매금　② 현상금　③ 상금　④ 부조금

맞혔나요? 답은 ①번입니다.

도매금(都賣金)은 원래 도매 가격을 말합니다. 하지만 묶음으로 판다는 뜻에서, 각각의 차이가 있는데도 같은 무리로 취급할 때 '도매금으로 넘기다'라고 말해요.

많은 사람이 모이면 우두머리가 있어야죠. 그래서 도(都)는 '많은 사람들을 모아서 거느리는 우두머리' 라는 뜻을 갖게 되었습니다.

이놈들아! 거기 똑바로 해!

네이~ 도편수님!

옛날이나 지금이나 집을 지으려면 여러 사람이 필요합니다. 그리고 이 여러 사람을 지휘할 사람도 필요합니다. 이런 사람이 도(都)편수입니다. 도편수는 편수들의 우두머리입니다. '편수' 가 뭐냐고요? 편수는 집 짓는 일의 각 부분을 책임지는 사람입니다. 그러니까 도편수는 집을 지을 때, 총감독을 하는 사람이죠.

다음 빈칸에 알맞은 말은 무엇일까요?

여러 뱃사공을 거느리는 사람은 □□□, 승지 중의 우두머리는 □□□입니다.

답은 도사공, 도승지입니다.

배가 왜 산으로 가는 거야?

사공은 많은데 도사공이 없어서 그려.

都 | 우두머리 도

■ 도(都)편수
편수들의 우두머리. 집 짓는 사람들을 총지휘하는 사람
■ 편수
집 짓는 일의 각 부분을 책임지는 사람
■ 도(都)사공
노 젓는 사공들의 우두머리
■ 도(都)승지
벼슬자리인 승지들의 우두머리

🟤 도독

도독(都 督감독할 독)은 신라 시대 각 주를 감독하는 우두머리, 즉 장관과 같은 벼슬을 가리킵니다.

🟤 독차지

독(獨혼자 독)차지는 혼자 차지한다는 뜻입니다. 옛날에 부잣집에서 살림을 도맡아 하던 사람을 '도(都)차지' 라고 불렀는데, 거기서 나온 말이지요.

이런 뜻도 있어요

'도합 아홉이다' 라고 할 때 도합(都合)은 '모두 합한 셈', 즉 합계라는 뜻입니다. 여기서 도(都)는 모두라는 뜻이지요.

도대체, 도통 등에 나오는 '도' 역시 '모두' 라는 뜻을 나타내요. '도대체 알 수 없다' 는 '모두 알 수 없다' 는 말입니다. 모두 알 수 없으니 도무지 알 수 없는 거지요.

■ 도합(都 合합할 합) 모두 합하여, 모두 합한 셈   ■ 도(都)대체 = 전혀, 도무지, 도통

도시화(都市化)는 도시가 아니던 곳이 도시로 변해 간다는 뜻입니다. 어떻게 그렇게 될까요? 첫째, 도시 주변의 인구가 늘어납니다. 둘째, 도시 사람들의 문화 형태가 도시가 아닌 지역으로 확대되면서 도시화됩니다.

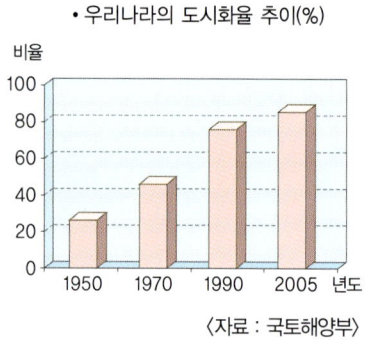

• 우리나라의 도시화율 추이(%)

〈자료 : 국토해양부〉

지금 우리나라에서 도시에 사는 인구 비율은 거의 90%입니다. 10명 중 9명이 도시에 살고 있다는 말입니다. 1950년대부터 꾸준히 사람들이 도시 주변으로 모여들었기 때문입니다.

왜 그랬을까요? 첫째, 일자리를 찾아서였습니다. 1960년대에 급격하게 산업화되면서 도시 주변에 일자리가 많이 생겼습니다. 둘째, 도시를 중심으로 개발되면서 도시가 농촌보다 살기 편했기 때문입니다.

〈서울 광화문 주변의 모습 변화〉

1960년대

2000년대

왼쪽 사진 제공 : 서울특별시사편찬위원회,
「사진으로 보는 서울」

일반적으로 인구가 100만 명 이상 되면 대도시(大都市)라고 합니다. 서울, 부산, 대구, 광주, 대전 등이 대도시에 속합니다. 우리나라 전체 인구의 $\frac{1}{4}$이 대도시에 모여 삽니다. 이렇게 되면 중소도시(中小都市)는 발전하지 않습니다. 이런 상태를 '국토 불균형 발전'이라고 합니다. 국토가 불균형적으로 발전하면 사람들이 점점 더 한 곳으로 몰려들어 주택 부족, 환경오염, 교통 혼잡 등의 문제가 생길 수 있습니다.

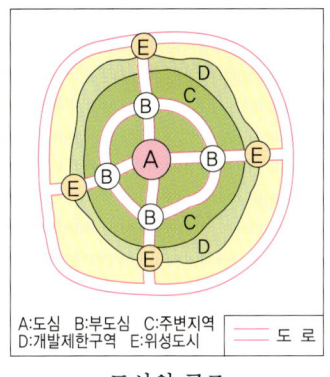

A:도심 B:부도심 C:주변지역
D:개발제한구역 E:위성도시 ── 도 로

도시의 구조

도시의 중심은 도심(都心)이라고 합니다. 사람들이 접근하기가 쉽기 때문에 기업체의 사무실과 백화점 등의 상업 시설, 그리고 주요 관공서들이 밀집해 있는 지역입니다.

도심은 낮에는 일하러 온 사람, 쇼핑하러 온 사람 등으로 붐빕니다. 하지만 밤이 되면 모두 자기 집으로 돌아가 텅 비어 버립니다. 이러한 현상을 도심 공동화(空洞化) 현상이라고 합니다. 도심이 빈 동네가 되는 현상이라는 뜻입니다. 도심 주변에는 부도심이 형성됩니다. 부도심(副都心)은 도심에 버금가는 중심가라는 뜻입니다. 서울의 영등포, 신촌, 청량리, 강남 등이 부도심입니다. 이들은 도심의 기능을 대신하는 번화가입니다.

부도심을 벗어나면 위성(衛星)도시가 있습니다. 위성은 원래 달처럼 큰 별의 주위를 도는 행성을 말합니다. 대도시 주변에도 달의 역할을 하는 위성도시가 있습니다. 위성도시는 대도시로 몰려든 사람들 때문에 생긴 주택, 교통, 환경 등의 문제를 해결하기 위해 계획된 도시입니다. 대도시와 밀접한 관련을 맺으면서 주거와 직장, 교육 등 대도시의 일부 기능을 나누어 맡고 있습니다. 서울 주변의 안양, 과천, 일산, 분당 등이 대표적인 서울의 위성도시입니다.

그러나 여전히 많은 직장들이 대도시에 몰려 있어 위성도시에서 대도시로 출퇴근하는 사람이 많기 때문에 새로운 교통문제를 만들고 있습니다. 또한 도시화가 계속되면서 점점 더 많은 사람들이 도시로 모여들고 있기 때문에, 위성도시가 많이 건설되더라도 주택문제는 여전히 심각합니다.

🍐 **낱말상자**

- **도시화**(都도읍도 市시장시 化될화) 도시가 되어 버림
- **대도시**(大큰대 都市) 인구 백만 명 이상이 되는 큰 도시
- **중소도시**(中중간중 小작을소 都市) 대도시보다 인구가 적은 중간 규모와 작은 규모의 도시
- **도심**(都 心중심심) 도시의 중심

- **도심 공동화**(都心 空빌공 洞동네동 化될화) 동네가 텅 비게 됨
- **부도심**(副버금부 都心) 도심에 버금가는 중심가
- **위성도시**(衛지킬위 星별성 都市) 대도시 주변에 위성처럼 있는 도시

어휘력 다지기

1 다음 빈칸에 공통으로 들어갈 말은 무엇인가요? (   )

> • 대한민국의 수□는 서울, 미국의 수□는 워싱턴DC지요.
> • 무학 대사는 한양을 새로운 조선의 □읍지로 추천했다.
> • 개경은 고려의 옛 도읍지, 고□(이)다.
> • 아테네, 스파르타, 로마 등은 □시국가이다.

2 다음 낱말과 낱말의 뜻을 바르게 연결하세요.

1) 여러 뱃사공을 거느리는 사람 •   • 환도

2) 도읍을 한때 옮겼다가 다시 옛 도읍으로 돌아옴 •   • 도편수

3) 집을 지을 때 책임지고 전체 일을 지휘하는 사람 •   • 도사공

4) 사람이 많이 모여드는 번잡한 지역 •   • 도회지

3 괄호에 알맞은 낱말을 보기에서 골라 대화를 완성하세요.

> 보기   도대체   도합   도매금   독차지

1) 동생 : 이것도 내 거, 저것도 내 거야.

   형 : 그 많은 걸 다 (   )하려고 하다니 욕심이 많구나.

2) 진호 : 다녀왔습니다.

   엄마 : (   ) 지금 시간이 몇 신데, 이제야 오는 거니?

3) 슈퍼 주인 : 어디 보자. 만 원, 5천 원, 2만 2천 원…….

              (   ) 3만 7천원이네요.

4) 진호 : 오락 하던 애들 옆에 잠깐 서 있었을 뿐인데, 저까지 혼났어요.

   아빠 : 저런. (   )(으)로 야단을 맞아서 속이 상했구나.

4 다음 중 '도'의 의미가 나머지와 <u>다른</u> 하나를 고르세요. (   )

① 정도   ② 수도   ③ 도심지   ④ 도로

5 통일신라 시대 때 벼슬 이름으로, '각 주를 감독하는 우두머리'라는 뜻의 낱말은? (　　　)

① 도독　　　　　　② 도편수　　　　　　③ 도승지　　　　　　④ 도사공

6 다음 괄호 안에 들어갈 말을 보기에서 골라 넣으세요.

보기	천도　왕도　도심　도농

1) 백제는 도읍을 위례성에서 공주로 (　　　　　　) 했다.

2) 옛 수도인 도읍은 왕이 사는 곳이라 해서 (　　　　　)(이)라고도 불렀다.

3) (　　　　　)은(는) 낮시간에 늘 사람이 많고 교통이 복잡합니다.

4) 도시와 농촌의 차이가 벌어지는 것을 (　　　　　) 격차라고 한다.

7 다음 암호표를 참고하여 무엇을 설명하는 것인지 보기에서 골라 쓰세요.

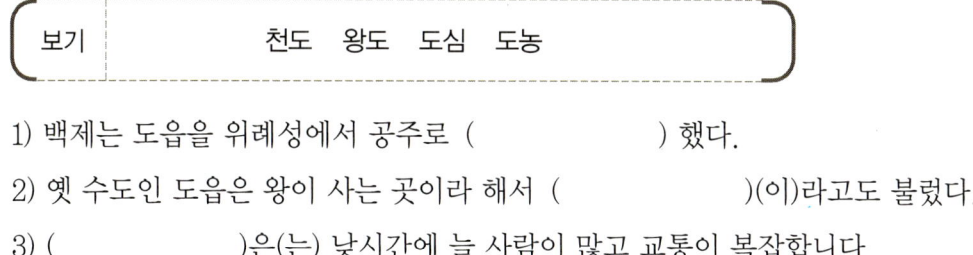

♠	▽	◆	♤	▶	☹	♥	♧	◐	●	◈	◉	◪	⊠
ㄱ	ㄴ	ㅂ	ㅅ	ㄷ	ㅁ	ㅇ	ㅈ	ㅕ	ㅗ	ㅛ	ㅜ	ㅝ	ㅣ

보기	① 도시화　② 도심　③ 위성도시

1)  로 인구가 집중되거나 도시의 문화 형태가 도시

이외의 지역으로 확대되는 현상 (　　　)

2) 도시의 | ♤ | ◉ | ♥ | ♤ | ⊠ | ☹ | 으로 사무실과 상업 시설, 관공서 등이

밀집된 지역 (　　　)

3) 대도시의 일부 기능을 맡아 대도시와 밀접한 관련을 맺고 있는

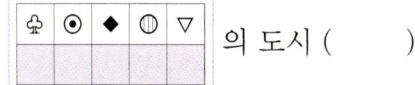 의 도시 (　　　)

特 특별할 특

우리는 보통 부대가 아니라 특공대!

위 그림의 빈칸에 들어갈 말은 무엇일까요? (   )

① 협   ② 총   ③ 성   ④ 특

답은 ④번. '특별하다' 라는 뜻의 특(特)입니다. 보통과 다르다는 뜻이죠. 특공대는 특별히 만들어진 공격 부대라는 말입니다.

특명(特命)은 특별한 명령입니다. 1907년 네덜란드 헤이그에서 열린 만국평화회의에 고종의 '특명' 을 받은 '특사' 이준이 보내졌어요. 을사조약의 부당함을 국제 사회에 알리기 위해서였죠. 특사는 보통 사절이 아니라 특별한 사절이라는 뜻입니다.

어떤 것들이 특별할지 생각하면서 빈칸을 채워 보세요.
방송사나 신문사는 사건이 터진 곳에 특별히 □파원을 보내 취재합니다. 갑자기 천둥 번개가 치고 폭우가 쏟아지면, 특별한 기상 보도인 기상□보에 귀를 기울여야 합니다. 또, 학교에서 보통 때는 하지 않는 특별한 활동은 □활, 남들이 갖지 못한 특별한 기술은 □기입니다.

빈칸을 채워 완성되는 낱말은 특파원, 기상특보, 특활, 특기입니다.

特 　特별할 특

- **특공대**
  (特 攻공격 공 隊부대 대)
  특별히 만들어진 공격 부대
- **특명**(特 命명령 명)
  특별한 명령
- **특사**(特 使사절 사)
  특별히 보내진 사절
- **특파원**
  (特 派보낼 파 員사람 원)
  특별히 파견된 사람
- **기상특보**(特 報알릴 보)
  갑작스러운 기상 변화로 피해가 우려될 때 특별히 내는 보도
- **특활**(特 活활동 활)
  특별한 활동
- **특기**(特 技기술 기)
  특별한 기술, 특별히 잘하는 것

오홋! 아무나 들어갈 수 없는 온천인가 봐요. 이렇게 보통 사람들은 누리지 못하는 특별한 권리를 특권(特權)이라고 해요.

그럼 다음 빈칸에 들어갈 말을 차례대로 짝 지은 것을 찾아 보세요. (　　　)

1) 노는 것보다 공부하는 게 더 좋다니 넌 참 □□하구나.

2) 이 가방은 □□한 소재로 만들어져 절대 찢어지지 않습니다.

① 특수 – 특색　　② 특색 – 특이　　③ 특이 – 특수　　④ 특이 – 특색

답은 ③번이에요. 특이는 특별하면서 이상한 점이 있다는 뜻이고, 특수는 특별하고 남다르다는 뜻입니다. 어떤 점이 특별하면 '특색이 있다' 라고 해요. 특색은 보통과 다른 점입니다.

자, 다음 빈칸에 공통으로 들어갈 말은 무엇일까요? (　　　)

청국장 □□의 구린내, 진돗개 □□의 충성심, 장미 □□의 향기

① 특색　　　　　② 특유　　　　　③ 특징　　　　　④ 특성

답은 ②번입니다. 특유의라고 하면 그것만 특별히 갖추고 있다는 말이거든요. 특징은 사자의 갈기털이나 공작새의 꽁지처럼 겉으로 쉽게 드러나는 것입니다. 특성은 남과 다른 성질을 말하죠. 충성심이 강한 것은 진돗개의 '특성' 입니다. 특징과 달리 특성은 밖으로 쉽게 드러나지 않아 오랫동안 관찰하고 파악해야 할 때도 있습니다.

特　　특별할 特

- 특권(特 權권리 권)
  보통 사람은 누리지 못하는 특별한 권리
- 특이(特 異다를 이)
  특별하고 이상함
- 특수(特 殊남다를 수)
  특별하고 남다름
- 특색(特 色모양 색)
  특별한 면, 보통과 다른 점
- 특유(特 有가질 유)의
  특별히 가지고 있는
- 특징(特 徵나타날 징)
  특별히 겉으로 나타나는 것
- 특성(特 性성질 성)
  특별한 성질

🐵 특별전

늘 전시되어 있는 상설 전시와 다른 특별한 내용으로 전시물을 전시하는 것이 특별전(特 別다를 별 展전시회 전)입니다. 특별한 사건, 특정한 날이나 사람을 기념하기 위해서 특별전을 마련하지요.

특 | 特　보통과 다른, 남들과 다른

선생님이 더 시끄러운데요~

교장 선생님 말씀하시는데 떠들어? 넌 여기 **특석**에 앉아서 들엇!

응~

특석(特席)은 보통보다 특별한 자리입니다. 공연장이나 기차에서도 제일 좋은 자리는 특석이에요. 그래도 저런 '특석'은 사절이라고요? 아무래도 좀 부담스러운 자리긴 하네요.

대회에 나가 제일 잘하면 1등이 되죠? 그럼 1등보다 높은 등수도 있을까요? 네, '특등'이 있을 수 있어요. **특등**은 1등을 뛰어넘는 특별한 등수입니다.

미술 대회의 상 중에는 '특선'이 있어요. 남보다 특히 우수해서 뽑히는 것이 **특선**(特選)입니다.

여기서 **특**(特)은 '보통보다 뛰어나다'라는 뜻을 가지고 있어요.

뛰어난 것들에는 무엇이 더 있는지 같이 볼까요?

보통보다 뛰어난 등급의 호텔은 □□ 호텔입니다.

보통과 달리 특별히 잘 차려진 식사는 □□이지요.

보통보다 훨씬 빨리 달리는 열차는 □□ 열차입니다.

빈칸에 들어갈 말은 순서대로 **특급**, **특식**, **특급**입니다. 앞의 '특급'과 뒤의 '특급'은 한자가 다르니까 조심하세요.

特	뛰어날 **특**

- **특석**(特 席 자리 석) 특별한 자리
- **특등**(特 等 등급 등) 1등을 뛰어넘는 특별한 등수
- **특선**(特 選 뽑힐 선) 남보다 특히 우수해서 뽑히는 것
- **특급**(特 級 등급 급) 호텔 보통보다 뛰어난 특별한 등급의 호텔
- **특식**(特 食 밥 식) 보통과 달리 특별히 잘 차려진 식사
- **특급**(特 急 빠를 급) 열차 보통보다 특별히 빨리 달리는 열차

이렇게도 쓰여요

특(特)은 남과 다른 점을 칭찬할 때도 쓰여요. **영특**(英特)하다는 것은 재주가 남달라 영리하고 뛰어나다는 말입니다. **기특**(奇特)하다는 것은 남달리 훌륭한 행동이나 말을 한다는 뜻이죠.

- **영특**(英 재주뛰어날 영 特 남다를 특) 재주가 남다름
- **기특**(奇 뛰어날 기 特) 남다르게 훌륭함

내가 어렸을 적엔 **영특**하고 **기특**하다는 소리 많이 들었지.

오호? 그러셨어?

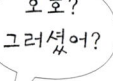

> 30년 동안 시험만 본 나시험씨 모셨습니다.

> 시험특집
> ①번 문제~

> 예, 인생은 시험입니다….

> 시험 특집이라니. 으으으….

방학에는 '방학 특집', 설날에는 '설날 특집', TV 특집 방송은 언제나 기대되지요? 하지만 '시험 특집' 같은 건 부담이 되겠죠? 하하.

특집은 특별히 정한 주제나 목적에 따라 내용을 만든다는 뜻이에요. 그리고 이렇게 특별히 정해진 것을 특정(特定)하다고 해요.

다음 빈칸에 공통으로 들어갈 말은 무엇일까요? (   )

1) 우리 고장에서는 버섯을 □□ 작물로 재배하고 있다.

2) 우리 시의 □□ 산업은 첨단 정보 산업이 될 것입니다.

① 특화   ② 특별   ③ 특집   ④ 특수

이번에는 좀 어려웠죠? 답은 ①번이에요. 특정한 작물이 큰 비중을 차지하면 특화 작물입니다. 특정한 산업이 상대적으로 비중이 높으면 특화 산업이라고 하고요. 이처럼 특화는 작물이나 산업에서 특정한 것이 높은 비중을 차지하게 되었다는 뜻입니다.

법은 모든 사람 앞에 평등하다고 하지요? 그런데 법에도 '특별법'이 있답니다. 모든 사람에게 제한 없이 적용되는 법이 '일반법'이라면, 특별법(特別法)은 특정한 사람이나 특정한 사항, 특정한 지역에만 제한적으로 적용되는 법입니다.

特 | 특정할 특

■ **특집**(特 輯모을 집)
특별한 주제나 목적에 따라 내용을 모아 만듦

■ **특정**(特 定정할 정)
특별히 정해짐

■ **특화**(特 化될 화)
특정하게 됨, 특정한 것이 높은 비중을 차지하게 됨

■ **특화**(特化) 작물
특화된 작물

■ **특화**(特化) 산업
특화된 산업

■ **특별법**(特 別다를 별 法법 법)
특히 다른 사항이나 지역에만 제한적으로 적용되는 법

> 우리 집 특별법
> 제1조 TV 시청 하루 30분!

> 우씨~ 이건 독재야~ 독재는 물러가라~.

어휘로 개념 사냥

물의 온도를 알려 주는 샤워기나 줄 없는 줄넘기를 아세요? 모두 처음 듣는 발명품들이지요? 이런 발명품들은 모두 '특허'를 받은 물품들입니다. 특허(特許)는 독창적인 기술이 들어간 창작물이나 발명품에 대해서, 그것을 만든 특정한 사람에게 일정한 권리를 허가해 주는 것입니다.

그러니까 멋진 발명품을 만들었으면 먼저 '특허출원'을 해야 합니다. 특허출원은 특허를 내어 달라고 요청하는 것입니다. 누군가 나의 아이디어를 흉내 내서 똑같은 것을 만들지 못하도록 특허를 받아 두는 거죠.

특허는 어디에 요청할까요? 특허와 관련된 업무를 맡은 관청인 특허청에 합니다. 특허청의 심사를 거쳐서 '특허권'을 받을 수 있답니다.

특허권은 특허에 대한 권리지요. 특허를 받은 나의 아이디어를 이용할 권리인 셈이에요.

내가 만든 발명품을 많은 사람들이 사용하면 좋겠죠? 그럼 특허 받은 나의 아이디어를 이용하여 공장에서 상품을 만들어야 합니다. 그런데 큰 공장을 가지고 있는 어떤 사장님이 특허 사용료를 내고, 자신이 상품을 만들어서 팔겠다고 하네요. 이렇게 특허 사용을 다른 사람에게 허가하고 받는 사용료를 특허 사용료, 영어로는 로열티(royalty)라고 합니다.

그런데 나의 아이디어를 가져가 내 허락도 없이 다른 사람이 상품을 만들어 팔고 있다면 어떻게 해야 할까요? 나의 특허권을 다른 사람이 몰래 사용했다면 도둑질과 같은 것이에요. 특허권은 특정한 사람에게만 허가된 권리니까요. 이때는 특허와 관련된 사건의 재판을 담당하는 특허 법원으로 가면 됩니다.

낱말상자

- **특허**(特특할 특 許허가할 허) 특정인에게만 일정한 권리를 허가함
- **특허출원**(特許 出날 출 願원할 원) 특허를 내어 달라고 요청함
- **특허청**(特許 廳관청 청) 특허와 관련된 업무를 맡은 관청
- **특허권**(特許 權권리 권) 특허에 대한 권리
- **특허 사용료**(特許 使부릴 사 用쓸 용 料요금 료) 특허를 사용하기 위해 지불해야 하는 돈 = 로열티(royalty)
- **특허 법원**(特許 法법 법 院집 원) 특허와 관련된 사건의 재판을 담당하는 곳

온통 진흙투성이라고 놀라지 마세요. 보령의 머드 축제랍니다. 진흙은 영어로 '머드'라고 해요. 보령에서 나는 머드가 특히 피부에 좋다고 하여 머드는 보령의 대표적인 '특산품'이랍니다.

이처럼 어떤 특정한 지역에서 특별히 생산되는 물품이 특산품(特産品)이에요.

우리나라의 대표적인 특산품을 살펴볼까요? 오래 전부터 질 좋은 황토가 많았던 여주에서는 도자기가, 천연의 진흙이 나는 보령에서는 각종 머드 제품이, 조개껍질이 많은 통영에서는 나전칠기가 유명합니다.

그럼 특산품은 우리나라에만 있는 걸까요? 그건 아니죠. 포도가 많이 나는 프랑스의 와인, 양을 키우기 적당한 호주의 양모 등은 외국의 대표적인 특산품입니다. 이처럼 특산품은 지역의 자연적 특성과 밀접한 관련이 있지요.

담배나 인삼, 참깨, 유채처럼 가공하여 쓰려는 용도로 특별히 재배되는 농작물은 특용작물이라고 불러요. 그 자체로 쓰일 수 있는 일반 농작물과는 달리, 용도가 특별해서 '특용'이지요. 다른 상품의 재료로서 여러 가공 과정을 거쳐야만 생활에 쓸 수 있거든요.

자동차 연료로도 쓰일 수 있는 유채는 특용작물 중 하나란다.

특용작물은 농가의 중요한 소득원이 됩니다. 유채는 대표적인 특용작물입니다. 유채꽃의 씨앗에서 짠 기름은 요리에 쓸 수 있을 뿐만 아니라, 자동차의 연료가 되기도 해요.

그리고 이렇게 재료를 가공하는 과정에서 부피와 무게가 많이 줄어들기 때문에, 보관과 운반이 편리한 것이 특징입니다.

낱말상자

■ **특산품**(特특정할 특 産날 산 品물건 품) 특정한 곳에서 나는 물건

■ **특용 작물**(特용쓸 용 作지을 작 物물건 물) 특별한 용도로 재배되는 농작물

1 다음 빈칸에 공통으로 들어갈 말은 무엇일까요? (   )

> • 우리는 최강의 육군 □공대, 최전선은 우리에게 맡겨라.
>
> • 지금까지 런던 □파원이 전해 드린 뉴스를 들으셨습니다.
>
> • 기상□보에 따르면 태풍이 몰려오고 있다고 합니다.
>
> • 이번 전시회는 새해를 맞아 특별히 여는 □별전입니다.

2 낱말과 낱말의 뜻을 올바르게 연결하세요.

1) 특별히 보내진 사절　　　　　　　•　　　　　• 특권

2) 남들이 갖고 있지 못한 특별한 기술　•　　　• 특기

3) 보통 때는 하지 않는 특별한 활동　•　　　　• 특사

4) 보통 사람이 누리지 못하는 특별한 권리 •　　• 특활

3 다음 빈칸에 공통으로 들어갈 말은 무엇일까요? (   )

> • 물음표나 별표 같은 □□문자는 어떻게 입력해?
>
> • 이 정도 훈련은 끄떡없어. 나는 □□체질이거든.

① 특용　　　　　　② 특화　　　　　　③ 특수　　　　　　④ 특허

4 다음 밑줄 친 부분 중에서 어색한 표현을 찾으세요. (   )

① 저의 특기는 줄넘기입니다. 한 발로도 오십 개나 할 수 있어요.

② 겉이 노란 수박이라니 참 특이하네요.

③ 이 옷의 특색한 디자인이 마음에 들어요.

④ 목이 길다는 것이 기린의 대표적인 특징이지요.

5 다음 빈칸에 알맞은 말을 보기에서 골라 괄호에 써 넣으세요.

> **보기**   기특 특징 특석 특이 특유 특성

1) 어린 것이 참 □□하네.
   용돈이 보인다~흥
   (   )

2) 우와! 역시 □□이라 무대가 잘 보이네.
   (   )

3) 왜? 아빠 □□의 냄새가 싫어?
   (   )

4) 정말 잠버릇이 □□하네~.
   (   )

6 낱말과 낱말의 뜻이 바르게 연결되도록 동그라미 안에 직선을 그어 주세요.

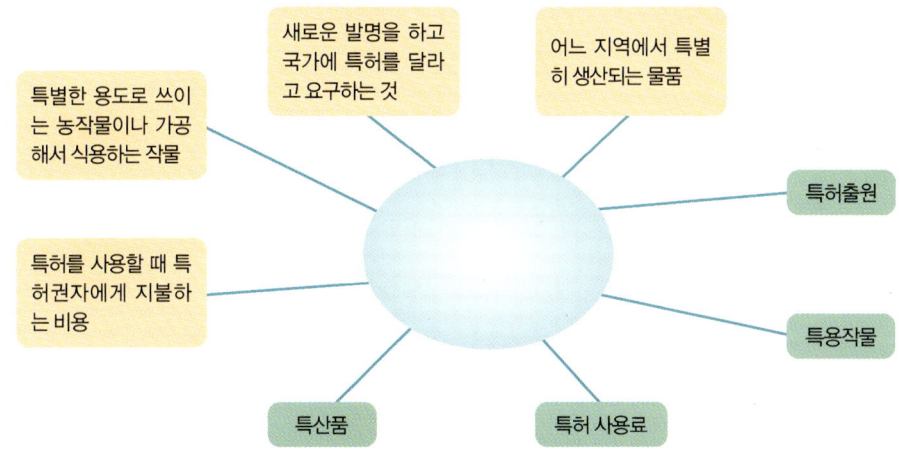

특별한 용도로 쓰이는 농작물이나 가공해서 식용하는 작물

새로운 발명을 하고 국가에 특허를 달라고 요구하는 것

어느 지역에서 특별히 생산되는 물품

특허를 사용할 때 특허권자에게 지불하는 비용

특허출원

특용작물

특산품

특허 사용료

公
여러 사람 **공**

여러 사람을 위한 공공장소

공원에서는 □□도덕을 지켜야지!

그러게 말예요!

○△공원

기본어휘 잡기

위 그림의 빈칸에 들어갈 말은 무엇일까요? (　　　)

① 공공　　　② 공중　　　③ 공정　　　④ 공익

답은 ②번 공중입니다. 공중(公衆)은 사회의 여러 대중을 뜻합니다. '공중도덕'은 사회의 여러 대중이 지켜야 하는 도덕입니다. 이처럼 공(公)은 여러 사람, 즉 '공중'을 뜻합니다.

공공(公共)은, 공중이 함께하는 것을 가리킵니다. 공중이 함께 이용하는 장소는 공공장소, 공중이 이용하는 시설은 공공시설입니다.

공익광고는 '사회 공중'의 이익을 위해 만들어진 광고입니다. 모든 사람에게 이로운 내용을 홍보하는 광고이므로 공익(公益)이라는 말이 붙었습니다.

그럼, 대기오염처럼 여러 사람들이 입는 피해를 뜻하는 말은? (　　　)

① 공해　　② 지구 온난화　　③ 환경호르몬　　④ 공장

답은 ①번 공해(公害)입니다.

公　　여러 사람 **공**

- 공중(公 衆대중 중)
  사회의 여러 대중
- 공공(公 共함께 공)
  공중이 함께하는
- 공공(公共)장소
  공중이 함께 이용하는 장소
- 공공(公共)시설
  공중이 함께 이용하는 시설
- 공익(公 益이로울 익)
  공중에게 이로움
- 공익(公益)광고
  사회 공중의 이익을 위해
  만든 광고
- 공해(公 害해로울 해)
  공중이 입는 피해

공공 기관

관청, 보건소, 우체국 등 공중의 이익을 위해 만들어진 조직을 말합니다.

좋은 이름이나 디자인을 '공모' 하는 것을 본 적 있나요? 공모(公募)는 공개적으로 모집한다는 말입니다. 내부에서 만들어 정하지 않고, 여러 사람에게 알려서 모집하는 것이지요.

이 때 공(公)은 '여러 사람에게 알리다, 공개하다' 를 뜻합니다. '공개' 라는 말의 뜻을 생각하며 다음 빈칸을 채워 봅시다.

인터넷 전자 게시판을 이용하다 보면 □지 사항이라는 말을 종종 보게 됩니다. 어떤 내용을 공개적으로 알리는 것이 공지입니다.

제가 당선만 되면 전 재산을 국가에 바칠 것임을 공언합니다!!!!

헉! 진짜?

왼쪽 그림에서처럼 공개적으로 발언하는 것은 □언입니다. 특히 국민들 앞에서 어떤 일에 대하여 공개적으로 약속하는 것은 공약이라고 합니다.

또, 공연은 음악이나 연극 등을 여러 사람 앞에서 공개적으로 행하는 것을 말하지요.

인터넷에 불법 복제물이 <u>공공연하게</u> 떠돌고 있습니다. 앞의 밑줄 친 말이 뜻하는 것은 무엇일까요? (   )

① 공연장에서   ② 공원에서   ③ 매우 공개적으로

답은 ③번입니다. 공공연(公公然)은 공(公)을 두 번 써서 공개적으로 그러하다는 것을 강조한 말입니다.

'공평하게 나누다' 에서 공평은 무슨 말일까요? 치우침 없이 고르다는 것입니다. 공(公)은 여러 사람에게 공개할 수 있을 만큼 '고르다', '공평하다' 라는 뜻도 가지고 있거든요. 공평과 비슷한 말로 공정(公正)이 있어요. 공정은 공평하고 바르다는 말입니다.

公   공개할 공

■ 공개(公 開열 개)
다 열어 놓고 알림
■ 공모(公 募모집할 모)
공개적으로 모집함
■ 공지(公 知알릴 지)
공개적으로 알림
■ 공언(公 言말씀 언)
공개적으로 말을 함
■ 공약(公 約약속할 약)
어떤 일에 대해 국민에게 실행할 것을 약속함, 또는 그런 약속
■ 공연(公 演행할 연)
음악이나 연극 등을 공개적으로 행함
■ 공공연(公 公 然그럴 연)
매우 공개적으로 그러함

公   공평할 공

■ 공평(公 平고를 평)
치우침 없이 아주 고름
■ 공정(公 正바를 정)
공평하고 바름

🥔 공정거래위원회
경제 활동에서 각종 거래가 공정한지를 감시, 감독하는 기관입니다.

공 | 公   공중의, 공개하다, 공평하다

公	공적인 일 공

- 공적(公 的~할 적)
  국가나 사회와 관련된
- 공무(公 務업무 무)
  공적인 업무
- 공무원(公務 員사람 원)
  공무를 보는 사람
- 공직(公 職자리 직)
  공무를 맡아서 하는 자리
- 공인(公 人사람 인)
  공직에 있는 사람
- 공용(公 用쓸 용)
  공무에 쓰임
- 공용차(公用 車차 차)
  공무에 쓰는 차
- 공용 물품
  (公用 物물건 물 品물건 품)
  공무에 쓰는 물건
- 공용 출장
  (公用 出나갈 출 張넓힐 장)
  공무를 하기 위한 출장
- 선공후사(先먼저 선 公 後뒤
  후 私개인 사)
  공적인 일을 앞에 두고 개인
  적인 일을 뒤에 둠
- 멸사봉공
  (滅없어질 멸 私 奉받들 봉 公)
  개인을 버리고 공익을 받듦

🌰 공과 사를 구분하다

공적인 일에 개인적 문제를 끌
어들이지 않는다는 말입니다.

여러 사람에게 이로움을 주는 일을 공무(公務)라고 합니다. 여기서 공(公)은 국가나 사회와 관련된 공적인 일을 가리킵니다. 사회에서 공무를 담당하는 사람을 공무원이라고 하죠. 대통령, 국무총리, 장관 등과 같이 공무를 맡아 하는 자리는 공직(公職)이죠. 공직에 있는 사람은 공인입니다. 공직에 있는 사람은 그에 걸맞게 행동해야겠지요?

공무에 쓰이는 것에는 공용(公用)이라는 말이 붙습니다. 공용차는 공무에 쓰이는 자동차입니다. 공용 물품은 공무에 쓰는 물건, 공용 출장은 공무를 하기 위해 잠시 다른 곳으로 나가는 것입니다.

우리나라에는 예로부터 사회 전체의 이익인 '공'을 중시하는 사상이 있었습니다. 공(公)의 반대말은 개인적인 일을 뜻하는 사(私)입니다. 공과 사의 뜻을 생각하면서 빈칸을 채워 볼까요?

공적인 일을 개인적인 일보다 우선하는 것은 선□후□, 개인적인 욕심은 버리고 공익을 받드는 것은 멸□봉□이라고 합니다.

맞아요. 선공후사, 멸사봉공입니다. 좀 어려웠죠?

🍋 이런 뜻도 있어요

공(公)은 '공적인 일을 하는 사람'이라는 뜻이 넓어져 '높은 지위에 있는 사람'이라는 뜻도 지니게 되었어요. 임금의 딸은 공주이고, 귀족 중에서도 가장 높은 것은 공작입니다. 또 있어요! 충무공의 '공'은 사람을 높여 부르는 말입니다. 주인공은 연극이나 소설의 중심 인물을 높여 부르는 말이지요.

경찰서, 우체국, 동사무소, 구청 등 공무를 보는 곳을 뭐라고 할까요? (   )

① 복지 기관   ② 편의시설

③ 관공서   ④ 정보 기관

선생님 **관공서**에서 이러시면 안 되죠~!

아자씨~ 왕십리 따블!

정답은 ③번 관공서입니다. 관공서(官公署)는 관청이나 공공 기관의 건물을 뜻합니다. 공적인 일 중에서도 으뜸은 국가의 일입니다. 그래서 공(公)은 국가나 관청에 관계된 말에 사용됩니다.

국가에서 공익을 목적으로 운영하는 기업은 공기업(公企業)입니다. 대표적인 공기업이 '공사' 예요. 공사(公社)는 국가에 필요한 사업을 하는 공적인 회사를 말합니다. 예를 들어, '한국도로공사'는 도로의 건설과 관리에 관한 사업을 하는 '공사'입니다.

국가에서는 교육 정책을 정하고 학교를 세워 관리·감독합니다. 그래서 학교를 공교육(公敎育) 기관이라고 합니다.

다음 빈칸에 공통으로 들어갈 말은 무엇일까요? (   )

1) 학교에는 □립학교와 사립학교가 있지요.

2) □영 주차장은 개인이 운영하는 것이 아니랍니다.

정답은 '공'이죠. 지방자치단체에서 세운 것은 공립(公立), 공적인 이익을 목적으로 지방자치단체 등에서 운영하는 것은 공영(公營)이라고 합니다. 중앙정부뿐 아니라 지방자치단체의 일도 국가의 일입니다. 그래서 그와 관계있는 일에도 관청·국가를 뜻하는 공(公)이 붙지요.

公 | 관청·국가 공

■ 관공서
(官관청 관 公 署관청 서)
관청과 공공 기관을 통틀어 부르는 말

■ 공기업
(公 企꾀할 기 業사업 업)
공익을 목적으로 운영하는 기업

■ 공사(公 社회사 사)
공적인 회사, 국가에서 필요로 하는 사업을 하는 회사

■ 공교육
(公 敎가르칠 교 育기를 육)
국가에서 하는 교육

■ 공립(公 立세울 립)
지방자치단체에서 세움

■ 공영(公 營운영할 영)
정부나 지방자치단체에서 운영함

공과금

공과금(公 課매길 과 金돈 금)은 공공 기관에서 부과하는 세금과 전기·수도·가스 등의 사용 요금을 합쳐 부르는 말입니다.

공청회(公聽會)란 '공개적으로 의견을 듣는 회의'를 말합니다. 국가의 중요한 일을 일방적으로 결정하지 않고, 여러 사람의 의견을 듣고 문제점을 고쳐 가기 위한 것이죠. 그래서 공청회는 국가의 중요한 의사 결정에 국민이 직접 참여할 수 있는 중요한 민주주의 제도입니다.

사람들의 의견이 궁금하면 아무나 공청회를 열 수 있을까요? 그렇지 않습니다. 공청회는 국가 행정과 관계가 있는, '공적인' 성격을 갖고 있습니다. 그래서 국가기관이나 지방자치단체에서 공청회를 개최합니다.

그럼, 다음 중 공청회를 개최할 수 있는 자격이 <u>없는</u> 곳은 어디일까요? (　　　)

① 도청　　　　② 노동부　　　　③ 선거관리위원회　　　　④ 은행

답은 ④번입니다. 은행은 국가기관이 아니라 금융기관이거든요. 그러나 도청은 지방자치단체에 해당하고, 노동부나 선거관리위원회는 국가기관에 해당하기 때문에 공청회를 개최할 수 있어요.

그럼, 어떤 일이든 문제가 되면 공청회를 개최할 수 있는 걸까요? 아닙니다. 공청회를 열려면 많은 시간과 비용이 들기 때문에, '공적인' 문제일 때에만 공청회를 열어 여러 사람에게 의견을 들을 수 있습니다. 즉, 여러 사람의 생활에 밀접한 관련이 있는 내용이어야 하지요.

예를 들어, 구청에서 소집하는 공청회는 구민의 생활에 직접적인 영향을 끼치는 내용에 관한 것이 됩니다. 환경 기초 시설의 설치나 지역개발 정책 등이 공청회의 안건이 될 수 있습니다.

그렇다면 도대체 누구의 의견을 들어야 할까요?

고속철도 건설 사업에 관한 주민 공청회를 예로 들어 봅시다. 우선, 고속철도 건설 사업이 진행되면 직접 영향을 받게 될 그 지역 주민들의 의견이 중요합니다. 고속철도의 건설이 지역의 생활 환경을 해치는지 아닌지, 또 지역 발전에 도움이 되는지 아닌지에 따라 주민들의 태도가 달라질 테니까요.

다음으로, 관련 분야의 전문가가 내놓는 객관적인 의견을 들어야 합니다. 고속철도는 일단 만들면 쉽게 옮기거나 없앨 수 없습니다. 그러니 개인이나 지역 주민의 이익만 고려하여 만들어서는 안 되겠지요.

그 밖에도 되도록 많은 사람의 의견을 오랫동안 꼼꼼하게 듣고 그 의견을 정책에 반영해야 합니다. 그래야 사업의 공공성(公共性)이 높아져 장기적으로 그 사업이 성공할 수 있답니다.

공청회가 열리는 것은 어떻게 알 수 있을까요? 공청회를 개최하는 기관에서 공보(公報)나 일간신문에 공고(公告)를 내서 공청회를 개최한다는 사실을 알립니다.

공청회와 비슷한 것으로 청문회(聽聞會)라는 것이 있습니다. 청문회 또한 국가기관에서 중요한 문제에 대하여 결정을 내리기 전에 관련사들의 증언이나 진술을 듣는 자리입니다. 그 대표적인 보기가 인사 청문회입니다. 대통령은 장관 같은 고위 공직자를 임명하려 할 때 먼저 후보자를 지명합니다. 그러면 국회에서 그 후보자를 불러 업무 능력이 있는지, 도덕적으로 문제는 없는지 등에 대해서 질문하고 답변을 듣지요.

🟠 환경 기초 시설

쓰레기 소각장이나 하수 처리 시설처럼 깨끗한 환경 유지에 필요한 기초 시설을 말합니다. 사람이 사는 곳에 꼭 필요한 시설이지만, 지역 주민들에게는 불쾌감을 줄 수 있어요. 그래서 공청회를 열어 찬반 의견을 두루 들어야 하는 겁니다.

공고 못 봤어? 나 공청회 가.

야, 야! 어디 가?

🍒 낱말상자

- **공청회**(公공개할 공 聽들을 청 會회의 회) 공개적으로 의견을 듣는 회의
- **공공성**(公여러 사람 공 共모두 공 性성질 성) 여러 사람 모두에게 관련되어 있음
- **공보**(公관청 · 국가 공 報신문 보) 국가나 관청에서 내는 신문
- **공고**(公 告알릴 고) 공개하여 널리 알림
- **청문회**(聽 聞들을 문 會) 관련자들의 증언이나 진술을 듣는 회의

1 다음 빈칸에 공통으로 들어갈 말은 무엇일까요? (   )

> • □중전화에 쓸 동전이 없어서 수신자 부담으로 걸었어요.
>
> • 학교, 도서관, 국공립 병원 등은 모두 □공시설이야.
>
> • 경찰관, 소방관 아저씨는 모두 □익을 위해서 일하시는 분들이지.
>
> • 환경오염으로 인한 도시□해 문제는 정말 심각합니다.

2 낱말의 뜻과 낱말을 올바르게 연결하세요.

1) 공무를 맡아 하는 자리 •   • 공언

2) 공중에게 이로움   •   • 공정

3) 공평하고 바름   •   • 공직

4) 공개적으로 말을 함 •   • 공익

3 보기에서 알맞은 말을 골라, 말풍선의 빈칸을 채워 보세요.

> 보기   공기업   관공서   공영   공과금

4 밑줄 친 '공' 중에서 나머지와 뜻이 <u>다른</u> 것을 고르세요. (   )

① <u>공</u>작이 백작보다 높다는 걸 아세요?

② 햄릿의 주인<u>공</u>은 햄릿입니다.

③ 충무<u>공</u> 이순신 장군은 노량해전에서 돌아가시고 말았지.

④ 상류 쪽에 <u>공</u>장이 생긴 후로 하천이 오염된 것 같아요.

5 다음을 읽고, 괄호 안에 들어갈 가장 알맞은 말을 고르세요. (   )

> 여학생 : 우리 교장 선생님, 헤어스타일 정말 멋지지 않아?
>
> 남학생 : 교장 선생님이 대머리라는 건 모르는 사람이 없는데?
>
> 여학생 : 뭐?
>
> 남학생 : 교장 선생님이 가발 쓰신다는 건 (   ) 비밀이야.

① 공익적인   ② 공공연한

③ 공평한   ④ 공과 사를 구분하는

6 다음의 설명에 해당하는 말을 가로, 세로, 대각선으로 찾아 ○표 하세요.

1) 공개적으로 모집함. 디자인 ○○

2) 공적인 일을 개인적인 일보다 우선함

3) 개인적인 욕심을 버리고 공익을 받드는 것

4) 국가의 중요한 일에 대해서 여러 가지 의견을 공개적으로 듣는 회의

5) 국가기관에서 중요한 안건에 대해서 관련자들의 증언이나 진술을 듣는 회의

6) 공공 기관에서 부과하는 세금과 전기·수도·가스 등의 사용 요금을 합쳐서 부르는 말

멸	사	봉	공	아	파
사	신	주	설	과	트
공	사	선	영	하	금
모	진	공	청	회	장
생	육	후	목	문	공
선	교	사	엄	간	회

間
사이 간

친구 사이는 친구 간, 눈썹 사이는?

엄마, 할아버지 화 나셨나 봐요.

아냐, 글자가 잘 안 보이니까 미간을 찌푸리시는 거야.

기본어휘 잡기

'미간' 은 얼굴의 어떤 부분을 가리키는 말입니다. 어디일까요? (   )

① 이마   ② 입술과 턱 사이   ③ 콧잔등   ④ 눈썹 사이

답은 ④번입니다. 미(眉)는 눈썹을 뜻하거든요. 두 눈썹의 사이인 양미간(兩眉間)을 줄여 미간이라고 부른답니다. 여기서 간(間)은 '사이' 를 말합니다.

신문이나 책을 읽을 때 행간을 읽어야 할 때가 있어요. 행간(行間)은 줄과 줄 사이를 말합니다.

미간

줄과 줄 사이에 아무 것도 없네 뭐.

맞아요. 행간은 그냥 비어 있어요. 그러니 그 사이를 읽으려면 '짐작' 을 해야겠죠? '행간을 읽다' 는 숨은 뜻을 이해한다는 말입니다. 행간을 읽으면 내용을 더 깊게 이해할 수 있답니다.

'간발의 차' 는 얼마만큼일까요? 간발(間髮)은 머리카락이 들어갈 만한 사이를 뜻합니다. 그러니 얼마나 좁겠어요? 그래서 간발의 차는 '아주 짧은 시간의 차이' 를 말합니다.

間 | 사이 간

- **양미간**
(兩두 양 眉눈썹 미 間)
두 눈썹 사이 = 미간
- **행간**(行줄 행 間)
줄과 줄 사이
- **행간**(行間)을 읽다
숨은 뜻을 이해하다
- **간발**(間 髮머리카락 발)
머리카락이 들어갈 만한 좁은 사이
- **간발**(間髮)의 차(差차이 차)
아주 짧은 시간의 차이

중간과 어중간

가운데는 중간(中가운데 중 間) 입니다. 어중간(於가까울 어 中 間)은 중간쯤 된다는 말이에요. 이도 저도 아니고 애매할 때 주로 쓰는 말입니다.

간(間)은 또한 공간이나 장소를 나타냅니다. 아무것도 없이 비어 있는 곳은 공간(空間)입니다. '소 잃고 외양간 고친다' 라는 속담에 나오는 외양간은 소나 말 등의 가축을 기르는 공간을 말합니다. 그 중에서 말을 기르는 곳은 마구간이지요.

여기가 내 집이라오~.

외양간

창고로 쓰는 공간은 곳간(庫間)이고, 창고 중에서 문짝이 없어 허전한 곳간은 헛간입니다. 문간방은 출입문 옆에 딸린 방을 말합니다. 출입문 부근의 공간이 문간(門間)이거든요. 한편, 화장실은 집 뒤편에 있는 공간이라서 뒷간입니다.

오른쪽 그림은 '정주간' 입니다. 정주간은 어디와 어디를 가리킬까요?

(,   )

① 부엌　　② 마루

③ 방　　　④ 마당

답은 ①번과 ③번이에요. 부엌과 안방이 벽 없이 하나로 이어진 곳을 정주간이라고 하거든요. 추운 함경도 지방에는 마루가 없는 대신 '정주간' 이 있어서 부뚜막의 온기로 추위를 막을 수 있습니다.

쇠를 녹여 낫이나 칼 등을 만드는 사람은 대장장이, 대장장이가 일하는 곳은 대장간이지요. 소나 돼지를 잡아서 고기를 파는 사람은 푸주한, 푸주한이 고기를 파는 곳은 푸줏간입니다. 푸줏간은 정육점과 같은 말이에요.

대장간

푸줏간

間	공간 간

- **공간**(空빌 공 間)
  비어 있는 곳
- **외양간**(間)
  소나 말등의 가축을 기르는 공간
- **마구간**(馬말 마 廐마구간 구 間사이 간)
  말을 기르는 공간
- **곳간**(庫창고 고 間)
  창고로 쓰는 공간
- **헛간**(間)
  창고 중에서 문짝이 없어서 허전한 곳간
- **문간**(門문 문 間)
  출입문 부근의 공간
- **문간방**(門間 房방 방)
  출입문 옆에 딸린 방
- **뒷간**(間)
  집 뒤편에 있는 공간, 화장실
- **정주간**
  (鼎솥 정 廚부엌 주 間)
  부엌과 방 사이에 솥을 걸어 둔 공간
- **대장간**(間)
  대장장이가 칼이나 낫 같은 연장을 만드는 곳
- **푸줏간**(間)
  푸주한이 고기를 파는 곳

사극에 많이 등장하는 수라간(水물 수 剌진지 라 間)은 임금님께 올리는 진지(밥)를 만드는 부엌입니다.

간 | 間 　사이, 공간

자~ 다들 떡볶이 먹어라~.

허겁 지겁

눈 깜짝할 사이에 없어졌네.

이렇게 눈 깜짝할 정도로 아주 짧은 시간을 순간(瞬間)이라고 합니다. 순간과 비슷한 말로 '순식간'이 있습니다. 순식간(瞬息間)은 눈 깜짝하고, 숨 한 번 쉬는 사이를 말합니다. 한번 해 보세요. 정말 짧은 시간이죠? 간(間)은 이렇게 시간을 나타내기도 한답니다.

밤 시간은 야간(夜間)입니다. 야간에 하는 시합은 '야간 시합', 야간에 일하는 것은 '야간 근무'지요. 반대말은 '주간'이에요. 주간(晝間)은 낮 시간을 말하죠. 낮에 일하는 것은 '주간 근무'라고 해요.

직장인들은 일을 하다가 '막간'을 이용해서 웹툰을 보기도 해요. 어떤 일을 끝내고 다른 일을 시작하기 전에, 잠깐 남는 시간에 인터넷 만화를 본다는 말이지요. 막간(幕間)은 원래 연극에서 한 막이 끝나고 다음 막이 시작되기까지의 사이를 가리키는 말입니다.

다음 빈칸에 가장 알맞은 말은 무엇일까요? (　　)

머리가 계속해서 아프다 말다 하는 것을 □□□ 두통이라고 한다.

① 순간적　　② 장기적　　③ 간헐적　　④ 지속적

답은 ③번 간헐적입니다. 간헐(間歇)은 시간적 간격을 두고 일어났다 쉬었다를 되풀이하는 것을 뜻해요. 단순히 반복하는 것과는 다릅니다. 마찬가지로, 간헐천은 물이 흐르다 말다를 반복하는 하천입니다. 홍수 때나 우기에만 물이 흐르거든요. 이렇게 때때로 생기는 일이면 간간이 일어난다고 말합니다.

間　｜　시간 **간**

■ **순간**(瞬 눈 깜짝할 순 間)
눈 깜짝할 정도로 아주 짧은 시간

■ **순식간**(瞬 息 숨쉴 식 間)
눈 깜짝하고 숨 한 번 쉬는 시간

■ **야간**(夜 밤 야 間)
밤 시간

■ **주간**(晝 낮 주 間)
낮 시간

■ **막간**(幕 막 막 間)
막과 막의 사이, 일과 일 사이의 잠깐 남는 시간

■ **간헐**(間 歇 쉴 헐)
시간적 간격을 두고 쉬어 가면서 일어남

■ **간헐천**(間 歇 川 내 천)
큰비가 올 때나 우기에만 흐르는 하천

■ **간간**(間 間)이
= 때때로

🥔 **별안간**

별안간(瞥 눈 깜짝할 별 眼 눈 안 間)도 눈 깜짝할 사이라는 말입니다. 하지만 주로 '갑자기'라는 뜻으로 씁니다.

사이 간 間

사람들 사이의 관계도 다음과 같이 간(間)을 써서 나타냅니다.

부자간　　모녀간

형제간　　남매간

그림에 나온 관계는 다들 잘 알죠? 그럼, 가족 관계를 나타내는 어려운 말들을 익혀 볼까요? 할아버지, 할머니와 우리의 관계는 조손간(祖孫間)입니다. 조(祖)는 할아버지, 할머니를 뜻해요.
어머니와 할머니의 관계는 고부간(姑婦間)이라고 불러요.

그럼 선생님과 우리의 관계는 뭐라고 할까요? (　　)

① 모자간　　② 피차간　　③ 부부간　　④ 사제간

혹시 ①번이라고 한 사람? 하하. 물론 엄마처럼 보살펴 주시기도 하겠지만, 답은 ④번 사제간(師弟間)입니다. 스승과 제자 사이라는 말이죠.

이거 안 놔?

때로는 '이간질'로 사람들 사이가 나빠지기도 합니다. 이간(離間)질은 사람들 사이를 멀어지게 하는 행동입니다.
사이가 아주 나쁜 것을 견원지간이라고 해요. 만나기만 하면 싸우는 개와 원숭이의 관계에 빗댄 말이지요.

전쟁이 일어나면 군인들만이 아니라 많은 민간인들도 죽거나 다치게 됩니다. 민간은 일반 사람들 사이를 뜻합니다. 그리고 공무원이나 군인, 경찰처럼 관청이나 정부기관에 소속된 사람이 아닌 일반 사람들을 민간인이라고 합니다.

間　　관계 간

■ 조손간
(祖조부모 조 孫손자 손 間)
조부모와 손자의 관계
■ 고부간
(姑시어미 고 婦며느리 부 間)
시어머니와 며느리 관계
■ 사제간
(師스승 사 弟제자 제 間)
스승과 제자 관계
= 사제지간
(師弟之~의 지 間)
■ 모자간
(母어미 모 子아들 자 間)
어머니와 아들 관계
■ 피차간(彼그 피 此이 차 間)
그쪽과 이쪽의 관계, 서로
■ 부부간
(夫남편 부 婦아내 부 間)
남편과 아내의 관계
■ 이간(離벌어질 이 間)
관계를 벌어지게 함
■ 이간(離間)질
관계를 벌어지게 하는 행동
■ 견원지간(犬개 견 猿원숭이 원 之~의 지 間)
개와 원숭이의 사이, 사이가 아주 나쁜 것을 비유하는 말
■ 민간(民백성 민 間)
일반인들 사이
■ 민간인(民間 人사람 인)
= 일반인

🐹 좌우간

좌우간(左왼 좌 右오른 우 間)은 왼쪽의 관계도 되고, 오른쪽의 관계도 된다는 말입니다. 어느 쪽이든 상관없다는 말이죠.

어휘력 다지기

1 다음 빈칸에 공통으로 들어갈 말은? (   )

> • 이 공□은(는) 전부 그림으로 채우자.
> • 줄과 줄 사이 행□을(를) 읽어야만 의미를 제대로 알 수 있어.
> • 그 말을 듣자 그는 미□을(를) 찡그렸다.

2 낱말과 낱말의 뜻을 올바르게 연결하세요.

1) 스승과 제자 사이 •   • 사제간

2) 눈 깜짝할 정도로 아주 짧은 시간 •   • 간헐

3) 사이를 두고 일어났다 쉬었다는 되풀이함 •   • 간발

4) 머리카락이 들어갈 만한 좁은 사이 •   • 순간

3 밑줄 친 '간' 중에서 나머지와 뜻이 <u>다른</u> 것을 하나 고르세요. (   )

① 막간   ② 간간이   ③ 간판   ④ 야간

4 괄호 안에 들어갈 말을 보기에서 골라 문장을 완성하세요.

> 보기   어중간   별안간   이간질   공간

1) 그의 말투는 존댓말도 반말도 아닌 (   )한 말투였다.

2) 이 말 저 말을 옮기다가 본의 아니게 (   )한 꼴이 되었다.

3) 밥을 먹는데 (   ) 기침이 나서 사레들리고 말았지 뭐예요.

4) 책상과 책상 사이의 (   )이 너무 좁아서 지나갈 수가 없습니다.

5 밑줄 친 '간' 자 중에서 나머지와 뜻이 <u>다른</u> 것을 하나 고르세요. (   )

① 외양간   ② 발재간   ③ 정주간   ④ 푸줏간

6 그림과 설명을 보고, 괄호 안에 알맞은 낱말을 써넣으세요.

1)

눈썹과 눈썹 사이

(   )

2)

소나 말 등의 가축을 기르는 곳

(   )

3)

안방과 부엌이 벽 없이 하나로 이어진
곳, 함경도 지방의 부엌 형태

(   )

4)

쇠를 녹여서 칼, 낫 등의
연장을 만드는 곳

(   )

7 화살표를 따라가면서 글자를 모아 보세요. ☐☐☐☐☐ (→ 예　→ 아니오)

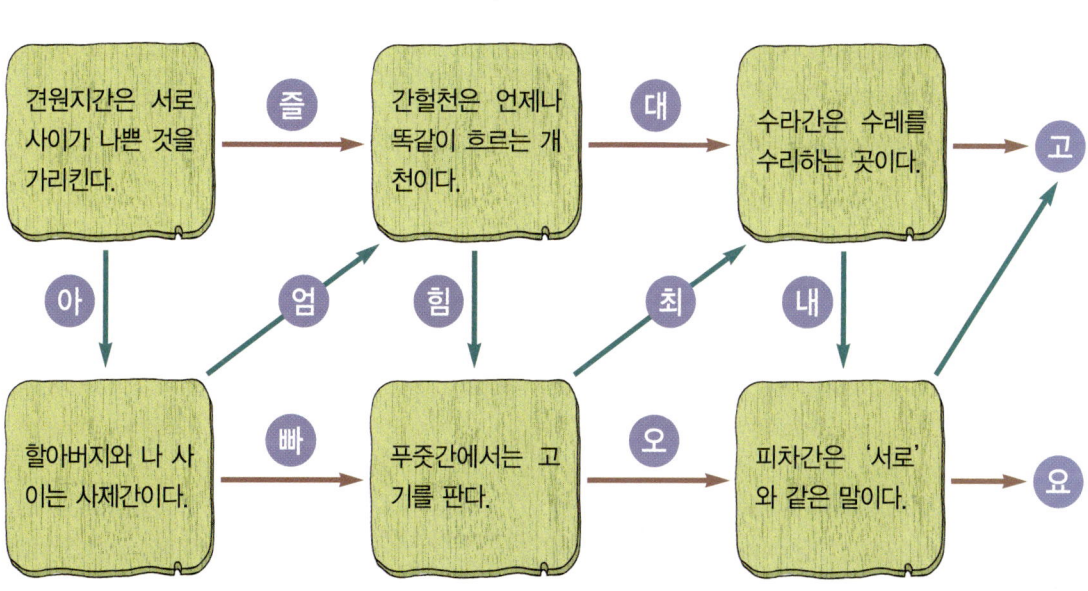

어휘랑 놀자

정답과 해설 15쪽

가로 열쇠

1) 도시가 아닌 곳이 도시로 변해 감 (▶81쪽)

4) 특별히 정해짐 (▶87쪽)

6) 사람들 사이를 멀어지게 하는 행동 (▶103쪽)

8) 매우 공개적으로 그러함. ○○○한 소문 (▶93쪽)

10) 큰비가 올 때나 우기에만 흐르는 하천 (▶103쪽)

11) 사람이 많이 모이는 번잡한 곳 (▶78쪽)

13) 독창적인 기술이나 발명품을 만든
특정인에게만 일정한 권리를 허락함 (▶88쪽)

15) 공평하고 바름. ○○거래위원회 (▶93쪽)

16) 공공기관에서 내는 신문 (▶97쪽)

17) 특별히 보내진 사절. 헤이그 ○○ (▶84쪽)

18) 세금과 전기ㆍ가스 등의 요금을 합친 것
(▶95쪽)

20) 개와 원숭이 사이, 매우 나쁜 사이 (▶103쪽)

21) 특별한 용도로 재배되는 농작물 (▶89쪽)

세로 열쇠

1) 사공들의 우두머리 (▶79쪽)

2) 재주가 남달라 영리하고 뛰어남 (▶86쪽)

3) 특별하고 이상함 (▶85쪽)

5) 부엌과 방 사이에 솥을 걸어 둔 공간, 함경도
지방의 부엌 형태 (▶101쪽)

7) 머리카락이 들어갈 만한 좁은 사이, ○○의 차
(▶102쪽)

9) 국가의 중요한 일에 대해 공개적으로 의견을
듣는 회의 (▶97쪽)

11) 수도. 한양은 조선의 ○○ (▶76쪽)

12) 공적인 일을 개인적인 일보다 앞세움 (▶94쪽)

13) 특별히 내는 보도. 기상○○ (▶84쪽)

14) 도매 가격. ○○○으로 넘기다 (▶78쪽)

17) 언론ㆍ방송사에서 특별히 파견된 사람 (▶84쪽)

18) 지방자치단체에서 세움. ○○ 학교 (▶95쪽)

19) 공무에 쓰이는. ○○차 (▶94쪽)

제 **4** 장

進 나아갈 진

직진만 하는 엄마

어어어… 좌회전! 좌회전!

히이이익~

직□ 아니었어?

곧장 가면 어떡해!

끼이이익~

아니… 그게….

기본어휘 잡기

위 그림의 빈칸에 들어갈 말은 무엇일까요? (　　　)

① 전　　　　② 진　　　　③ 좌　　　　④ 우

②번이 맞습니다. 좌회전은 왼쪽으로 돌라는 말인데, 곧장 앞으로 나아갔네요. 이렇게 곧장 앞으로 나아가는 것은 직진(直進)입니다. 그럼 구불구불 곡선처럼 가는 것은 곡진일까요? 하하, 그런 말은 없답니다. 다음 빈칸을 채우면서 나아가는 것과 관련된 낱말들을 좀 더 알아봅시다.

앞으로 나아가는 것은 전□, 뒤로 가는 것은 후□, 나아가 들어가면 □입, 범위를 넓혀 더 나아가면 □출입니다.

쉽죠? 답은 모두 '진'입니다. 이렇게 진(進)은 나아간다는 뜻입니다. 잠깐! 진출(進出)이나 진입(進入)은 세력을 넓히거나 무슨 일을 시작한다는 뜻으로도 쓰여요. '시장 진출'은 시장에서 물건을 팔기 시작했다는 말이죠. '시장 진입'도 마찬가지랍니다.

進 | 나아갈 진

- **직진**(直곧을 직 進)
  곧게 나아감
- **전진**(前앞 전 進)
  앞으로 나아감
- **후진**(後뒤 후 進)
  뒤로 나아감
- **진입**(進 入들 입)
  나아가 들어감
- **진출**(進 出날 출)
  범위를 넓혀 나아감

워메걸스가 중국 시장에 진출했대.

그래? 걔네들이 여기 왜 온대?

….

저기요~

감자 4개 1000원

적들을 향해, 진, 진, 진, 진…

버퍼링 30%

버퍼링 30%? 아하! 컴퓨터로 동영상을 보고 있는 중이군요.

버퍼링이 다 끝나면 무슨 대사가 나올까요? (   )

① 진단하라   ② 진격하라   ③ 진실하라   ④ 진취하라

정답은 ②번입니다. 진격(進擊)은 앞으로 나아가 적과 부딪치며 용감히 싸운다는 뜻이죠. 추진(推進)은 밀고 나아간다는 뜻입니다. 하지만 공격 명령을 내릴 때 '추진하라'고 하진 않죠. 추진은 '로켓 추진'처럼 물체를 밀어 앞으로 내보낸다는 뜻으로 주로 쓰이거든요.

또 급진은 급하게 나아간다는 뜻을 나타냅니다.

앞으로 나아가지도 못하고, 뒤로 물러설 수도 없을 때를 일컫는 말은 다음 중 무엇일까요? (   )

① 임전무퇴   ② 진퇴양난   ③ 삼보일배   ④ 일석이조

답은 ②번 진퇴양난(進退兩難). 이러지도 저러지도 못하는 곤란한 지경에 빠졌을 때 써요.

그럼 빈칸을 채우면서 마저 읽어 볼까요? 남보다 앞서 나아가면 선□이라고 합니다. 사회의 발전 수준이 높으면 '선진적'이라고 해요. 매□은 힘써 노력해서 나아가는 것이고, □취는 나아가 일을 이루는 것입니다.

'공부에 매진하다'는 공부에 힘써 앞으로 나아간다는 뜻이야.

매진

공부에 힘써?

| 進 | 나아갈 진 |

- 진격(進 擊공격할 격)
  나아가 공격함
- 추진(推밀 추 進)
  밀어 앞으로 내보냄
- 급진(急급할 급 進)
  급하게 나아감
- 진퇴양난(進 退물러설 퇴 兩 두 량 難어려울 난)
  나아가는 것과 물러서는 것 양쪽 다 어렵다
- 선진(先먼저 선 進)
  남보다 앞서 나아감
- 매진(邁힘쓸 매 進)
  힘써 앞으로 나아감
- 진취(進 取가질 취)
  나아가 일을 이루어 냄

진 進 나아가다

MC하면 나지~ 엠씨유~.

메뚜기 엠씨가 엄청난 인기를 얻고 있어요. '엠씨'를 우리말로 번역하면 무슨 뜻일까요?

네, 진행자(進行者)죠. 행사나 오락 프로그램을 재미있고 자연스럽게 이끌어 가는 사람을 말합니다. 진행은 어떤 일이 순서대로 되어 가는 것을 뜻합니다.

다음은 소설가 박완서님의 '미망'이라는 작품에 나오는 글귀입니다. 매우 더디게 걸은 탓에 생각보다 시간이 많이 걸렸음을 설명하고 있는 부분입니다.

그렇게 □□□□한 걸음인지라 송도까지 사흘이나 걸렸다.

위의 빈칸에 들어갈 말은 무엇일까요? (   )

① 진수성찬　　② 지피지기　　③ 경거망동　　④ 지지부진

정답은 ④번 지지부진(遲遲不進)입니다. 느리고 또 느려서 일이 진행되지 않는다는 말입니다.

그럼 아래 빈칸에 들어갈 말은 무엇일까요? (   )

"경찰의 수사가 별다른 □□을(를) 보이지 못하고 있다."

① 진전　　　　② 진도　　　　③ 촉진　　　　④ 진행

정답은 ①번 진전(進展)이죠. 일이 진행되어 발전하는 것을 뜻해요.

진전과 비슷한 말에 진척이 있습니다. '일에 진척이 있다'라는 식으로 쓰지요. 진도는 '일이 진행되는 정도'라는 뜻이죠. 촉진은 재촉하여 일을 빨리 진행시킨다는 뜻입니다.

이렇게 진(進)에는 '진행하다'라는 뜻이 있어요.

進 | 진행할 **진**

■ 진행(進 行갈 행)
　일이 되어 감
■ 진행자(進 行 者사람 자)
　프로그램이 잘 진행되게 만드는 사람 = MC
■ 지지부진
　(遲더딜 지 遲 不아니 부 進)
　더디고 더뎌서 일이 진행되지 않음
■ 진전(進 展발전할 전)
　일이 잘 되어 발전함
■ 진척(進 陟나아갈 척)
　일이 잘 진행되어 나아감
■ 진도(進 度정도 도)
　일이 되어가는 정도
■ 촉진(促재촉할 촉 進)
　일을 재촉하여 진행시킴

🎤 엠씨(MC)

Master of Ceremonies의 약자입니다. '의식이나 행사(ceremonies)'를 '이끌어 가는 사람(master)'이란 뜻이죠.

進	오를 진

■ 승진(昇오를 승 進)
더 높은 자리로 올라감

■ 진급(進 級계급 급)
군대나 공무원 조직 등에서
계급이 올라감,
학교에서 학년이 올라감

■ 진학(進 學학교 학)
더 높은 단계의 학교로 올라
감

■ 진사(進 士선비 사)
소과에 합격한 선비의 자리
에 오른 사람

지금보다 더 높은 자리로 올라가는 것을 승진(昇進)이라고 합니다. 여기서 진(進)은 위로 올라간다는 뜻이죠.

초등학교를 졸업하면 어디로 가나요? 중학교에 들어가죠. 중학교를 졸업하면 고등학교에 들어가고요.

이처럼 상급 학교에 올라가 배우는 것을 무엇이라고 할까요? (   )

① 진사   ② 진학   ③ 진급   ④ 진군

정답은 ②번 진학(進學)입니다. 보다 높은 단계의 학교에 들어가 배우고 공부한다는 뜻이죠.

조선 시대에는 과거 시험을 보려면, 두 번의 예비 시험에 먼저 합격해야 했어요. 그것을 '소과'라고 합니다. 그리고 소과의 2차 시험까지 합격한 사람을 진사(進士)라고 불렀어요. 선비 중에서도 시험에 합격한 선비의 자리에 오른 사람이라는 뜻이지요. 그러니까 그때는 아무나 '진사'라고 부르면 안 되었겠죠?

이런 말도 있어요

옛날에는 지방의 진귀한 물품이나 토산물을 임금과 높은 벼슬아치들에게 갖다 바쳤습니다. 이것을 진상(進上)이라고 합니다. 여기서 진(進)은 '선사하다', 즉 '선물하다'라는 뜻이에요. 진상품은 진상하는 물품을 가리켜요.

■ 진상(進 上위 상) 윗사람에게 귀한 물품을 선물함   ■ 진상품(進上 品물건 품) 진상하는 물품

마마, **진상품**이옵니다.

아래 그림을 보세요. ①이 진화하면 ②가 되고, ②가 진화하면 ③이 된대요. ①은 걸을 수 있고, ②는 뛸 수 있대요. 그리고 ③은 날 수도 있다는군요. 진화가 무엇이기에 이렇게 바뀌는 걸까요?

진화(進化)는 발전하면서 조금씩 생김새가 변화한다는 뜻입니다.

①, ②, ③은 모두 생김새가 다르죠? 생김새만 다른 게 아니라 기능도 다르잖아요. 이것이 진화입니다.

고래는 뭍에 살다가 물속으로 들어갔다고 해요. 그러면서 몸의 생김새가 많이 바뀌었죠. 더 이상 걸을 필요가 없으니 뒷다리가 없어졌습니다. 그 대신 앞다리는 헤엄치기 편한 지느러미로 변했습니다. 오랜 세월이 흐르는 동안 몸이 환경에 맞게 바뀐 거죠. 이런 현상이 바로 진화입니다.

진화는 동물에게만 일어나는 현상이 아닙니다. 다음 그림을 보세요.

하하하. '죽는다' 라뇨! 여러분이라면 뭐라고 답했을까요?

그렇죠. 당연히 뿌리, 줄기, 잎이겠죠. 그럼 모든 식물들이 다 그럴까요? 아닙니다.

이끼는 식물이지만 뿌리, 줄기, 잎의 구분이 분명하지 않아요. 땅 위 식물로 완전히 진화하지 못했기 때문이죠. 그래서 이끼는 다른 식물에 비해 물기가 많고 질척합니다. 만지면 미끈거리죠. 이렇게 진화는 살아 있는 모든 생물에게 일어납니다.

그럼 다음 기관들의 공통점은 무엇일까요? (　　　)

사람의 맹장　　　심해어의 눈　　　닭의 날개

① 점점 발달하고 있는 기관이다.

② 기능이 약화되거나 아예 필요치 않게 된 기관이다.

③ 가장 기능이 발달한 기관이다.

④ 환경에 적응하기 위해 새로 생겨날 기관이다.

정답은 ②번이죠. 이런 걸 퇴화(退化)라고 합니다. 퇴화는 진화와 반대되는 현상입니다. 고래의 뒷다리가 없어졌듯이, 어떤 기관의 기능과 역할이 뒤로 물러나 사라지는 현상이거든요. 그러다가 아예 없어지기도 하지요. 예를 들어 닭의 날개는 지금 거의 쓸모가 없어져 퇴화하고 있어요.

> 닭 날개가 왜 쓸모 없어? 이렇게 맛있는데.
>
> 냠냠
>
> 쩝쩝~

진화는 생물에만 해당되는 말이 아니랍니다.

진화라는 말은 기술이나 교통 시설의 발달, 사람들의 노력,

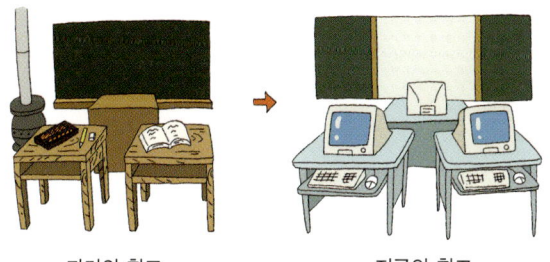

과거의 학교　　　　　지금의 학교

주위의 환경 변화 등에 의해 변화하고 발전하는 것을 의미하기도 합니다.

그래서 국가나 사회도 진화하고, 기업도 진화하고, 학교도 진화하지요. 기술의 발달로 오늘날의 학교는 옛날 학교에 비해 많이 진화했습니다.

🍒 낱말상자

■ **진화**(進발전할 진 化변화할 화) 어떤 기관이나 기능이 발전하며 모습이 변함

■ **퇴화**(退물러설 퇴 化) 어떤 기관의 기능이 뒤로 물러나 쓸모없어짐

1 다음 상황을 가장 잘 표현하는 낱말은 무엇일까요? (   )

① 전광석화
② 진퇴양난
③ 가가호호
④ 금상첨화

2 다음 중, 밑줄 친 '진'의 뜻이 나머지와 <u>다른</u> 것은? (   )

① <u>진</u>척   ② <u>진</u>행   ③ <u>진</u>실   ④ <u>진</u>도

3 괄호에 알맞은 말을 보기에서 골라 문장을 완성하세요.

> 보기   진행   진전   진화   촉진

1) 시금치는 칼슘과 철분이 많아 어린이의 성장을 (   )한다.
2) 저 엠씨는 프로그램 (   )을(를) 정말 잘하는 것 같아.
3) 이번 사업은 빠른 (   )을(를) 보이고 있으니 다행입니다.
4) 기린은 키 큰 나무의 잎을 먹기 위해 목이 길어지는 방향으로 (   )했다.

4 다음 중, 밑줄 친 부분의 표현이 <u>어색한</u> 것은? (   )

① 아빠는 열심히 일에 <u>매진</u>해 부장으로 승진하셨다.
② 우리 기업들이 중국 시장에 성공적으로 <u>진취</u>했다.
③ 고속도로 <u>진입</u> 구간에서 사고가 발생했다.
④ 회의를 <u>진행</u>하는 방식이 참 옛날식이다.

5 빈칸에 들어갈 말을 순서대로 나열한 것을 고르세요. (　　　)

> 우리는 좌회전이나 우회전을 전혀 하지 않고 □□만 했다.
>
> 주차장으로 □□하는 길이 너무 좁아 나오는 차와 마주쳤다.
>
> 우리는 상대방 차가 전진할 수 있게 □□해 주었다.

① 진입 – 직진 – 후진　　　　　　② 직진 – 후진 – 진입

③ 직진 – 진입 – 후진　　　　　　④ 후진 – 진입 – 직진

6 진화의 반대말로, 어떤 기관이나 기능이 뒤로 물러나 쓸모없어짐을 뜻하는 말은? (　　　)

① 후회　　　　　　② 퇴화　　　　　　③ 탈락　　　　　　④ 실패

7 십자말풀이를 풀어 봅시다.

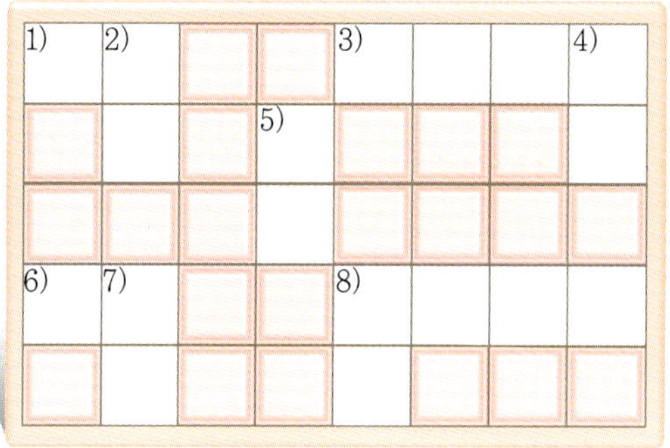

십자말풀이 표

가로 열쇠

1) 앞으로 곧장 나아감, ○○ 차선

3) 매우 더디어서 일이 원하는 대로 잘 나아가지 않는 상황

6) 일을 재촉하여 빨리 진행시킴

8) 앞으로 나가지도, 뒤로 물러서지도 못하는 상황

세로 열쇠

2) 지방의 진귀한 물품이나 토산물을 임금이나 높은 벼슬아치들에게 갖다 바침

4) 일이 되어 가는 정도

5) 오랜 세월이 흐르는 동안 환경에 맞게 몸이 바뀌는 것

7) 상급 학교에 올라감, 중학교에 ○○하다

8) 어떤 곳으로 나아가 들어감, 고속도로 ○○

情
마음 정

감정은 표정에 다 드러나

기본어휘 잡기

위 그림에서 각각의 얼굴은 어떤 '감정' 을 나타내고 있을까요? 감정 (感情)은 무언가를 느껴서 일어나는 마음입니다. 감정에는 슬픔, 기쁨, 화냄, 즐거움, 놀라움, 미움, 두려움 등이 있답니다. 감정이 얼굴에 드 러난 것은 표정(表情)이지요. 그래서 표정도 감정만큼 다양합니다.

이렇게 정(情)은 마음이나 느낌을 나타내는 말입니다. 그럼 정이 가 다라는 말은 무슨 뜻일까요?

네. 마음이 끌린다는 말입니다. 예쁜 아이를 보면 왠지 마음이 끌리 잖아요. 이렇게 '정(情)'이 홀로 쓰일 때는 특히 친근한 감정을 나타냅 니다. 사랑이나 친근함을 느끼는 마음이지요.

물건이든 사람이든 오랫동안 함께 있어서 친근하게 느끼는 마음이 있으 면 뭐라고 할까요? (   )

① 정이 가다   ② 정이 들다   ③ 정이 오다

답은 ②번 정이 들다입니다. 사랑하고 친근하게 여기는 마음이 내 안에 들어왔다는 뜻이지요.

情 | 마음 정

■ 감정(感느낄 감 情)
무언가를 느껴 일어나는 마음

■ 표정(表나타날 표 情)
감정이 얼굴에 나타나는 것

■ 정(情)이 가다
마음이 끌리다

■ 정(情)이 들다
사랑하고 친근하게 여기는 마음이 생기다

🥔 정나미

'정이 남은 것'이라는 뜻입니다. 그래서 정나미가 떨어졌다 고 하면 남아 있는 정까지 떨어 져 버렸다는 뜻입니다.

물에 열을 가하면 뜨겁게 끓어오르죠? 마음도 마찬가지입니다. 열정(熱情)은 무언가를 향해 뜨겁게 끓어오르는 마음입니다. 열중하는 마음이지요. 반면에 열이 식어버리면 차가워집니다.

차가워진 마음을 뭐라고 할까요? (   )

① 냉정   ② 심정   ③ 진정   ④ 동정

답은 ①번 냉정입니다. 냉정은 생각이나 행동이 감정에 좌우되지 않고 침착한 마음을 뜻합니다. 마음속에 품고 있는 생각이나 감정은 심정(心情), 그 중에서도 참된 마음은 진정(眞情)입니다.

동정(同情)은 같은 마음입니다. 다른 사람의 처지를 나의 일처럼 느끼는 마음이지요. 하지만 이건 정말 어려운 일이랍니다. 그보다는 서로 마음이 어긋나기가 쉽죠. 마음이 어긋나면 화가 나죠. 역정을 내다는 '화를 내다'의 높임말입니다.

계속해서 마음에 거슬리는 일이 생기면 '정서적'으로 우울해집니다. 정서가 우울해진다니, '정서'는 무엇을 뜻하는 말일까요? 정서(情緖)는 갖가지 감정이 일어나는 실마리라는 뜻입니다. 기쁜 정서는 기쁜 감정이 일어날 실마리입니다. 기쁜 감정을 불러일으킨다는 거죠. 정서적으로 우울하다는 것은 우울한 감정에 잘 빠진다는 겁니다.

情	마음 정

- 열정(熱뜨거울 열 情)
  뜨거운 마음
- 정열(情 熱)
  마음속에서 적극적으로 일어나는 불같은 마음 = 열정
- 냉정(冷차가울 냉 情)
  차가운 마음
- 심정(心마음 심 情)
  마음에 품고 있는 생각이나 감정
- 진정(眞참 진 情)
  진짜 마음
- 동정(同같을 동 情)
  남의 처지를 나의 일처럼 느끼는 마음
- 역정(逆거스를 역 情)
  마음이 어긋남, 웃어른이 화를 냄
- 정서(情 緖실마리 서)
  갖가지 감정이 일어나는 실마리
- 정서적(情緖 的~하는 적)
  어떤 정서를 불러일으키는, 또는 그런 정서 상태에 자주 놓이는

정 情 마음, 느낌

情 친근한 마음 정

- 정(情)답다
  친근하고 따뜻하다
- 다정(多많을 다 情)
  친근한 마음이 많음
- 다정다감
  (多많을 다 情 多 感느낄 감)
  정도 많고 감정도 풍부함
- 인정(人사람 인 情)
  사람에게 다정한 마음

🥕 몰인정

인정이 없는 것은 몰인정(沒 없을 몰 人 情)하다고 합니다. 몰(沒)은 전혀 없다는 뜻입니다. '몰상식', '몰가치' 처럼 씁니다.

- 정담(情 談이야기 담)
  정답게 주고받는 이야기
- 정감(情 感느낄 감)
  정답고 따뜻한 마음
- 정경(情 景경치 경)
  따뜻하고 친근한 경치

🥕 슈만의 어린이 정경

슈만이 어린 시절을 떠올리면서 작곡한 13곡의 피아노곡들입니다. 아이들이 뛰노는 친근한 풍경을 연상시킨다고 해서 '정경'이라는 제목이 붙었지요.

둘 중 '정답게' 말하고 있는 것은 당근 쪽인가요, 비둘기 쪽인가요? 그래요. 당근 쪽이에요. 정답게 말하는 것은 따뜻하게 말하는 겁니다. 상대방을 밀쳐 내는 말은 따뜻한 말이 아닙니다.

그럼 따뜻해서 정이 많은 사람은 뭐라고 하나요? (   )

① 인정 없는 사람　　　　　② 다정한 사람

네, 답은 ②번 다정(多情)한 사람이에요. 비슷한 말은 다정다감한 사람입니다. 정도 많고, 감정도 풍부한 사람이라는 뜻입니다. 특히 사람에게 다정한 마음을 베풀면 인정(人情)이 많다고 합니다. 인정은 사람에게 따뜻하고 친근하게 대하는 마음이지요.

이제 다음 빈칸을 채워 보세요.

정답게 주고받는 이야기는 □담,

친구 사이에 느끼는 정답고 따뜻한 마음은 □감입니다.

빈칸을 채워 완성되는 낱말은 정담과 정감이지요.

오른쪽에 아이들이 뛰노는 그림을 보세요. 어딘가 모르게 따뜻하고 친근한 느낌이 들지 않나요? 이런 것을 정겨운 풍경이라고 해요. 줄여서 정경(情景)입니다.

情	형편 **정**

- **사정**(事일 사 情)
  일의 형편
- **사정**(事 情)하다
  일의 형편을 알리고 무언가를 부탁하다
- **정세**(情사정 勢기세)
  일이 되어 가는 형편이나 기세
- **정보**(情 報알릴 보)
  사정을 알림
- **정보망**(情 報 網그물 망)
  정보를 수집하고 전달하는 그물 같은 조직
- **정보**(情 報)기관
  국가에서 필요로 하는 정보를 수집하고 분석하고 평가하는 곳

위 그림의 빈칸에 들어갈 말은 다음 중 무엇일까요? (   )

① 욕심   ② 사정   ③ 생각   ④ 수업

답은 ②번 사정입니다. 사정(事情)은 일의 형편을 뜻합니다. 여기서 정(情)은 형편이라는 뜻을 가지고 있어요. 그러니까 사정하다는 일의 형편을 알리고 무언가를 부탁하는 겁니다.

정세는 일이 되어 가는 형편이나 기세를 뜻합니다. '국내 정세', '국제 정세' 처럼 씁니다.

한편 형편이나 사정을 알려주는 것은 정보(情報)입니다. 정보는 관찰하거나 측정한 것을 정리한 자료입니다.

정보망은 정보를 수집·전달하는 그물 같은 조직입니다. 또한 정보망은 정보를 얻거나 전달할 수 있는 모든 방법을 말합니다. 인터넷뿐 아니라, 정보를 알고 있는 사람들, 감시 카메라 등도 정보망이라고 할 수 있습니다. 정보를 수집하려면 이런 정보망을 먼저 만들어야 하겠죠.

정보기관은 정보망을 만들어 국내외의 정보를 수집, 처리하고, 알리고, 통제하는 등의 업무를 전문적으로 하는 국가기관입니다.

정상 참작

정상(情 狀모습 상)은 일이 되어 가는 형편과 모습을 뜻해요. 법률 용어로 쓰이면 '사정'을 뜻합니다. 정상을 헤아려 처벌을 가볍게 해주는 것을 정상 참작(參참고할 참 酌헤아릴 작)이라고 합니다.

정보지

특정 분야에 대한 구체적인 정보를 알려 주는 잡지입니다. 생활 정보지에는 구인구직, 사고 파는 물품 등 생활에 필요한 각종 정보가 들어 있지요.

정보화(情報化)는 '정보로 만든다'라는 뜻입니다. 관찰이나 측정으로 얻은 자료를 실제 문제를 해결하는 데 도움이 될 수 있는 정보로 만든다는 것입니다.

■ 정보화 사회(情報化 社會)가 뭐죠?

정보화 사회는 사회의 중요한 가치인 정보와 지식이 컴퓨터, 인터넷 등을 통해 사회 전 분야로 확산된 사회를 말합니다. 물론, 정보가 중요하지 않았던 시대는 없었습니다. 옛날에도 돈을 주고 정보를 샀습니다. 하지만 과거의 정보는 물질이나 상품을 생산하는 데 도움이 될 뿐이었습니다.

그러나 지금은 정보 자체가 상품이고 서비스입니다. 그만큼 정보가 차지하는 비중이 높아졌다는 말입니다. 이제 정보는 물질이나 상품 생산에 도움이 될 소식이나 자료뿐 아니라 새로운 지식과 서비스 그 자체를 가리키는 말이 되었습니다.

열 냥이면 되겠나?

좋은 돈벌이가 될 정보가 있는뎁쇼?

우리들이 쓰는 인터넷 프로그램은 우리가 온라인 게임을 하고 친구들과 채팅을 할 수 있게 도와줍니다. 인터넷 프로그램이라는 '정보'는 그 자체가 상품이면서 서비스입니다. 이렇게 정보를 중심으로 가치를 생산하는 사회가 정보화 사회입니다.

■ 정보화 사회를 왜 지식 사회라고 부르죠?

정보화 사회에서는 인간이 만들어 낸 지식, 정보가 무엇보다 중요한 것으로 생각되기 때문입니다. 불가능하다고 생각했던 일도 여러 정보를 모아보면 가능해지는 경우가 많거든요.

정보화 사회 이전의 산업 사회에서는 시장에 가지 않고는 원하는 때에 원하는 물건을 살 수 없었습니다. 하지만 정보화 사회에서는 홈쇼핑, 인터넷 쇼핑, 홈뱅킹 등을 통해 집에서 많은 것을 해결할 수 있습니다. 내가 보낸 편지를 상대방이 곧바로 받아 보는 것도 전에는 불가능했습니다. 하지만 인간이 만들어 낸 지식 정보는 전자우편 시스템도 만들어 냈습니다.

정보 기술

정보를 동영상, 사진, 데이터, 음성 대화, 멀티미디어 등의 여러 가지 형식으로 만들고, 저장하고, 교환, 사용하는 데 있어서 이용되는 모든 종류의 기술을 말합니다.

정보와 정보를 체계적으로 엮으면 지식이 됩니다. 그리고 그 지식은 다시 더 큰 지식을 만들기 위한 정보가 되지요. 이렇게 해서 만들어진 지식들은 정보화 사회의 원동력이 되었습니다. 이러한 지식과 정보로 인해 생산성이 높아지자 세계적인 부자들도 많이 나왔습니다. 부자가 되는 기간도 짧아졌습니다. 빌 게이츠는 윈도우즈 운영 체제로 30대에 세계적인 부자가 되었습니다.

■ 하지만 우리 집엔 컴퓨터가 없는데요?

> 여러분 이번 숙제는 파워포인트로 해 오세요.

> 헉! 우리 집엔 컴퓨터가 없는데.

정보화의 수준이 높아지면서 교육이나 소득, 성별, 지역에 따라 정보에 대한 접근과 이용에서 큰 차이를 보입니다. 이것을 정보격차(情報隔差)라고 합니다. 나라 안에서는 도시와 농촌, 그리고 젊은 사람과 나이 든 사람 사이에서 차이를 보입니다. 나라 밖에서는 잘 사는 나라와 못 사는 나라 사이에서 큰 차이를 보입니다.

정보가 곧 부를 만들어 내는 수단인 정보화 사회에서 정보격차는 사회 경제적으로 큰 차이를 만들어 냅니다. 정보에 많이 접근하고 그것을 살 이용하는 사람은 그렇지 않은 사람보다 더 잘 살 기회가 많아지기 때문입니다.

정보격차로 인한 사회적 불평등은 정보화 사회가 해결해야 할 가장 근본적인 문제입니다. 그래서 인터넷을 만든 과학자들이 지금은 전 세계의 정보격차 해소에 힘쓰고 있답니다.

> 너 인터넷 자주 하니?

> 그게 뭔데?

> 캄보디아

🍐 낱말상자

■ **정보화**(情형편 정 報알릴 보 化될 화) 자료를 정보로 만듦

■ **정보화 사회**(情報化 社모일 사 會모일 회) 정보와 지식이 사회 전 분야에 중요한 가치로 확산된 사회

■ **정보격차**(情報隔떨어질 격 差차이 차) 정보의 접근과 이용에서 나타나는 개인이나 집단 간의 차이

1 다음 빈칸에 공통으로 들어갈 말은 무엇일까요? (   )

> • 참, 사람이 말하는 게 예뻐서 만날수록 □이(가) 가네.
>
> • 싫어하는 게 얼굴 표□에 그대로 나타나 있어.
>
> • 연이어 시험 망친 내 심□을(를) 누가 알까?
>
> • 정말 냉□하게도 뿌리치는군.

2 낱말과 낱말의 뜻을 바르게 연결하세요.

1) 뜨겁게 끓어오르는 마음   •   • 정서

2) 일이 돌아가는 형편과 기세   •   • 정경

3) 갖가지 감정이 일어나는 실마리 •   • 정세

4) 정감을 불러 일으키는 경치   •   • 열정

3 다음 빈칸에 알맞은 낱말을 보기에서 골라 문장을 완성하세요.

> 보기   동정   감정   진정   정감   정상

1) 자수를 한 범죄자는 □□이 참작된다.

2) 우리 집 형편이 어렵다고 □□할 필요는 없어.

3) 너의 □□을 말해야 상대방이 신뢰할 수 있다.

4) 그녀는 슬픈 □□을 누르지 못하고 울음을 터뜨렸다.

4 밑줄 친 부분 중에서 나머지와 뜻이 <u>다른</u> 하나를 고르세요. (   )

① 감<u>정</u>   ② 표<u>정</u>   ③ 냉<u>정</u>   ④ <u>정</u>지

5 다음 보기에서 알맞은 말을 골라 대화를 완성하세요.

> 보기   사정 다정 역정 인정 열정

1) 기자 : 작가가 되려면 가장 중요한 게 뭘까요?

   작가 : 문학에 대한 사랑과 (   )이 아닐까 싶습니다.

2) 아버지 : 도대체 어쩌라고 그러는 거야?

   아들 : 너무 (   )만 내지 마시고, 해결책을 찾아야죠.

3) 할아버지 : 저 두 사람은 싸우지도 않고 참 (   )하게 살아.

   할머니 : 얼마 전에 결혼한 신혼부부니 오죽 하겠어요.

4) 남편 : 어린애를 그렇게 내다 버리다니……

   부인 : 글쎄 (   )이라곤 찾아볼 수가 없네요.

5) 정희 : 내 생일잔치에 참석 못 한다며?

   수호 : 정말 미안해. 그날 피치 못 할 (   )이 있어.

6 설명을 읽고 알맞은 낱말을 연결하세요.

1) 사회의 중요한 가치인 정보와 지식이 컴퓨터, 인터넷 등을 통해 전 분야로 확산된 사회 •

   • 정보화

2) 정보를 동영상, 사진 등 여러 형식으로 만들고 저장하고 활용하는 데 필요한 기술 •

   • 정보격차

3) 관찰이나 측정으로 얻은 자료를 정보로 만든다. •

   • 정보 기술

4) 정보화 정도가 높아지면서 정보에 대한 접근과 이용에서 큰 차이를 보이는 현상 •

   • 정보화 사회

갯벌

움직이는 바닷물이 만든 갯벌

바닷물이 밀려가고 난 뒤 검은 진흙 속에서 지렁이가 나왔네요?

이 지렁이의 이름은 무엇일까요? (　　　)

① 바다 지렁이　　② 물지렁이　　③ 갯지렁이　　④ 짠지렁이

　정답은 ③번입니다. 바닷물이 드나드는 저 땅의 이름이 바로 갯벌이거든요. 갯벌의 '벌'은 '넓은 벌판'의 '벌'이고, '갯'은 바닷물이 드나드는 곳을 뜻하는 말이에요. 그래서 저곳에 사는 지렁이도 갯지렁이지요. 갯고둥, 갯장어, 갯강구도 갯벌에 사는 주민들입니다.

우린 갯벌에 살아서 바닷물도 좋아하고, 진흙도 좋아해.

머드팩이 끝내 줘요~.

　이렇게 바닷물이 드나드는 곳에 있으면 갯이란 말을 붙여요. 빈칸을 채우며 계속 읽어 보세요.

바닷물이 드나드는 곳에 있는 바위는 □바위,

바닷물이 드나드는 곳의 가장자리나 주변은 □가,

바닷물이 드나드는 주변에 자리 잡은 마을은 □마을이라고 해요.

갯	바닷물이 드나드는 곳

- **갯벌**
  바닷물이 드나드는 벌판
- **갯지렁이**
  갯벌에 사는 지렁이
- **갯고둥**
  갯벌에 사는 고둥
- **갯장어**
  갯벌이나 연안에 사는 장어
- **갯강구**
  갯벌에 사는 벌레의 종류
- **갯바위**
  바닷물이 드나드는 곳에 있는 바위
- **갯가**
  바닷물이 드나드는 가장자리나 주변
- **갯마을**
  바닷물이 드나드는 주변에 자리 잡은 마을

바닷물을 움직여 갯벌이 나타났다 없어졌다 하게 만드는 힘은? (　　　)

① 바람의 힘 　　　② 지구가 도는 힘 　　　③ 달이 당기는 힘

정답은 ③번. 왜일까요? 모든 물체에는 서로를 당기는 힘이 있어요. 이걸 만유인력이라고 하지요. 지구와 달도 서로 당기고 있답니다. 지구가 달보다 큰 힘으로 당기기 때문에 달은 지구를 따라다녀요. 하지만, 달이 당기는 힘도 지구에 영향을 줍니다. 바로 바닷물을 밀고 당기는 거예요.

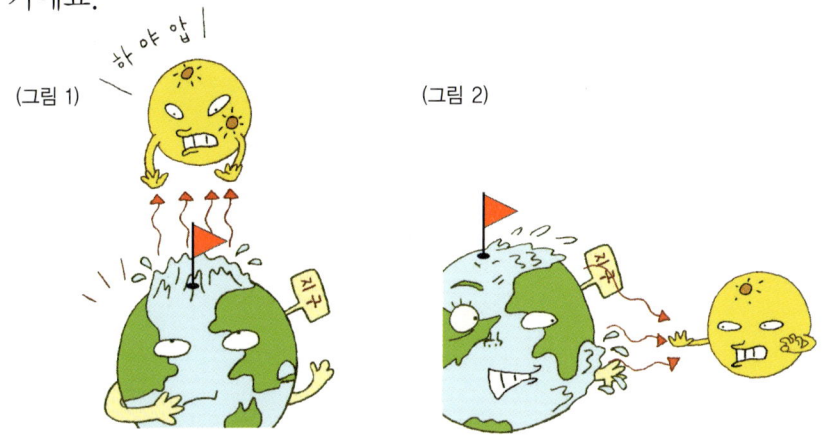

(그림 1)　　　　　　　　　　　　(그림 2)

자, 우리는 깃발이 있는 지점에 있습니다. 달이 우리가 있는 방향에서 바닷물을 당기면, 바닷물이 우리 쪽으로 밀려 올라오겠죠? 그럼 밀물이 됩니다(그림1). 반대로, 달이 우리가 있는 지점과 다른 방향에서 바닷물을 당기면 바닷물이 끌려가서 썰물이 됩니다(그림2).

그럼 밀물이 가장 높이 차오른 때를 한자어로 뭐라고 할까요? (　　　)

① 민물 　　　② 만수 　　　③ 만조 　　　④ 만류

정답은 ③번이에요. 물이 가득 올라오니까, 가득할 만(滿)과 바닷물 조(潮)를 써서 만조라고 합니다. 썰물이 일어나 바닷물이 제일 낮을 때는 마를 간(干)을 써서 간조라고 합니다.

- 만유인력(萬모두 만 有있을 유 引당길 인 力힘 력)
모든 물체가 서로 당기는 힘
- 밀물
달의 힘으로 바닷물이 육지로 밀려와 해수면이 상승하는 현상
- 썰물
달의 힘이 바닷물을 당겨 해수면이 하강하는 현상

- 만조(滿찰 만 潮바닷물 조)
밀물이 가장 높은 해면까지 꽉 차게 들어오는 때
- 간조(干마를 간 潮)
바닷물이 빠져나가 해수면이 가장 낮은 때

개흙과 개펄

갯벌에는 노란 모래도 있고, 검은 개흙이 있을 수도 있어요. '개흙'은 검고 진득한 흙을 말하고, '개펄'은 개흙이 깔린 벌판을 말한답니다.

갯벌 바닷물이 드나드는 벌판

潮	바닷물 조

- 조차(潮 差차이 차)
밀물과 썰물의 높이 차
- 조수(潮 水물 수)
밀물과 썰물
- 조류(潮 流흐를 류)
밀물과 썰물 때문에 일어나는 바닷물의 흐름

바닷물이 갈라지면서 섬까지 가는 길이 열렸어요. 그 이유는 갯벌이 생기는 이유와 같아요. 밀물 때와 썰물 때의 바닷물 높이 차로 길이 나타났다 없어졌다 하는 거죠.

밀물과 썰물의 높이 차이를 가리키는 말은? (　　　)

① 고차　　② 길차　　③ 조차　　④ 해차

정답은 ③번 조차입니다.

그런데 왜 ④번 해차는 답이 안 될까요? 해(海)도 바닷물을 뜻하는데 말이죠. 그건 바다 해(海)는 바다 전체를 말하거나 움직이지 않는 바닷물을 뜻하고, 바닷물 조(潮)는 움직이는 바닷물을 뜻하기 때문이에요. 그래서 바닷물을 떠서 만든 목욕탕은 '해수탕'이라고 하지, '조수탕'이라고 하지 않아요.

움직이는 바닷물이 들어간 다른 낱말을 완성해 볼까요?
밀물과 썰물을 합쳐서 □수라고 해요. 밀물과 썰물로 생기는 바닷물의 흐름은 □류라고 하죠.
밀물과 썰물의 물 높이 차이는 조차, 혹은 □수의 차이입니다.
간조와 만조를 써서 표현하면 간만의 차, 혹은 □수간만의 차이예요.

달이 하루, 보름 간격으로 움직이니 '조차'도 이에 따라 변해요. 이걸 기록해 놓은 것을 조석표라고 해요. 알아두면 바닷가 놀러갈 때 유용하죠.

(그림 설명)
밀물 때 물 높이
→ 조차
썰물 때 물 높이

- 간만(干 마를 간 滿가득찰 만)
의 차
간조와 만조의 차이
= 조수간만의 차
- 조석표(潮아침 바닷물 조 汐저녁 바닷물 석 表표 표)
밀물과 썰물의 높이와 시각을 알려주는 표

월령	날짜	h:m (height)	h:m (height)
◐	1	02:36 (95) ▽	08:32 (313) △
	2	03:05 (110) ▽	09:00 (300) △

조석표

이렇게 갯벌이던 곳을 막아 넓힌 땅의 이름은 무엇일까요? (   )

① 신도시   ② 개최지   ③ 개간지   ④ 간척지

정답은 ④번이죠. 둑을 쌓아 안에 있는 물을 말려 버리고 넓힌 땅이라는 뜻에서, 마를 간(干)과 넓힐 척(拓)을 써 간척지예요.

이렇게 '간척지'를 만들기 위해 바닷물을 막은 둑을 방조제(防潮堤)라고 해요. '바닷물을 막은 둑'이라는 뜻이죠. 큰 파도를 막기 위한 방파제하고는 다른 것이니 헷갈리지 마세요.

간척지를 만들면 국토가 늘어나 농사를 짓거나 건물을 지을 수 있지만, 생태계가 파괴되고 갯벌이 우리에게 주는 이점마저 놓치게 됩니다.

다음 중 갯벌이 우리에게 주는 이점이 <u>아닌</u> 것은 무엇일까요? (   )

① 갯벌의 생태계가 다양한 수산자원을 제공합니다.

② 자연 방파제 역할을 해서 태풍, 해일의 피해를 줄여 줍니다.

③ 농사지을 땅을 제공해서 곡식들을 자라게 합니다.

정답은 ③번이에요. 갯벌에는 바닷물이 드나들잖아요. 바닷물은 짠물이라 농사를 지을 수 없습니다. 그래서 밀물 때 강으로 짠물이 올라오는 피해를 막기 위해 하굿둑을 세우기도 합니다.

갯벌에서는 양식장을 만들어 김이나 굴·조개 등을 얻거나, 염전을 만들어 소금을 얻을 수 있답니다.

■ 간척지
(干마를 간 拓넓힐 척 地땅 지)
바다나 호수에 둑을 쌓아 물을 말려 넓힌 땅

■ 방조제(防막을 방 潮바닷물 조 堤둑 제)
바닷물을 막은 둑

■ 방파제(防 波파도 파 堤)
파도를 막은 둑

■ 하굿둑(河강물 하 口어귀 구)
강물이 바다로 흘러들어 가는 어귀에 세운둑. 밀물 때 밀려 올라오는 짠 바닷물의 피해를 막기 위해 세운 것

🥔 염전

'소금이 나는 밭'이 염전(鹽소금 염 田밭 전)이에요. 바닷물을 모아 가두었다가, 햇볕에 물을 증발시켜 소금을 얻습니다.

이이익~ 모두 간척해 버리면 난 없어지잖아~.

계속 간척지를 넓히다가 저렇게 정말 바다가 없어져 버리면 어떡하죠? 땅이나 천연자원은 계속 쓰다 보면 언젠가는 아무것도 남지 않게 될 수 있다고요.

그래서 사람들이 생각한 것이 지속 가능한 개발입니다. 지속(持續)이란 '어떤 상태가 계속되는 것'을 말해요. 개발(開發)은 '토지나 자원을 새로이 열어 발전시키는 것'이에요. 지금 자원을 마구 개발하다 보면, 다음 세대가 쓸 자원은 남지 않게 될 거예요. 친구들이 어른이 된 이후에 환경이 모두 파괴되어 있다면 얼마나 끔찍하겠어요? 그러니까 이제부터는 어떻게 해야 계속해서 개발을 할 수 있을지, 환경을 어떻게 보존할 수 있을지 생각하면서 땅이나 천연자원을 사용해야 한다는 말이에요. 다시 말해 '환경적으로 건전하고 지속 가능한 개발'을 해야 한답니다.

원칙 4. 지속 가능한 개발을 위해 개발과 환경 보전을 따로 생각하지 않아야 한다.
 ...
원칙 17. 환경영향평가 제도가 국가적 제도로 실시되어야 한다.

이것은 1992년 브라질 리우데자네이루에서 열린 국제연합의 환경개발회의에서 만들어진 〈환경과 개발에 관한 리우 선언〉의 일부입니다. 그러니까 〈리우 선언〉은 '지속 가능한 개발'을 하자는 세계 각국의 약속인 셈이지요.

환경영향평가는 개발을 했을 때, 환경에 미치는 영향이 어떠한지를 평가하여 대책을 미리 마련함으로써 환경오염을 예방하는 제도를 말해요.

 낱말상자

■ 지속(持계속 지 續이을 속) 어떤 상태가 계속 됨
■ 개발(開열 개 發발전 발) 토지나 자원을 새로이 열어 발전시킴

국토 개발이란 나라의 땅인 국토를 효율적으로 이용하고자 국가 차원에서 계획, 관리, 실행하는 사업을 말해요. 우리나라는 모두 3차에 걸쳐 국토 개발을 진행해 왔습니다. 이 사업을 국토 종합 개발 사업이라고 해요.

경부 고속국도나 중부 고속국도와 같은 국가의 주요 도로망을 만드는 일이나, 자연환경과 교통 조건을 고려해 적합한 산업 단지를 조성하는 일, 신도시를 만들어 주택을 공급하는 일, 다목적댐을 건설하는 일 등이 모두 국토 종합 개발 사업에 속합니다. 나라 전체에 필요한 시설이 무엇인지 살펴보고, 지역의 특성에 맞춰 균형 있게 개발하니까 '종합적인' 개발인 것이죠.

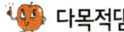

다목적댐

다목적(多많을 다 目 목표 목 的과 녁 적)은 목적이 여러 가지라는 뜻입니다. 다목적댐은 각종 용수를 공급하는 일, 수력발전으로 전력을 생산하는 일, 강의 수량 조절로 홍수를 예방하는 일 등을 수행합니다.

다음 중 국토 개발이 <u>아닌</u> 것은 무엇일까요? (   )

① 간척 사업   ② 고속 국도의 건설

③ 수출 단지 조성   ④ 신도시 건설

하하, 미안. 답은 없어요! 모두 국토 개발에 해당됩니다. 혹시 ①번이라고 한 친구는 없겠죠? '갯벌을 메워 육지로 만드는 일이 간척 사업이니까, 갯벌은 국토가 아니라 바다인 셈이잖아!'라고 생각했다고요? 네, 맞아요. 그렇지만 만들어진 간척지는 국토의 일부이기 때문에, 간척 사업도 주요한 국토 개발 사업 중 하나입니다.

그런데 개발 사업의 내용을 보면 알 수 있겠지만, 바다와 갯벌을 메워 땅을 넓히고, 도로를 만들거나 건물을 세우는 개발 과정에서 환경이 파괴될 수밖에 없어요. 마구잡이 개발을 하면, 앞서 말한 바와 같이 언젠가는 자연이 모두 파괴되고 자원은 고갈되고 말 거예요.

우리나라도 리우 선언을 받아들이고 준수하기로 국제 사회에 약속하였습니다. 그래서 4차 국토 개발에서는 전 국토를 균형 있게 개발하고 지속 가능한 개발을 하는 것으로 목표를 수정하였답니다. '지속 가능한 녹색 국토'라는 구호는 그런 뜻을 담고 있지요.

1 다음 중 '갯'의 뜻이 <u>다른</u> 하나는 무엇일까요? (   )

① 갯바위   ② 번갯불   ③ 갯마을   ④ 갯바람

2 낱말의 뜻과 낱말을 올바르게 연결하세요.

1) 파도를 막는 둑   •   • 조차

2) 바닷물을 막는 둑   •   • 조류

3) 바닷물의 흐름   •   • 방파제

4) 밀물과 썰물의 높이 차이 •   • 방조제

3 보기에서 알맞은 말을 골라 괄호를 채워 보세요.

보기	갯벌 간척지

지금까지 우리나라에서는 황해안과 남해안에 1) (   )을(를) 많이 만들었으나, 요즈음에는 2) (   )의 경제적 가치가 높이 평가되고, 환경 보전에 대한 관심도 높아지면서 이를 반대하는 의견이 점차 많아지고 있습니다.

4 오른쪽 설명을 보고 가로, 세로, 대각선으로 숨어 있는 낱말을 찾아보세요. (모두 3개)

간	철	자	하	방
파	척	방	굿	기
생	주	지	둑	생
제	파	조	지	갯
파	방	조	제	방

1) 바다에 둑을 쌓아 물을 말려 넓힌 땅

2) 바닷물을 막은 둑

3) 밀물 때 올라오는 짠 바닷물의 피해를 막기 위해 세운 것

어휘력 **다지기**

5 다음은 같은 뜻을 나타내는 말을 짝 지은 것입니다. <u>잘못된</u> 것은? (   )

① 밀물 = 만조　　　　　　　　② 썰물 = 간조

③ 갯벌 = 개펄　　　　　　　　④ 조차 = 간만의 차

6 각 그림을 보고 깃발이 있는 곳에서 일어나는 현상은 무엇인지 빈칸을 채우세요.

1)

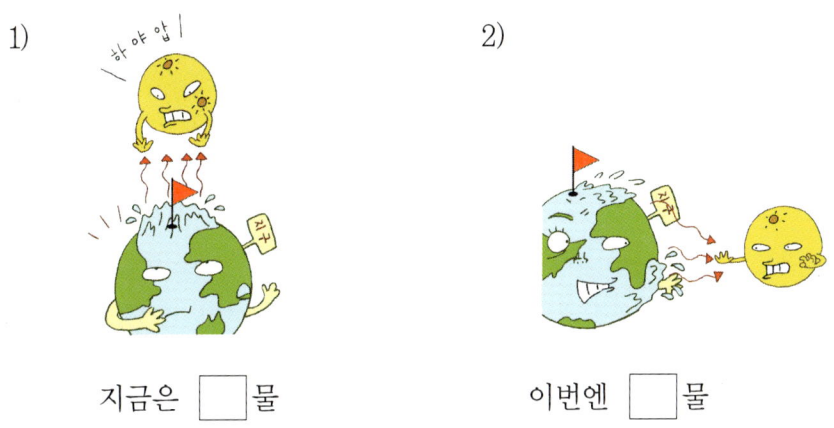

지금은 [　] 물

2)

이번엔 [　] 물

7 화살표를 따라가면 나오는 글자는 무엇일까요? (   ) (━━▶ 예　　━━▶ 아니오)

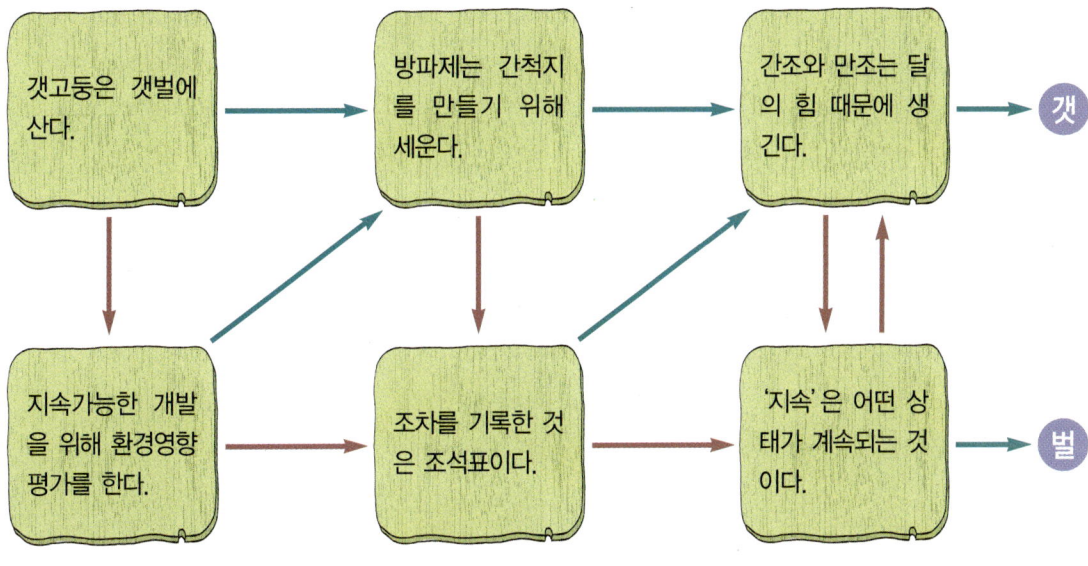

環
고리 환

화환을 목에 걸고 브이(V)를~

자~
화환을 걸고.

뭔가?

ㅋ. 그건 화환이
아니잖아.

기본어휘
잡기

각종 경기나 대회의 수상자에게는 트로피와 '화환'이 주어집니다. 화환(花環)은 꽃을 모아 고리같이 둥글게 만든 거예요. 여기서 환(環) 은 '고리'나 '고리처럼 생긴 모양'을 뜻합니다.

이렇게 생긴 것도 '화환'입니다. 고리를 겹쳐 놓은 모양이니까요.

왼쪽 그림처럼 서로 마주 보도록 색을 둥글게 배열한 고리 모양의 도표를 무엇이라고 할까요? (   )

① 색상표   ② 색상환   ③ 색상띠

답은 ②번 색상환(色相環). 색상환에서는 서로 가까이 있을수록 색 상의 성질이 비슷해요. 반대편에 있는 색상끼리는 성질이 반대랍니다.

달이 태양을 가리는 현상을 뭐라고 할까요? 네, 일 식입니다. 그런데 왼쪽 사진처럼 달이 태양의 한복판 을 가리고 둘레를 가리지 못하여 태양이 꼭 금반지 모양으로 보일 때가 있어요.

이렇게 금반지 모양으로 보이는 일식을 금환일식이라고 합니다. 반 지도 고리처럼 생겨서 '환'자를 써요.

環 | 고리 환

■ 화환(花꽃 화 環)
꽃을 모아 고리처럼 만든 것
■ 색상환
(色색깔 색 相서로 상 環)
서로 마주 보도록 색을 둥글게 배열한 고리 모양의 도표
■ 금환일식(金쇠 금 環 日해 일 蝕가릴 식)
해를 가려 금반지 모양으로 만드는 일식

고리 모양을 이루며 둘러싸고 있는 것도 환(環)이라고 합니다.

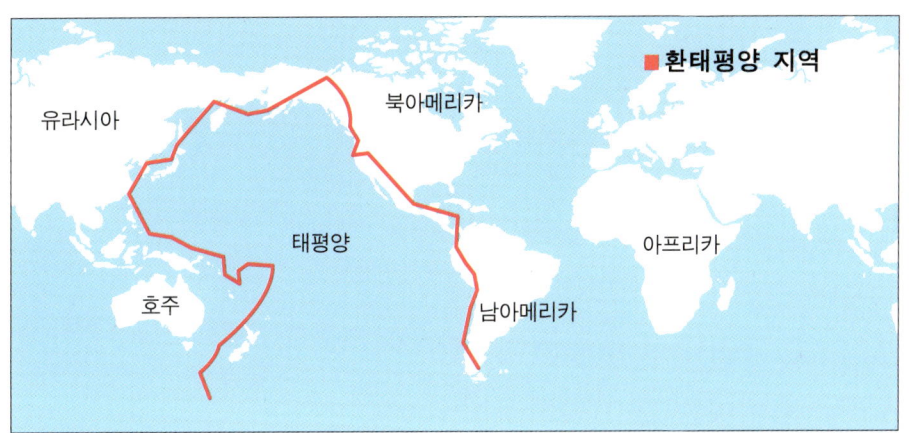

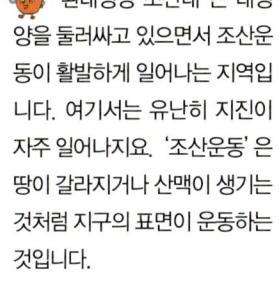
'환태평양 조산대'는 태평양을 둘러싸고 있으면서 조산운동이 활발하게 일어나는 지역입니다. 여기서는 유난히 지진이 자주 일어나지요. '조산운동'은 땅이 갈라지거나 산맥이 생기는 것처럼 지구의 표면이 운동하는 것입니다.

環	고리 환

- 환(環)태평양 지역
  태평양을 고리 모양으로 둘러싸고 있는 지역
- 환(環)태평양 국가
  환태평양 지역에 들어 있는 나라
- 환동해권(環 東동쪽동 海바다 해 圈지역 권)
  한국의 동해를 둘러싸는 범위 안에 들어가는 지역
- 환(環)동해 경제권
  환동해권 국가들이 경제 발전을 위해 서로 협력하는 지역

태평양을 고리 모양으로 둘러싸고 있는 지역을 환(環)태평양 지역이라고 부릅니다. 우리나라는 어디 있는지 찾아보세요. 우리나라는 환태평양 지역에 있습니까? 네. 그렇습니다. 그래서 우리나라를 '환태평양 국가'라고 합니다. 환태평양 지역에 있는 나라를 환태평양 국가라고 하죠. 그렇다면 다음 빈칸에 들어갈 말은 무엇일까요?

한국의 동해를 둘러싸고 있는 나라들은 □동해권 국가라고 합니다.

네. '환'입니다. 동해를 둘러싸고 있는 지역이라서 환동해권이라고 부릅니다. 권(圈)은 일정한 범위에 들어가는 지역을 뜻해요.

그럼, 다음 중에서 환동해권 국가가 아닌 곳은 어디일까요? (   )

① 러시아   ② 중국   ③ 일본   ④ 미국

답은 ④번 미국입니다. 미국은 태평양 너머라 동해에서 너무 멀리 떨어져 있으니까요. 환동해권에 있는 나라들은 지리적으로 가까워서 매우 밀접한 관계에 있습니다. 환동해권 국가들이 모여서 경제 발전을 위해 서로 협력하자고 만든 것이 바로 환동해 경제권이랍니다.

 環 고리, 고리 모양, 둘러싸다

지하철 순환선을 아세요? 한 바퀴 돌아 출발한 역으로 되돌아오는 열차를 순환선(循環線)이라고 합니다. 서울에는 서울의 바깥 지역을 따라 한 바퀴 돌 수 있는 서울 '외곽 순환' 고속도로도 있습니다.

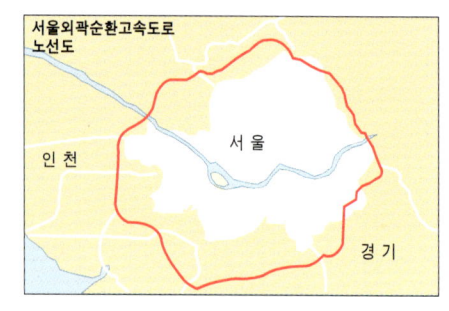

순환(循環)은 고리 모양으로 한 바퀴 돌아 다시 원래의 자리로 오는 걸 말해요. 이처럼 환(環)에는 '돌다' 라는 뜻도 있어요.

다음 설명을 읽고, '순환' 에 해당하지 <u>않는</u> 것을 고르세요. (　　　)

① 봄 – 여름 – 가을 – 겨울 – 봄 : 계절의 순환

② 아빠 – 엄마 – 오빠 – 나 – 동생 : 가족의 순환

③ 바다 – 구름 – 비 – 냇물과 강 – 바다 : 물의 순환

네, 답은 ②번입니다. 아빠가 한 바퀴 돌아 동생이 되진 않잖아요. 또, '순환' 에는 어떤 일이 되풀이된다는 뜻도 있어요.

그럼, 나쁜 일이 되풀이되는 것을 뭐라고 할까요? (　　　)

① 악순환　　　② 비순환　　　③ 불순환　　　④ 오순환

답은 ①번 악순환(惡循環)입니다. 늦잠 잔 날은 밤에 잠이 오지 않아 늦게 자기 마련이에요. 그럼 다음날 또 늦잠을 자게 됩니다. '늦잠의 악순환' 이겠지요? 악순환의 반대말은 선순환입니다. 일찍 자고 일찍 일어나는 건 '선순환' 이지요.

우리 몸의 순환계

우리 몸을 '순환' 하는 것도 있어요. 몸 구석구석을 돌면서 영양분을 전하고, 노폐물을 없애 주는 혈액과 림프액 말이죠. 이들의 순환과 관계있는 조직을 통틀어 순환계라고 부릅니다. 그리고 순환계에 속하는 기관은 순환기입니다. 혈액을 공급하는 심장이 대표적인 순환기예요.

環 | 돌 환

- 순환(循빙빙 돌 순 環)
  빙 돌아 제자리로 오는 것, 일이 되풀이되는 것
- 순환선(循環 線노선 선)
  한바퀴 돌아 출발한곳으로 돌아오는 열차나 도로
- 악순환(惡나쁠 악 循環)
  나쁜 일이 되풀이되는 것
- 선순환(善좋을 선 循環)
  좋은 일이 되풀이되는 것
- 순환계(循環 系계통 계)
  우리 몸을 순환하는 액체를 공급하는 조직 계통
- 순환기(循環 器기관 기)
  순환계에 속하는 기관

"꽃으로 달리는 자동차"

유채 기름으로 만든 바이오 디젤을 생산하는 농민 김부영 씨는 이렇게 말한다. "유채 기름을 넣어도 석유와 똑같이 달릴 수 있습니다. 엔진 소음도 훨씬 적고 매연도 거의 나오지 않아요. 우리 집 경운기, 트랙터는 물론이고 보일러도 다 유채 기름으로 돌아가요."

'꽃으로 달리는 자동차'라니, 환경에 해를 끼치지 않겠어요.

바이오 디젤 생산 기술과 같은 것을 무엇이라고 할까요? (　　　)

① 반환경적 기술　　　② 친환경적 기술　　　③ 전통적 기술

답은 ②번입니다. 친환경(親環境)은 환경과 친하다, 즉 환경에 해를 끼치지 않는다는 말이죠.

환경(環境)은 생물을 둘러싼 주변 상황을 뜻합니다. 생물에 직접, 또는 간접적으로 영향을 주는 자연 조건을 말하는 것이지요. 그래서 환경이라면 보통 자연환경을 가리킵니다.

플라스틱 그릇에서 '환경호르몬'이 나온다는 뉴스를 들어 본 적이 있나요? 환경호르몬은 환경에 좋은 호르몬일까요? 아닙니다. 환경호르몬은 환경오염 때문에 생겨난 가짜 호르몬을 말해요. 몸에 해로운 화학 물질이 우리 몸속으로 들어와 마치 호르몬처럼 행동하는 것이죠.

원래 호르몬은 신체 조직이나 기관이 제대로 작용할 수 있도록 도와주는 물질입니다. 그런데 환경호르몬이 들어와 잘못된 신호를 보내면, 신체 조직이나 기관이 정상적으로 작용할 수 없겠지요?

環	둘러쌀 환

■ 환경(環境지경 경)
주변의 상황, 생물을 둘러싼 자연 조건이나 상황

■ 친환경(親친할 친 環境)
환경에 해를 끼치지 않는

■ 자연환경
(自스스로 자 然그럴 연 環境)
생물에 직·간접적으로 영향을 주는 자연 조건

■ 환경(環境)호르몬
환경오염으로 생겨난 가짜 호르몬

🙂 환경

'교육 환경', '가정 환경'과 같이 사회적 상황을 말하기도 하고, '환경 미화'처럼 생활하는 곳의 주변 상태를 뜻하는 말로도 쓰여요.

넌 남자야.

아냐! 넌 여자야.

으악~ 난 여자야? 남자야??

진짜 호르몬

환경 호르몬

1 다음 빈칸에 공통으로 들어갈 말은? (   )

> • 1등을 한 선수에게 트로피와 화☐이(가) 수여되었다.
>
> • 할머니는 혈액순☐이(가) 잘 안 되는지 자꾸 손이 저리다고 하신다.
>
> • 조금 비싸더라도 친☐경 농산물을 사야지.
>
> • 어려운 가정 ☐경에서도 훌륭하게 자라난 저 청년을 보아라.

2 낱말의 뜻과 낱말을 올바르게 연결하세요.

1) 꽃을 모아 고리같이 둥글게 만든 것 •   • 색상환

2) 색을 둥글게 배열한 고리 모양의 도표 •   • 화환

3) 나쁜 일이 끊임없이 되풀이되는 것 •   • 순환선

4) 한 바퀴 돌아 출발한 곳으로 돌아오는 열차 •   • 악순환

3 빈칸에 공통으로 들어갈 말을 보기에서 고르세요. (   )

> 보기
> • 친☐☐   • ☐☐호르몬
> • 가정 ☐☐   • ☐☐ 미화

① 순환   ② 화환   ③ 환경   ④ 성장

4 사진을 보고, 빈칸에 알맞은 낱말을 고르세요. (   )

① 색환   ② 금환
③ 순환   ④ 화환

☐☐일식

5 '환(環)'에 담긴 뜻이 <u>아닌</u> 것을 골라 ○표 하세요.

> 고리   둘러싸다   하나   돌다

6 다음 중, '순환'과 어울려 쓸 수 <u>없는</u> 말은? (   )

① 선(善)   ② 악(惡)   ③ 금(金)   ④ 기(器)

7 각 설명에 해당하는 낱말을 가로, 세로로 찾아 ○표 하세요.

환	태	평	양	지	역	수
동	하	지	기	조	호	환
해	호	색	강	친	환	경
권	악	상	보	순	육	호
선	순	환	차	환	미	르
옥	회	끈	화	선	화	몬
외	국	태	환	도	덕	한

1) 동해를 둘러싸는 범위 안에 들어가는 지역

2) 환경오염으로 생겨난 가짜 호르몬

3) 태평양을 고리 모양으로 둘러싸고 있는 지역

4) 서로 마주 보도록 색을 둥글게 배열한 고리 모양의 도표

5) 꽃을 모아 고리같이 둥글게 만든 물건

6) 환경과 친함, 환경에 해를 끼치지 않음

7) 한 바퀴 돌아 출발한 곳으로 다시 돌아오는 열차

8) 좋은 일이 되풀이되는 것

어휘랑 놀자

정답과 해설 15쪽

가로 열쇠

3) 좋은 일이 되풀이 되는 것 (▶134쪽)

5) 둑을 쌓아 안의 물을 말려 넓힌 땅 (▶127쪽)

7) 밀어 앞으로 내보냄. 로켓 ○○ (▶109쪽)

8) 일이 되어 가는 형편과 모습. ○○ 참작 (▶119쪽)

9) 바닷물이 드나드는 주변의 마을 (▶124쪽)

10) 일을 재촉하여 진행시킴 (▶110쪽)

12) 밀물과 썰물의 물높이 차 (▶126쪽)

14) 어떤 기능이나 기능이 발전하여 모습이 변함
　　(▶113쪽)

15) 윗사람에게 귀한 물품을 선물함. ○○품
　　(▶111쪽)

16) 자료를 정보로 만듦. ○○○ 사회 (▶121쪽)

18) 태평양을 고리 모양으로 둘러싸고 있는.
　　○○○ 조산대 (▶133쪽)

19) 웃어른이 화를 냄. ○○을 내다 (▶117쪽)

세로 열쇠

1) 잘 진행되어 나아감, 비슷한 말은 진전 (▶110쪽)

2) 인정이 없음 (▶118쪽)

3) 남보다 앞서 나아감. ○○국 (▶109쪽)

4) 생물을 둘러싼 자연 조건이나 상황 (▶135쪽)

6) 더디고 더뎌서 일이 진행되지 않음 (▶110쪽)

9) 바닷물이 드나드는 벌판 (▶125쪽)

11) 정보의 이용과 접근에서 나타나는 개인이나
　　집단 간의 차이를 정보○○라 함 (▶121쪽)

12) 밀물과 썰물로 인한 바닷물의 흐름 (▶126쪽)

13) 서로 마주 보는 색끼리 둥글게 배열한 고리
　　모양의 도표 (▶132쪽)

14) 나아가고 물러서는 것 양쪽 다 어려움 (▶109쪽)

16) 정이 남은 것. ○○○가 떨어지다 (▶116쪽)

17) 꽃을 모아 고리처럼 만든 것 (▶132쪽)

20) 갖가지 감정이 일어나는 실마리 (▶117쪽)

제 5 장

解
풀 **해**

고민을 확 풀어 주는 해결사!

저 사람 누구야?

응, □□사래.
뭐든지 □□해
준다나 봐.

웅성 웅성

기본어휘
잡기

위 그림의 빈칸에 공통으로 들어갈 말은 무엇일까요? (   )

① 해삼   ② 해결   ③ 해변   ④ 해법

너무 쉬웠나요? 답은 ②번이죠. 해결(解決)은 얽힌 일을 푸는 겁니다. 해결하는 사람은 해결사, 해결을 위한 대책은 해결책입니다.

해(解)는 소[牛]와 뿔[角], 그리고 칼[刀]로 이루어진 글자지요. 소의 뼈와 살을 깨끗이 잘 처리한다는 데서 나온 말입니다. 그래서 '풀다' 라는 뜻을 나타내요.

아기 낳는 것을 우리말로는 '몸을 풀다' 라고 표현합니다.

'몸을 풀다' 를 한자말로는 뭐라고 할까요? (   )

① 해방   ② 해소   ③ 해산   ④ 해탈

하하, 답은 ③번 해산(解産)이잖아요. 잘 맞혔겠죠?

해빙(解氷)은 얼음이 풀려서 녹는 걸 말해요. 그래서 얼음이 녹는 봄철을 '해빙기' 라고 부릅니다.

解	풀 **해**

- 해결(解決 결정할 결)
  얽힌 일을 풀어 처리함
- 해결사(解決 士 사람 사)
  해결하는 사람
- 해결책(解決 策 대책 책)
  해결을 위한 대책
- 해법(解 法 방법 법)
  해결하는 방법
- 해산(解 産 낳을 산)
  몸을 풀어 아이를 낳음
- 해빙(解 氷 얼음 빙)
  얼음이 풀려 녹음

해빙은 '양국 간에 해빙의 조짐이 보인다' 와 같이 대립 중이던 세력 사이의 긴장이 완화됨을 비유적으로 표현하는 말이기도 하지요.

헉, 독버섯이다.
누가 나 해독 좀….

덥석

폴짝

저 뱀이
겁도 없이.

해독(解毒)은 독을 푸는 것이에요. 그럼 해열(解熱)은? 네, 열을 풀어서 내리는 것이지요. 독이나 열뿐 아니라 마음도 풀 수 있어요.

다툼을 풀어 다시 화합하는 것은 화□(和解)입니다. □소는 갈등이나 스트레스 같은 걸 풀어 사라지게 한다는 뜻이죠. □탈은 불교에서 모든 근심과 걱정에서 벗어나는 상태를 이르는 말이에요.

빈칸을 채우면 화해, 해소, 해탈이 됩니다.

구속이나 억압, 부담에서 벗어나는 것은 □방이라고 해요. 해방의 기분이 지나쳐서 정신이 '해이' 해지면 안 되겠죠? 정신이 풀려 느슨해져 버리면 해이라고 합니다.

금지를 풀어 주는 것은 □금, 제약을 풀어 주면 □제입니다.

다음 괄호 안에 공통으로 들어갈 수 있는 말은 무엇일까요? (   )

1) 공장이 문을 닫으면서 노동자들은 □□ 통지를 받았다.

2) 지난달 □□ 당하는 바람에 당장 생계가 막막합니다.

① 해고   ② 해방   ③ 해제   ④ 해소

정답은 ①번입니다. 해고(解雇)는 서로 맺었던 고용 관계를 풀어 버리는 겁니다. 그럼 직장을 그만둬야 하지요. 비슷한 말은 해직, 해임입니다.

해우소

아~ 시원해~.

해우소
절의 화장실은 해우소(解 優근심 우 所장소 소)라고 합니다. 근심을 풀어내는 곳이라는 뜻이죠.

해 | 解 풀다

| 解 | 풀이할 해 |

- **해몽**(解 夢꿈 몽)
  꿈의 뜻을 풀이함
- **해설**(解 說설명할 설)
  풀어서 설명함
- **해석**(解 析분석할 석)
  풀어서 분석함
- **해명**(解 明밝을 명)
  풀어서 분명히 밝힘
- **해답**(解 答답 답)
  풀이해 놓은 답
- **언해**(諺한글 언 解)
  한글로 풀이한 것

🍊 불경언해는 한자로 된 불경을 한글로 풀이한 것입니다.

- **도해**(圖그림 도 解)
  그림으로 풀이한 것
- **해독**(解 讀읽을 독)
  숨겨진 뜻을 풀어서 읽어냄

위 그림의 빈칸에 가장 알맞은 말은 무엇일까요? (　　　)

① 해탈　　　② 해답　　　③ 해몽　　　④ 해명

답은 ③번 해몽이지요. 해몽(解夢)은 꿈의 뜻을 풀이하는 것입니다.

해설은 자세하게 풀어서 설명하는 것, 해석은 풀어서 분석한다는 뜻이지요. 중국어로 된 글은 한글로 '해석' 해야 무슨 뜻인지 알 수 있어요. 해명은 사고의 원인 따위를 풀어내어 분명하게 밝히는 겁니다.

이렇듯 해(解)는 풀이하는 것이죠. 해답은 풀이한 답이고, 언해는 한글로 풀이하는 것이고, 도해는 그림으로 풀이하는 것입니다.

풀어 주면 알기 쉽습니다. 그래서 해(解)는 '이해하다' 라는 뜻으로도 쓰입니다. 사물의 이치를 알면 사물을 이해(理解)한다고 하지요. 이해하는 힘은? 이해력. 이해하는 마음은? 이해심이죠.

이해심이 많은 사람은 '양해' 를 잘 합니다. 양해는 남의 사정을 살펴 너그럽게 이해한다는 뜻입니다.

'이해하다' 라는 뜻을 생각하면서 다음 빈칸을 채워 볼까요?
읽어서 그 의미를 알아내는 것은 독□, 이해하기 어려운 것은 난□, 남의 뜻이나 상황을 잘못 이해하면 오□입니다.

완성된 낱말은 독해, 난해, 오해입니다. 그럼 '독해' 를 뒤집은 말, '해독' 은 무슨 뜻일까요? 해독(解讀)은 숨겨진 뜻을 풀어서 읽어 낸다는 말입니다. 기호나 암호는 '해독' 이 필요하지요.

| 解 | 이해할 해 |

- **이해**(理이치 이 解)
  사물의 이치를 알게 됨
- **이해력**(理解 力)
  이해하는 힘
- **이해심**(理解 心)
  이해하는 마음
- **양해**(諒너그러울 양 解)
  너그럽게 이해함
- **독해**(讀읽을 독 解)
  읽어서 의미를 이해함
- **난해**(難어려울 난 解)
  이해하기 어려움
- **오해**(誤잘못될 오 解)
  잘못 이해함

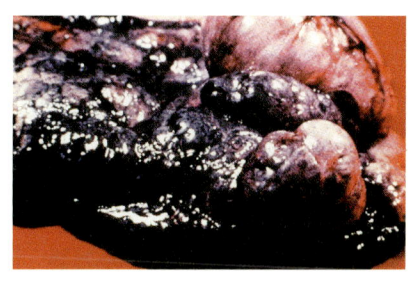

담배 피우던 사람의 폐를 **해부**해 보면 이렇게 끔찍합니다.

해부(解剖)는 칼로 생물체의 일부 또는 전부를 쪼개는 겁니다. 해부를 하면 죽음이나 병의 원인, 또는 신체 내부의 구조를 알 수 있습니다. 해체(解體)는 하나로 되어 있는 집단이나 물체를 뜯어서 부분으로 나눈다는 뜻입니다.

이렇게 해(解)는 '가르다, 나누다, 쪼개다' 라는 뜻을 지닙니다.

다음 중, 해체와 비슷한 말은 무엇일까요? (   )

① 해산   ② 오해   ③ 용해   ④ 분해

답은 ④번 분해입니다. 분해(分解)도 여러 부분으로 나눈다는 뜻입니다. 호기심이 많은 친구들은 컴퓨터도 분해하고, 시계도 분해하죠.

아, 컴퓨터와 관련해서 '해상도' 라는 말을 들어 봤죠? 해상도는 물체의 상을 미세하게 나눈 정도를 나타냅니다. 해상도가 높은 모니터는 해상도가 낮은 것보다 선명하게 보이죠.

해(解)에는 '흩어지다, 흩어져 퍼지다' 라는 뜻도 있습니다. 빈칸을 채워서 흩어진다는 뜻의 '해' 가 들어간 낱말을 완성해 볼까요?

여러 사람이 모여 있다 각자 흩어지는 것은 □산입니다.

와□는 본래 기와가 깨진다는 뜻이죠. 조직이나 계획이 기와 깨지듯 무너져 흩어진다는 뜻입니다.

□□는 녹는 겁니다. 그런데 이것은 얼음이 녹는 것과는 달라요. 물속에 소금이 녹는 것처럼, 어떤 물질 안에 다른 물질이 녹는 걸 말합니다.

완성된 낱말은 해산, 와해, 용해입니다. 몇 개나 맞혔나요?

解 | 나눌 해

■ 해부(解 剖쪼갤 부)
생물체를 나누어 쪼갬
■ 해체(解 體몸 체)
집단이나 물체를 부분으로 나눔
■ 분해(分나눌 분 解)
여러 부분으로 나눔
■ 해상도
(解 像모양 상 度정도 도)
물체의 모양을 미세하게 나눈 정도

解 | 흩어질 해

■ 해산(解 散흩어질 산)
나누어져 흩어짐
■ 와해(瓦기와 와 解)
기와가 깨지듯 나누어져 흩어짐
■ 용해(溶녹을 용 解)
녹아서 흩어짐, 녹음

소금물과 그냥 물은 구분하기 어렵죠? 왜 그럴까요? 소금이 완전히 물에 '용해' 되었기 때문입니다. 용해(溶解)는 물질이 다 녹아서 흩어진 상태입니다.

소금이라는 물질이 물이라는 물질에 용해됐다는 것은, 액체인 물에 소금이 다 녹아서 흩어져 고르게 퍼졌다는 것입니다. 다 녹아서 흩어졌으니 그냥 물과 구분하기 어렵죠.

용해는 이렇게 어떤 물질에 다른 물질이 완전히 녹는 것을 말합니다.

소금물처럼 무언가가 녹아 있는 액체를 뭐라고 할까요?

네, 용액(溶液)이라고 합니다. 용액은 무언가가 녹아 있는 액체를 말합니다. 김치를 담글 때 배추를 절이기 위해 만드는 소금물도 용액입니다. 꿀을 물에 타서 만드는 꿀물도 용액이지요.

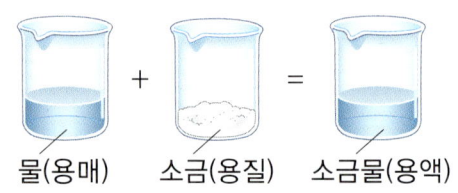

물(용매) + 소금(용질) = 소금물(용액)

그럼 꿀물이나 소금물 속에는 무엇이 녹아 있을까요? 꿀물에는 꿀이, 소금물에는 소금이 녹아 있죠. 이때 꿀과 소금은 용질(溶質)이라고 합니다. 용액에 녹아 있는 물질이라는 뜻이지요.

그럼 물은 뭐라고 하지요? 물은 용매(溶媒)라고 합니다. 꿀이나 소금과 같은 용질을 녹이는 '매개물' 이라는 뜻이지요. 어렵죠? 이건 중학교에 가면 자세히 배울 겁니다.

그런데 소금(용질)이 물(용매)에 용해되었다는 것은 어떻게 알 수 있을까요? 용해는 다 녹아서 흩어진 거니까, 밑에 가라앉거나 위에 뜨는 것이 없어야 합니다.

그럼 소금은 기름에도 용해될까요? 참기름에 소금을 넣고 저어 봤습니다. 왼쪽 사진을 보니 소금이 녹지 않고 그대로 남아 있네요. 이렇게 소금은 기름에는 용해되지 않아요.

　소금처럼 기름에는 용해되지 않고, 물에만 용해되는 성질을 수용성(水溶性)이라고 합니다. 수용성은 물에 녹는 성질입니다. 반면에 물에는 용해되지 않고 기름에만 용해되는 물질을 지용성(脂溶性)이라고 하지요. 지용성은 기름에 녹는 성질입니다.

　잉크에도 수용성 잉크와 지용성 잉크가 있어요. 수용성 잉크는 물로 지워지지만 지용성 잉크는 물에 녹지 않기 때문에 물로 지울 수 없어요. 기름이나 아세톤으로 지워야 하지요.

　또한, 에탄올은 수용성입니다. 물에 용해됩니다.

　콩기름은 지용성입니다. 물에 용해되지 않습니다.

물　＋　에탄올　＝　에탄올 용액
　　　(수용성)

물　＋　콩기름　＝　물과 콩기름
　　　(지용성)

　또 어떤 것이 어떤 것에 용해될까요?

　기체도 물에 용해됩니다. 사이다를 따르면 물방울이 올라옵니다. 수족관에서도 물방울이 뽀글뽀글 올라옵니다. 물속에 용해되어 있던 기체가 올라오는 겁니다.

　그럼 기체가 용해되어 있는 사이다도 용액인가요? 네, 맞아요. 사이다도 용액입니다.

🍋 낱말상자

- **용해**(溶녹을 용 解흩어질 해) 완전히 녹아서 흩어짐
- **용액**(溶 液액체 액) 무언가가 녹아 있는 액체
- **용질**(溶 質물질 질) 녹는 물질
- **용매**(溶 媒매개할 매) 녹도록 매개하는 물질, 즉 녹이는 물질
- **수용성**(水물 수 溶 性성질 성) 물에 녹는 성질
- **지용성**(脂기름 지 溶 性) 기름에 녹는 성질

어휘력 다지기

1 다음 빈칸에 공통으로 들어갈 말은 무엇일까요? (   )

> • 도대체 이 실타래처럼 엉킨 문제를 누가 ☐결해 줄까?
> • 아기가 열이 펄펄 나요. 옷을 벗겨서 ☐열 좀 시켜 주세요.
> • ☐탈하신 스님의 유골을 화장하면 사리가 나온대.
> • 그렇게 ☐이하니까 가방도 잃어버리고, 신발도 잃어버리지.

2 낱말과 낱말의 뜻을 맞게 연결하세요.

1) 금지하는 것을 풀어 줌   •　　　　　　　•　해소

2) 다툼을 풀어 화합함   •　　　　　　　•　해산

3) 사물의 이치를 알게 됨   •　　　　　　　•　해금

4) 어려운 일이나 상태를 풀어서 사라지게 함 •　　•　화해

5) 몸을 풀어 아기를 낳음   •　　　　　　　•　이해

3 괄호에 알맞은 말을 보기에서 골라 문장을 완성하세요.

> 보기   해석   해명   와해   해고

1) 이 영어 문장 좀 (　　　　　　　)해 주세요. 무슨 말인지 모르겠어요.

2) 도대체 어떻게 된 일인지 분명하게 (　　　　　　)해 주시죠.

3) 작은 실수에 (　　　　　　)(이)라니 심하네요. 당장 어떻게 일자리를 구하라고.

4) 조선 시대 말기에 신분 질서가 (　　　　　　) 되기 시작했어요.

4 다음은 무엇을 나타내는 말일까요? (   )

> 사찰의 변소를 가리키는 말로, 근심을 풀어 주는 곳이라는 뜻

① 해우소   ② 사찰변소   ③ 화장실   ④ 해독소

5 다음 중, 밑줄 친 부분이 <u>어색한</u> 문장을 고르세요. (　　　)

① 정상 회담 이후로 남북 관계에 <u>해빙</u> 분위기가 만들어지고 있습니다.

② 지역 개발을 이유로 그린벨트 <u>해제</u>를 요구하는 주민들이 늘어나는 추세입니다.

③ 아이가 배가 고파 우는 것이니 부디 <u>양해</u>해 주시기 바랍니다.

④ 이번에 경찰의 단속으로 범죄 조직이 상당수 <u>용해</u>됐대.

6 다음 괄호에 알맞은 말들이 순서대로 바르게 짝 지어진 것은? (　　　)

> • 사회 도덕을 지키려는 의식이 사라지는 것을 도덕적 (　　　)라고 합니다.
>
> • 고모가 읽는 책들은 너무 (　　　)해서, 난 보기만 해도 머리가 아파.
>
> • 굴을 마구 흔들어 씻으면 (　　　) 영양분이 물이 씻겨 나가기 쉽다고 해요.

① 해탈 – 난해 – 지용성　　　　　② 해소 – 독해 – 수용성

③ 해이 – 난해 – 수용성　　　　　④ 해이 – 독해 – 지용성

7 화살표를 따라가면서 글자를 모아 보세요. ☐☐☐☐☐☐ ( 예 　 아니오)

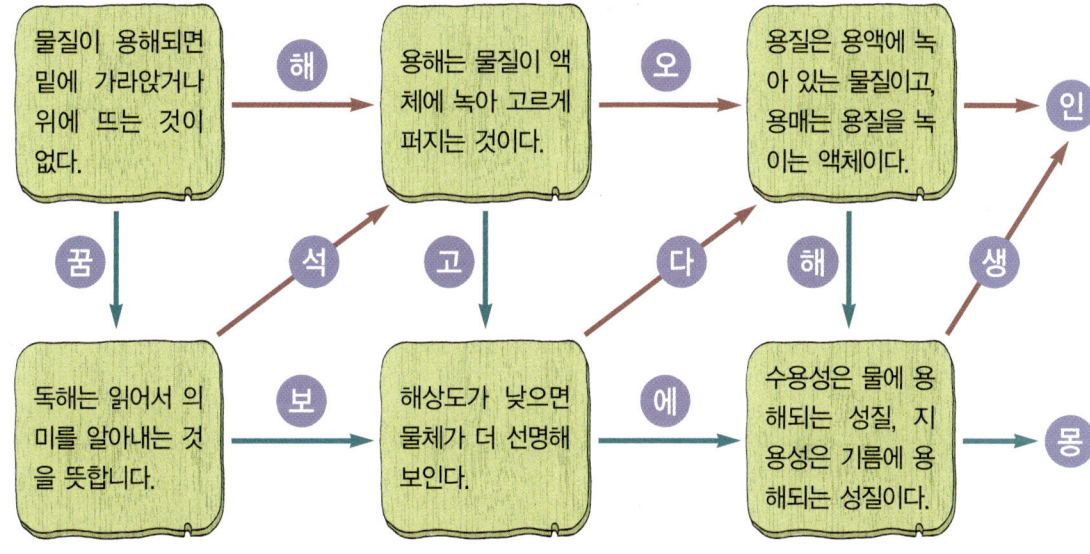

結 맺을 결

사랑의 결실로 결혼에 골~인

진짜 아름다운
□□식이야.
부럽다~.

감동~

기본어휘 잡기

위 그림의 빈칸에 들어갈 말은 '결혼'이지요. 결혼(結婚)이란 남자 와 여자가 부부가 되는 것을 말합니다. 다른 나라 사람과 결혼하는 것 은 국제결혼, 부부가 될 것을 맹세하는 의식을 결혼식이라고 해요. 여 기서 결(結)은 '맺다'라는 뜻으로 쓰여요.

올림픽이나 월드컵이 열리면, 온 국민이 한마음으로 '단결'하여 응 원합니다. 단결(團結)은 여러 사람 이 한 덩어리로 뭉쳤다는 뜻입니다.

대한민국~!
짝짝짝짝짝!!

'단결'과 비슷한 말, '□□을(를) 다지다'의 빈칸에 들어갈 말은? (   )

① 합체   ② 결속   ③ 결연   ④ 우정

답은 ②번 결속이에요. 단결이나 결속은 뜻이 같은 사람들끼리 서로 '결합'한다는 의미도 있어요. 결합(結合)은 이어져 합쳐진 것을 뜻합 니다. 결부는 이어져 붙어 있는 것입니다. 관련이 있을 때, '결부됐다' 라고 하지요. 이처럼 결(結)은 '잇다'라는 뜻도 있어요.

結 | 맺을 결

■ **결혼**(結 婚혼인 혼)
남자와 여자가 부부가 됨
■ **국제결혼**
(國나라 국 際사이 제 結婚)
다른 나라 사람과 결혼하는 것
■ **결혼식**(結婚 式의식 식)
결혼을 약속하는 의식

結 | 이을 결

■ **단결**(團덩어리 단 結)
한 덩어리로 이어져 뭉침
■ **결속**(結 束묶을 속)
한 덩어리가 되게 이어 묶음
■ **결합**(結 合합할 합)
이어져 합쳐짐
■ **결부**(結 付붙일 부)
이어져 붙음, 관련 있음

그러면 단체나 지역끼리 서로 돕고 교류하기 위해 인연을 맺는 일을 무엇이라고 할까요? (　　)

① 자매결연　　② 형제결연　　③ 남매결연　　④ 부부결연

딩동댕~! ①번 자매결연이라고 해요.

결연(結緣)이란 말은 인연을 맺는 것을 뜻해요. 여자들끼리 인연을 맺는 것도 아닌데, 왜 '자매결연'일까요? 영어로 자매를 뜻하는 '시스터(sister)'라는 낱말에 '친한 관계'라는 의미도 있기 때문이에요.

나쁜 목적을 이루려고, 서로 친한 관계를 맺기도 합니다. 그럴 때는 결탁(結託)이라고 말합니다. '결탁'은 서로 한통속이 되어 나쁜 일을 꾸미는 거죠.

결연이나 결탁은 서로 '연결'된 사이일 때 쓰는 말입니다. 연결(連結)은 서로 이어져 맺어져 있는 상태를 말해요.

우리는 가끔 뉴스에서 경찰이 범인을 '결박'해서 잡아가는 모습을 봅니다. 결박(結縛)이란 몸이나 손 따위를 움직이지 못하도록 묶는 것을 말해요. 여기서 결(結)은 '묶다'라는 뜻을 나타냅니다.

結	맺을 결

- 결연(結 緣인연 연)
  인연을 맺음
- 자매결연
  (姉언니 자 妹누이 매 結緣)
  언니와 여동생 사이가 됨, 친해짐
- 결탁(結 託맡길 탁)
  나쁜 일을 꾸미려고 서로 마음을 합쳐 의지함
- 연결(連이을 연 結)
  이어져 맺어짐

結	묶을 결

- 결박(結 縛묶을 박)
  움직이지 못하게 묶음

자매결연하다

우리는 흔히, '자매결연을 맺다'라고 표현하는데, '결연' 안에 '맺다'라는 의미가 들어가 있기 때문에 '자매결연하다'라고 해야 맞아요.

결 | 結　맺다, 잇다, 묶다

| 結 | 끝낼 **결** |

- **결**국(結 局판 국)
끝판에, 마침내
- **결**말(結 末끝 말)
어떤 일이나 이야기가 마무리되는 끝
- **결**과(結 果과실 과)
어떤 원인으로 생겨난 결말
- 귀**결**(歸돌아갈 귀 結)
어떤 결말에 이름
- **결**론(結 論말할 론)
맺음말, 최종 판단
- 기승전**결**(起시작할 기 承이을 승 轉바꿀 전 結)
글을 짜임새 있게 짓는 형식
- 타**결**(妥온당할 타 結)
온당하게 끝냄, 서로 양보하여 일을 마무리함

와~! 이 우연한 만남이 '결국' 결혼까지 이르게 될까요? 결국(結局)은 일이 마무리되는 상황일 때 쓰는 말이에요. 여기서 결(結)은 어떤 일이 끝나거나 마무리된다는 뜻입니다. 빈칸을 채우면서 계속해서 읽어 볼까요?

일의 끝은 □말이라고 합니다. 또 어떤 원인으로 생겨난 결말이면 □과라고 하지요. 죄를 지은 사람이 벌을 받는 것은 당연한 귀□입니다. '귀결'은 어떤 결말에 이르는 것, 혹은 그러한 결말을 뜻합니다.

□론(結論)은 끝내는 의견입니다. 말이나 글의 끝을 맺는 부분 또는 최종적으로 내리는 판단을 '결론'이라고 해요.

짜임새 있는 글이나 시에는 '□□□□이 있다'라고 말합니다. 빈칸에 가장 알맞은 말은 무엇일까요? (　　　)

① 자매결연　　② 비밀결사　　③ 기승전결　　④ 국제결혼

정답은 ③번. 기승전결은 글을 짜임새 있게 짓는 형식을 뜻해요.

한편 2007년 한미 에프티에이 협상이 '타결'되었다고 합니다. 타결(妥結)은 의견이 대립된 두 편이 서로 양보하여 일을 마무리 짓는 것을 뜻합니다. 어느 한쪽이라도 불만이 있으면 '타결'된 것이 아니죠. 그래서 이 협상이 농민들에게 많이 불리했기 때문에 '타결'이 아니었다고 말하는 사람들도 있어요.

🥔 **에프티에이**

FTA는 자유무역협정(Free Trade Agreement)의 약자입니다. 무역을 하는 데에 생길 수 있는 국가 간의 벽을 없애고, 보다 자유롭게 무역을 하자는 것이지요.

| 結 | 맺을 **결** |

■ 결실(結 實열매 실)
일의 결과가 잘 맺어짐

위 그림의 빈칸에 어울릴 말은 어느 것일까요? (　　)

① 결단　　　② 결실　　　③ 결과　　　④ 결사

맞습니다. 열매를 맺는다는 의미인 ②번 결실이지요. 결실(結實)은 일의 결과가 잘 맺어진 것을 말합니다. 결실은 결과와 비슷한 말이지만 쓰임새는 달라요. 결실은 노력 끝에 생기는 거지요. 또 일의 결과가 좋으면 '결실'이라고 표현하는 것이 더 좋습니다.

4인조 그룹 결성

| 結 | 뭉칠 엉길 **결** |

■ 결성(結 成이룰 성)
단체 따위를 만드는 것
=결단(結 團단체 단)
=결사(結 社모일 사)
■ 재결성(再다시 재 結成)
단체가 해체되었다가 다시 결성됨

열매가 맺히듯이 사람들이 뭉치기도 합니다. 여럿이 뭉쳐 단체 따위를 만드는 것을 결성(結成)이라고 합니다. 팀 결성, 동호회 결성, 이럴 때 쓰죠. 단체가 해체되었다가 다시 결성되는 것을 재결성이라고 해요. '결성'과 비슷한 말로는 결단과 결사가 있어요.

🙂 비밀결사

여러 사람이 비밀스런 목적을 이루기 위해 만든 단체를 '비밀결사 단체'라고 해요. 일제강점기는 독립운동을 하던 비밀결사 단체가 많았던 때지요.

물이 얼어서 엉기면 얼음이 됩니다. 이걸 뭐라고 할까요? (　　)

① 결빙　　　② 결성　　　③ 결사　　　④ 결단

네, 답은 ①번이에요. 열매가 맺히듯이 물이 엉겨서 딱딱한 얼음이 되었으니, 결빙(結氷)입니다. 겨울철에는 도로의 '결빙 현상'을 조심해야 해요. 또 추위나 냉각으로 얼어붙는 것은 동결이라고 말해요.

이렇게 결(結)은 '뭉치다', '엉기다'라는 뜻이 있어요.

■ 결빙(結 氷얼음 빙)
물이 얼어 얼음이 됨
■ 동결(凍얼 동 結)
얼어붙음

저런~. 달걀과 닭이 다투고 있군요. 닭이 먼저일까요? 달걀이 먼저일까요? 정말 어려운 문제죠?

'아니 땐 굴뚝에 연기 나랴' 라는 속담이 있습니다. 불을 땠으니까 연기가 났다는 말이지요. 이렇듯 모든 일에는 원인과 결과가 있기 마련입니다. 불을 땐 것이 원인(原因), 그에 따라 연기가 난 것이 결과(結果)입니다. 그렇다면 과학에서는 어떨까요?

■ 결정이 생기는 원인

뜨거운 물이 담긴 각각의 비커에 백반, 소금, 황산구리를 녹였습니다. 백반 용액, 소금 용액, 황산구리 용액이 만들어졌군요. 그리고 이 용액을 식혔습니다. 자, 어떻게 됐을까요?

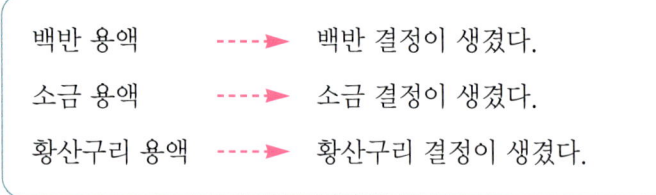

백반 용액 ----▶ 백반 결정이 생겼다.

소금 용액 ----▶ 소금 결정이 생겼다.

황산구리 용액 ----▶ 황산구리 결정이 생겼다.

결정(結晶)은 용액이 식거나 증발하면서 엉기어 맺힌 고체를 말해요. 오른쪽 백반 결정을 보세요. 마치 보석처럼 참 예쁘죠?

자, 그럼 어떤 '원인' 으로 결정이 생길까요? 물질을 녹일 때는 뜨거운 물에서 녹였어요. 그래야 잘 녹기 때문이에요. 또 물의 온도가 높으면 물에 녹을 수 있는 물질의 양이 늘어나죠.

물질이 물에 녹은 후 용액을 그대로 두면 천천히 식게 됩니다. 식으면서 물의 온도가 낮아지면 물에 녹아 있을 수 있는 물질의 양이 줄어들어요. 그러면 녹아 있던 물질이 결정이 되는 거예요. 결정이 생긴 원인은 용액이 식으면서 녹아 있을 수 있는 물질의 양이 줄어든 것입니다.

예쁜 백반 결정

결정

'결정' 은 애써 노력하여 이루어진 보람 있는 결과를 가리키는 말이기도 해요. '이 작품은 화가의 오랜 노력의 결정이다' 와 같이 쓰이지요.

■ **결정의 크기가 작은 원인**

냉장고에 넣어 둔 용액의 결정은 그냥 식힌 용액의 결정보다 크기가 작습니다. 그 '원인'이 뭘까요? 용액이 갑자기 식었기 때문입니다. 냉장고에 들어간 용액은 온도가 갑자기 낮아지면서 결정의 크기가 작아져요. 반면에 용액을 천천히, 오랫동안 식히면 결정이 커집니다.

■ **인과관계와 문제 해결**

| 원인: 어떤 일이 일어나게 한 것 | → | 결과: 원인 때문에 일어난 일 |

인과관계

원인과 결과의 관계에 있는 것을 인과(因果)관계라고 합니다. 인과는 원인과 결과의 줄임말이지요. 인과관계를 아는 것은 문제를 해결하는 데 크게 도움이 됩니다.

다음은 지금 우리가 겪고 있는 문제들입니다. 문제를 해결하려면 어떻게 해야할까요? 원인이 되는 일을 하지 않거나, 결과가 발생하지 않도록 예방하면 되겠지요.

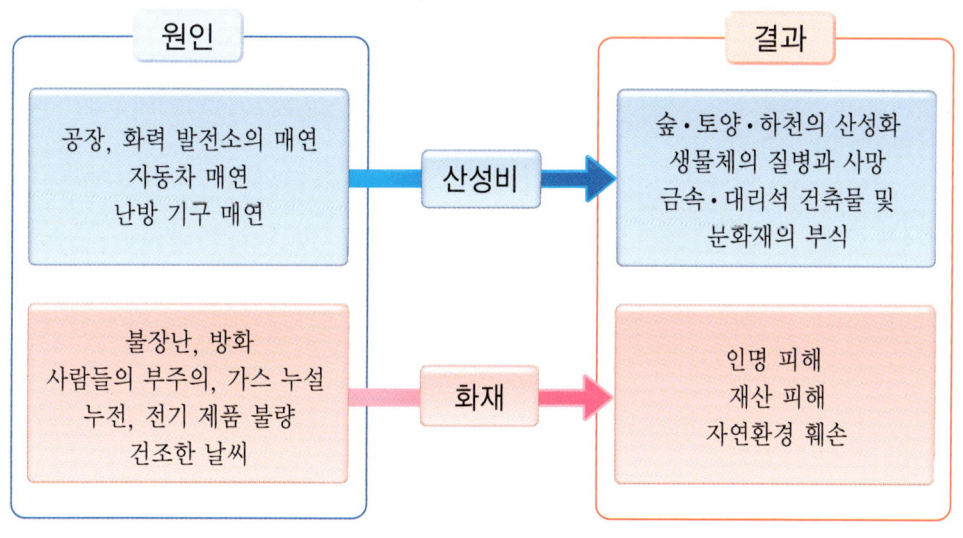

원인		결과
공장, 화력 발전소의 매연 자동차 매연 난방 기구 매연	산성비 →	숲·토양·하천의 산성화 생물체의 질병과 사망 금속·대리석 건축물 및 문화재의 부식
불장난, 방화 사람들의 부주의, 가스 누설 누전, 전기 제품 불량 건조한 날씨	화재 →	인명 피해 재산 피해 자연환경 훼손

🍋 **낱말상자**

■ **원인**(原근본 원 因이유 인) 어떤 일을 일으키는 근본이 되는 것

■ **결과**(結맺을 결 果열매 과) 어떤 원인으로 생긴 결말

■ **결정**(結엉길 결 晶수정 정) 용액이 식거나 증발하면서 엉기어 맺힌 수정 같은 고체

■ **인과**(因果)**관계** 원인과 결과의 관계에 있는 것

1 다음 빈칸에 공통으로 들어갈 말은? (   )

> • 노총각이던 우리 삼촌이 드디어 □혼을 했습니다.
>
> • □국, 사건의 범인이 잡혔습니다.
>
> • 그동안의 노력이 1등이라는 □실을 맺었습니다.
>
> • 이번 운동회 때 우리의 단□된 모습을 보여줍시다.

2 낱말의 뜻과 낱말을 올바르게 연결하세요.

1) 최종적으로 내리는 판단 •   • 결정

2) 용액이 식거나 증발하며 엉기어 맺힌 고체 •   • 결실

3) 단체 따위를 만들어 이룸 •   • 결론

4) 열매를 맺음. 일의 결과가 잘 맺어짐 •   • 결성

3 암호를 풀면 낱말이 보여요.

	☆	♣	♡	♨	△	●	♠	◎	☎	♪
1	과	나	강	손	보	비	결	불	호	매
2	연	단	리	타	혼	생	윤	아	박	하
3	밀	마	식	톱	준	노	국	자	방	력

1) 남자와 여자가 부부로 맺어짐 : ♠1 △2   □□

2) 의견이 대립된 두 편이 서로 양보하여 일을 마무리 지음 : ♨2 ♠1   □□

3) 몸이나 손 따위를 움직이지 못하도록 묶음 : ♠1 ☎2   □□

4) 단체나 지역끼리 서로 돕고 교류하기 위해 인연을 맺음 : ◎3 ♪1 ♠1 ☆2   □□□□

4 다음 중, 나머지 셋과 <u>다르게</u> 쓰인 '결'자를 고르세요. (   )

① 한 · 일 월드컵 때 우리 국민들은 단<u>결</u>하여 응원했습니다.

② <u>결</u>혼 행진곡에 맞추어 신부가 입장하였습니다.

③ 우리 학교는 일본의 한 초등학교와 자매<u>결</u>연을 했습니다.

④ 이 세상에 완전무<u>결</u>한 사람은 없답니다.

5 다음 중, 나머지와 뜻이 <u>다른</u> 하나를 고르세요. (   )

① 결성(結成)　　　　② 결사(結社)　　　　③ 결빙(結氷)　　　　④ 결단(結團)

6 십자말풀이를 풀어 봅시다.

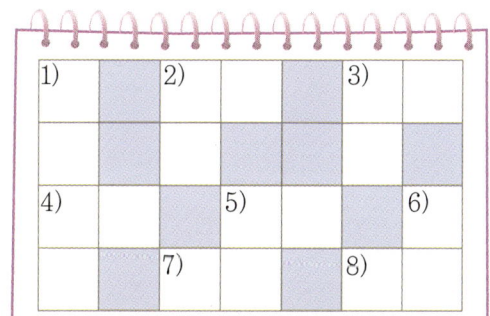

가로 열쇠

2) 물이 얼어서 얼음이 됨. 도로의 ○○ 현상

3) 인연을 맺음. 자매○○

4) 남자와 여자가 부부가 됨

5) 일의 결과가 잘 맺어진 것. 땀의 ○○

7) 원인과 결과의 줄임말. ○○관계

8) 한마음 한뜻으로 여러 사람이 한데 뭉침. ○○력

세로 열쇠

1) 여러 사람이 비밀스런 목적을 이루기 위해 만든 단체

2) 이어져 붙음, 관련이 있음. ○○되다

3) 나쁜 일을 꾸미려고 서로 마음을 합쳐 의지함

5) 어떤 원인으로 생긴 결말. 원인과 ○○

6) 의견이 대립된 두 편이 서로 양보하여 일을 마무리 지음. FTA ○○

比
견줄 **비**

비교할 테면 비교해 봐~

기본어휘 잡기

남과 비교 당하면 참 속상해요. 하지만 '비교'가 원래 나쁜 것은 아니에요. 비교(比較)는 비슷한 점과 다른 점 따위를 밝히는 거예요.

청주고인쇄박물관에 가면 동서양인쇄문화실이 있습니다. 이곳은 동양의 종이와 서양의 양피지나 파피루스, 동양의 목판과 서양의 구텐베르크 활자 등을 서로 '비교'해 놓은 방이에요. 그래서 이곳에서는 동서양의 인쇄 문화를 한눈에 '비교'할 수가 있답니다. 어때요, '비교'가 원래부터 나쁜 말은 아니죠?

다음 빈칸에 공통으로 들어갈 말은 뭘까요? (　　　)

1) 이번 시험은 다른 때에 비해 □□□ 쉬웠어.

2) 이 두부는 가격이 □□□ 싼 편이지만 맛은 아주 좋아.

① 가급적　　　② 비교적　　　③ 비유적　　　④ 대조적

네, ②번 비교적(比較的)이죠. 1)은 이번 시험이 다른 때와 견주어 보았을 때 쉬웠다는 말이고, 2)는 보통의 두부 값과 견주어 보았을 때 값이 싸다는 말입니다.

比	견줄 **비**

- 비교(比 較견줄 교)
  서로 견주어 비슷한 점과 다른 점 따위를 밝힘
- 비교적(比 較 的~하는 적)
  다른 것과 견주어 보면

🟠 양피지와 파피루스

양피지(羊양 양 皮가죽 피 紙종이 지)는 양의 가죽으로 만든 종이이고, 파피루스는 파피루스라는 풀로 만든 종이를 말해요.

이렇게 비(比)는 '견주다', '비교하다' 라는 뜻을 가지고 있습니다.

교통 표지판과 횡단보도에는 왜 이런 색을 쓸까요? 눈에 잘 띄게 하기 위해서입니다. 이런 것을 '색의 대비' 라고 합니다. 대비(對比)는 서로 맞대어 비교한다는 뜻입니다. 심하게 비교되어 차이가 날 때, 대비된다는 말을 씁니다.

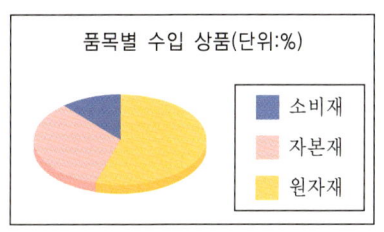

품목별 수입 상품(단위:%)

■ 소비재
■ 자본재
■ 원자재

오른쪽 그래프를 보면 노란색이 가장 큰 부분을 차지하고 있죠? 우리나라의 수입 품목 중 원유, 철광석, 석탄 같은 주요 원자재의 수입 □□이 높다는 뜻입니다.

위 설명에서 빈칸에 들어갈 말은 다음 중 무엇일까요? (   )

① 비교   ② 비등   ③ 성비   ④ 비중

답은 ④번이에요. 비중(比重)은 다른 것과 비교할 때 차지하는 중요도를 말합니다. 흔히 비중이 높다, 낮다 혹은 비중이 크다, 작다로 표현하지요.

한편, 비등(比等)은 '서로 비슷함' 을 뜻해요. 비등비등이라고 두 번 써서 강조하면, '서로 엇비슷하게' 라는 말이 됩니다. '이 팀과 저 팀은 실력이 비등비등 맞먹어' 라는 식으로 말할 수 있어요.

比	비교할 비

■ 대비(對맞댈 대 比)
  서로 맞대어 비교함,
  심하게 비교되어 차이가 남

🎃 전년 대비

'전년 대비 수출액이 30% 이상 올랐다' 라고 하면, 전해의 수출액과 맞대어 비교했을 때, 올해 수출액이 30% 이상 올랐다는 뜻이에요.

■ 비중(比 重무게 중)
  다른 것과 비교하여 차지하는 중요도
■ 비중이 높다
  비중이 크다
  = 중요도가 높다
■ 비중이 낮다
  비중이 작다
  = 중요도가 낮다
■ 비등(比 等같을 등)
  비교하니 비슷함
■ 비등비등(比等比等)
  여럿이 서로 엇비슷하게

비	比	견주다, 비교하다

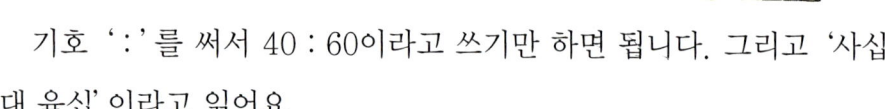

태극무늬가 들어간 멋진 방패연이군요! 이 방패연의 가로 길이는 40cm, 세로 길이는 60cm입니다.

가로와 세로의 길이를 서로 비교하여 간단히 나타내고 싶어요. 어떻게 하면 될까요?

기호 ' : '를 써서 40 : 60이라고 쓰기만 하면 됩니다. 그리고 '사십 대 육십'이라고 읽어요.

이렇게 둘 이상의 수와 양을 서로 비교하여 숫자로 간단히 나타낸 것을 비(比)라고 합니다. 그러니까 우리는 앞에서 방패연의 가로 길이와 세로 길이의 '비'를 알아 본 거예요.

남녀 성별의 비는 성비(性比)라고 합니다. 그런데 성비는 여자의 수를 기준으로 삼아요. 여자의 수와 비교해서, 남자의 수가 많으면 '성비가 높다'라고 말합니다. 반대로 남자의 수가 적으면 '성비가 낮다'라고 말해요.

비율(比率)은 '비'와 비슷한 말입니다. 기준량에 비교한 크기를 말해요. 민수네 반 학생이 모두 40명인데, 그중에서 안경을 쓴 아이가 30명이라면, 40명을 기준으로 삼아 안경을 쓴 아이의 '비율'은 $\frac{30}{40}$으로 나타낼 수 있어요. 비율은 이렇게 분수로 나타내기도 하고, 또 분수를 소수로 바꿔 나타내기도 합니다.

比	비율 비

■ 비(比)
둘 이상의 수나 양을 서로 비교하여 숫자로 나타낸 것

■ 비율(比 率비례 율)
기준량에 비교했을 때의 크기

■ 성비(性성별 성 比)
성별의 비

황금비

선분을 가장 아름답고 안정되게 나누는 비율을 '황금비율'이라고 합니다. 예술품이나 액자, 엽서, 책, 사진, 신용카드 같은 생활용품은 황금비를 생활 속에 적용한 예랍니다.

성비 보는 법

성비는 보통 여자를 100으로 놓고 계산합니다. 성비가 95면, '성비가 낮은' 것이고, 따라서 남자의 수가 여자보다 적다고 생각하면 됩니다. 우리나라 초등학생의 성비는 평균 110정도 됩니다(2005년도 기준).

백분율

백분율(百백 백 分나눌 분 率비율 율)은 전체를 100으로 놓고, 그에 대해 차지하는 비율을 나타낸 것입니다. 백분율 기호는 %(퍼센트)입니다.

比	나란할 비

■ 즐비(櫛빗살 즐 比)
빗살처럼 나란히 줄지어 서 있음

🐢 **즐문토기**

즐(櫛)은 '빗'을 의미하는 한자어예요. 그래서 신석기 시대의 대표적인 토기인 '빗살무늬 토기'를 '즐문토기'라고도 합니다.

중서부 지역 '즐문토기'
(국립중앙박물관 소장
중박 200803-33)

■ 비견(比 肩어깨 견)
어깨를 나란히 함

어? 나란히 서 있던 두 사람이 한자 比로 변했네요. 비(比)는 원래 '나란히 서서' 같은 방향을 보고 있는 두 사람의 모양을 본떠서 만든 글자거든요. 그래서 '나란히 하다'의 뜻으로도 쓰여요.

빗살처럼 빽빽하고 가지런히 서 있는 것, 또는 나란히 줄지어 서 있는 모양을 즐비(櫛比)하다라고 표현합니다. 대도시에는 하늘에 닿을 것 같은 고층 빌딩들이 '즐비하게' 들어서 있지요.

'비'가 이와 같은 의미로 쓰이는 다른 말을 알아볼까요?

비견(比肩)이라는 말은 '어깨를 나란히 하다'라는 뜻입니다. 어느 한쪽이 앞서거나 뒤서지 않고, 서로 어깨를 나란히 하여 가는 모습을 말하지요. 그래서 이 말은 '서로 정도가 비슷하다'라는 뜻으로 쓰입니다. '그의 게임 실력은 프로게이머에 비견할 만하다'라는 식으로 쓴답니다.

🌱 **이런뜻도 있어요**

얼마 전 〈比, 성탄 전날 폭탄 터져 최소 3명 부상〉이란 제목의 신문 기사가 실렸어요. 여기서 한자 比는 무엇을 의미하는 걸까요? 필리핀을 한자로 표기하면 비율빈(比律賓)입니다. 한자의 뜻과 관계없이 발음만 비슷하도록 한자를 조합하여 만든 이름입니다. 이것을 신문에서 간단히 줄여서 比라고 하는 거랍니다. 그러니까 여기서 비(比)는 필리핀을 뜻해요.

어휘로 개념 사냥

비유(比喩)는 비교하여 알려주는 겁니다. 다음과 같은 상황에서 쓰는 거지요.

예쁘다고 말했을 때는 별 느낌이 없었지만 예쁜 '김태이'에 비교하니까 느낌이 확 살아났어요. 이게 바로 비유법입니다. 비유법은 '비유적 표현'이라고도 합니다. 전학 온 여학생은 진짜 '김태이'가 아닙니다. 하지만 그 친구와 '김태이'는 '예쁘다'라는 공통점이 있습니다. 그래서 여학생을 '김태이'에 비유한 것이죠.

■ **두 가지 비유법**

1. **'~같은, ~처럼' 등의 연결어를 사용한다**

이런 비유법을 직유(直喩)법이라고 합니다. 직유법은 어떤 것에 비유했는지 직접 알려 주고 있다는 말입니다.

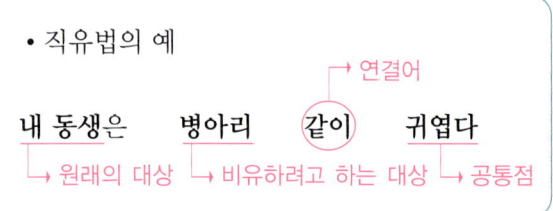

• 직유법의 예

→ 연결어

내 동생은   병아리   같이   귀엽다

└→ 원래의 대상 └→ 비유하려고 하는 대상 └→ 공통점

'귀엽다'라는 공통점이 있으므로, '동생'을 '병아리'에 비유했어요. 이렇게 직유법을 쓰면 간단하고 분명하게 비유할 수 있어요.

2. **'~는 ~다'라고 한다**

이런 비유법을 은유(隱喩)법이라고 합니다. 은유법은 '~처럼'이나 '~같이' 등의 연결어가 없어서 무엇을 어떤 것에 비유했는지 숨기고 있습니다.

그래서 언뜻 보면 비유가 아닌 것처럼 보이지요.

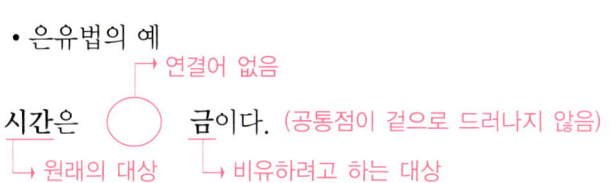

'시간'과 '금'의 공통점이 겉으로 드러나 있지는 않습니다. 하지만 둘 다 사람들이 '소중히 여기는 것들'임을 짐작할 수 있어요. 이렇게 은유법은 직유법보다 어렵지만 생각하고 해석할 수 있는 여지가 더 풍부해집니다.

구성비

구성비(構成比)는 구성하고 있는 비율입니다. 구성은 전체를 이루고 있다는 뜻이니까, 구성비는 전체를 이루고 있는 것에 대한 부분의 비율을 말하지요. 예를 들어, 촌락 인구의 구성비라면 총인구(전체) 중에서 촌락 인구(부분)가 차지하는 비율을 말하는 것입니다.

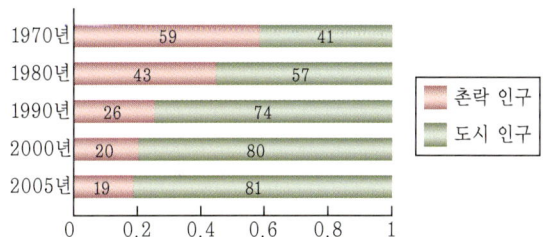

촌락과 도시의 인구 구성(단위:%)

왼쪽 그래프를 보면, 1970년대에는 촌락 인구 구성비와 도시 인구 구성비가 59 : 41로 촌락 인구 구성비가 더 높았습니다. 촌락에 2% 더 많은 사람이 살았다는 말입니다.

하지만 1990년에는 촌락 대 도시가 26 : 74입니다. 도시에 사는 사람들이 촌락에 사는 사람보다 48%나 더 많게 되었다는 뜻입니다.

그리고 2005년에는 촌락 대 도시의 인구 구성비가 19 : 81이 되었습니다. 이제는 전체 인구의 81%가 도시에 산다는 말이죠.

이 그래프로 알 수 있는 것은 촌락 인구 구성비는 감소하고, 도시 인구 구성비는 증가하고 있다는 겁니다. 이렇게 구성비는 전체 속에서 어떤 부분의 비율이 변화해 가는 정도를 쉽게 알 수 있도록 해 줍니다.

1 다음 빈칸에 공통으로 들어갈 말은 무엇일까요? (   )

> • 우리 엄마는 나를 동생이랑 자꾸만 □교해.
> • 흰색과 검은색은 대□되는 색입니다.
> • 우리나라의 수입 품목 중 원자재의 수입 □중이 가장 높다.
> • 그곳에는 고층 아파트가 즐□하게 들어서 있어요.

2 낱말의 뜻과 낱말을 올바르게 연결하세요.

1) 서로 맞대어 비교함   •   • 성비
2) 어깨를 나란히 함   •   • 비등
3) 여럿을 견주어 보아 서로 엇비슷함 •   • 비견
4) 남녀 성별의 비   •   • 대비

3 다음 빈칸을 채워 대화를 완성하세요.

> 보기   비등   비중   비유   비교

1) 엄마, 나 좀 언니랑 □□하지 마세요!
2) 나는 귀여운 내 동생을 병아리에 □□하고 싶어.
3) 오늘 신문은 대통령 선거의 결과를 □□ 있게 다루고 있다.
4) 두 팀은 우열을 가릴 수 없을 정도로 □□한 경기를 펼쳤다.

4 다음 중, 밑줄 친 '比'가 뜻하는 나라는 어디일까요? (   )

> 보기   比, 성탄 전날 폭탄 터져 최소 3명 부상

① 미국   ② 중국   ③ 필리핀   ④ 일본

5 다음 설명이 나타내는 낱말은 무엇일까요? (　　　)

> 어떤 현상이나 사물을 직접 설명하지 아니하고 다른 비슷한 현상이나
> 사물에 견주어 알려 주는 일. ○○적 표현, ○○법

① 비율　　　　　　② 비유　　　　　　③ 비중　　　　　　④ 비교

6 다음 대화를 읽고 괄호에 알맞은 표현을 고르세요. (　　　)

> 재민 : 우리 반은 남학생이 여학생보다 훨씬 많아.
> 종수 : 우리 반도. 나도 여자 짝이 없는걸.
> 은수 : 요새 대부분의 초등학교에서 (　　　　　　　) 하더라.

① 비중이 낮다고　　　　　　　　　② 성비가 높다고
③ 황금비라고　　　　　　　　　　　④ 대비된다고

7 암호를 풀면 설명이 나옵니다. 그 설명이 뜻하는 낱말을 쓰세요.

	◎	◆	☆	♣	♡
1	패	어	방	고	빽
2	히	살	나	율	동
3	서	주	고	하	깨
4	는	처	것	란	럼
5	를	인	함	양	비

◆1 ♡3 ◎5　　☆2 ♣4 ◎2　　☆5

☐ ☐ ☐　　☐ ☐ ☐　　☐ ➡ (　　　　　)

假 거짓 가

가면을 벗고 진짜 얼굴을 보여 줘

어떡해~ 내 차례야

사자가 쫓아와요 살려주세요~

아 더워

ㅃ 기본어휘 잡기

아이들이 □□극을 하고 있군요. 무대 뒤에 있는 친구는 □□이 없어 당황해 하고 있어요. 빈칸에 공통으로 들어갈 말은 무엇일까요? (   )

① 무언   ② 영화   ③ 무용   ④ 가면

너무 쉬운가요? 답은 ④번입니다. '가면'을 쓰면 진짜 내 얼굴이 아닌 기린이나 토끼 얼굴을 하게 되지요. 가면(假面)은 가짜 얼굴이라는 뜻입니다. 또, 가면을 쓰고 하는 연극이 가면극입니다.

내 님의 목소리가 들리는구나

오~ 로미오님~

훌러덩

아니? 훌러덩 벗겨진 저게 뭐죠? 줄리엣의 머리가 '가발'이었군요! 가발(假髮)은 가짜 머리털이라는 말이에요.

뜨악~

연극에서 가발을 쓰고 줄리엣으로 '가장'을 했던 거네요. 가장은 가짜로 꾸미는 겁니다.

이렇게 '가면', '가발', '가장'에서처럼 가(假)는 '가짜'를 뜻합니다.

假	거짓 가

- 가면(假面얼굴 면)
  진짜 얼굴을 감추거나, 꾸미기 위해 만들어 쓰는 가짜 얼굴
- 가면극(假面 劇연극 극)
  가면을 쓰고 하는 연극
- 가발(假髮머리털 발)
  가짜 머리털
- 가장(假裝꾸밀 장)
  얼굴이나 옷, 몸짓을 가짜로 꾸밈

🔴 가장행렬

가장한 사람들이 줄을 지어 다니는 것을 가장행렬(假裝 行다닐 행 列줄 렬)이라고 불러요. 운동회나 축제, 기념일에 가장행렬을 합니다.

경찰 아저씨~ 저번에 강아지 찾아 주셔서 고맙습니다.

쉿! 난 지금 청소부로 가장한 거야.

휙!

뭐? 경찰?

假 | 거짓 **가**

■ **가장**(假 裝꾸밀 장)
　태도를 거짓으로 꾸밈
■ **가명**(假 名이름 명)
　가짜 이름
■ **가성**(假 聲소리 성)
　가짜 목소리

경찰 아저씨가 '가장행렬'을 하는 것 같지는 않은데요? 맞습니다. 여기서 가장은 상대방이 나를 알아보지 못하게 '태도를 거짓으로 꾸미는 것'이예요. 경찰인 것을 알면 범인이 근처에 오지 도 않을 테니까 경찰이 아닌 척 '가장'한 거지요.

가장을 하면 이름도 가짜를 쓰는 게 좋겠지요? 그걸 가명(假名)이라고 합니다. 연예인처럼 방송 활동을 하는 사람들은 '가명'을 많이 씁니다. 재미 난 '가명' 때문에 헷갈리기도 하지요.

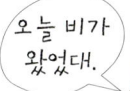

오늘 비가 왔었대.

? 비 안 왔는데...

가수들이 높은 음을 낼 때는 원래 자기 목소리가 아닌 가짜 목소리를 내 요. 이걸 뭐라고 할까요? (　　　)

① 고성 　　　 ② 가성 　　　 ③ 발성 　　　 ④ 음성

답은 ②번 가성(假聲)입니다. '가성'은 원래 목소리보다 가늘고 힘 이 없는데, 이걸 듣기 좋게 부르는 것도 보통 재주가 아니죠?

마지막으로, '가분수'의 비밀을 알려 줄게요. 분수는 원래 분자가 분모보다 작아야 합니다. 그런데 여러분은 분자가 분모보다 큰 분수를 봤지요? 이걸 '가분수'라고 합니다. 가분수는 '가짜 분수'라는 뜻입니 다. '분수인 척하는 분수'라는 말이죠.

■ **가분수**(假 分나눌 분 數수 수)
　가짜 분수, 즉 분자가 분모
　보다 큰 분수

진분수

분자가 분모보다 작은 분수는 진짜 분수니까 진분수(眞참 진 分數)라고 부릅니다.

가 | 假　가짜

假	임시 **가**

■ **가봉**(假 縫바느질 봉)
임시로 바느질함

■ **가제목**(假 題얼굴 제 目눈 목)
임시 제목

■ **가칭**(假 稱부를 칭)
임시로 부르는 이름

■ **가건물**
(假 建세울 건 物물건 물)
임시로 지은 건물

■ **가설 무대**
(假 設세울 설 舞춤 무 臺대 대)
임시로 설치한 무대

■ **가불**(假 拂지불 불)
정한 날짜 전에 임시로 지불함

'가(假)'의 뜻이 뭐라고요? '가짜' 라고 했어요. '진짜', 혹은 '확실한 것' 과는 반대편에 있는 셈입니다. 그래서 가(假)에는 '임시' 라는 뜻도 있어요.

'가봉' 은 무슨 말일까요? 옷을 완성하기 전에 잘 맞는지 보려고, 임시로 바느질해서 입어 볼 수 있어요. 이것을 임시 가(假), 바느질 봉(縫)을 써서 가봉이라고 합니다.

드레스가 너무 커!

그러게 **가봉**을 했어야지!

헐렁~

글을 쓰고 제목을 확실하게 정하지 못하면 임시로 제목을 짓습니다. 이걸 뭐라고 할까요? (   )

① 소제목   ② 가제목   ③ 부제목   ④ 대제목

그래요. ②번 가제목입니다. 임시 제목이니까 가제목이죠. 어떤 시설이나 물건에도 임시로 이름을 부를 때가 있어요. 이건 가칭(假稱)이라고 합니다. '임시로 부르는 이름' 이라는 뜻이지요.

그럼 임시로 이루어진 것들을 보면서 낱말을 익혀 볼까요? 임시로 지은 건물은 □건물, 임시로 설치한 무대는 □설 무대, 정해진 날짜 이전에 임시로 봉급을 지불하는 것은 □불입니다.

원래 다음 달에 받아야 할 용돈을 이번 달에 미리 받게 되면, 용돈을 '가불' 하는 셈이에요. 오른쪽 그림을 보세요. 여자 친구에게 잘 보이려면 용돈을 가불 해야 할 상황이네요. 하지만 미리 받아서 쓰면 다음 달에 또 부족하겠죠? 그러니까 되도록 '가불' 은 하지 않도록 해요.

🥔 **가량**

가량(假 量헤아릴 량)은 원래 '대강의 양' 이라는 뜻이에요. '12세 가량' 같이 정확하게 말할 수 없을 때 씁니다.

나 곰돌이 사 줘~.

윽, 이번 달도 용돈 **가불**? ㅠㅠ

위 그림의 빈칸에 가장 알맞은 말은 무엇일까요? (   )

① 불안   ② 예언   ③ 가정   ④ 계산

정답은 ③번. 가정(假定)은 '임시로 어떤 상황을 정해 보는 것'입니다. 일어나지 않은 일을 '가정'할 수 있고, 사실과 반대로 '가정'할 수도 있어요.

가(假)는 '가정하다'라는 뜻으로도 쓰여요.

어떤 상황을 가정하여 말할 때는 '가령'이라는 말로 시작할 수 있어요. 가령은 '가정하여 말한다면'이라는 뜻이죠.

'있지 않은 일을 가정하여 상상하는 것'을 무엇이라고 할까요? (   )

① 꿈   ② 허상   ③ 궁상   ④ 가상

답은 ④번 가상이에요. 또 가상으로 생각한 것을 그림으로 그리면 가상도라고 합니다.

과학자들은 상상에 그치지 않고 '가설'을 세워요. 가설(假說)은 어떤 것을 가정하여 설명해 보는 것입니다. '만약 학습지를 빠짐없이 푼다면 엄마가 게임기를 사 주실 것이다'라는 생각은 '가설'입니다. 학습지를 빠짐없이 푸는 행동은 '가설을 실험'해 보는 것이고, 그 결과 엄마가 게임기를 사 주셨다면 '가설이 증명'된 거죠.

과학자들도 이런 방법으로 여러 가지 과학적 사실을 발견한답니다.

假 | 임시 **가**

■ 가정(假 定정할 정)
임시로 어떤 상황을 정함

假 | 가정할 **가**

■ 가령(假 令이를테면 령)
가정하여 말하면
■ 가상(假 想상상할 상)
가정하여 상상함
■ 가상도(假想 圖그림 도)
가상으로 생각한 것을 그린 그림
■ 가설(假 說설명 설)
가정하여 설명하는 것

1 다음 괄호에 알맞은 말을 보기에서 골라 문장을 완성하세요.

> 보기   가성   가장   가발   가명

1) 우리 모둠은 이번 발표회에 외계인으로 (   )해서 행렬을 할 거예요.

2) 아빠는 대머리를 가리는 (   )을(를) 생일 선물로 받고 좋아하셨어요.

3) 제가 배우가 되면, 진짜 이름이 아닌 (   )(으)로 활동할 거예요.

4) 그 노래의 고음 부분은 너무 높아서 (   )을(를) 써야만 해.

2 낱말과 낱말의 뜻을 바르게 연결하세요.

1) 대강의 양, 얼마 쯤   •   • 가불

2) 봉급을 임시로 미리 지불하는 것 •   • 가건물

3) 임시로 지은 건물   •   • 가설 무대

4) 임시로 설치한 무대   •   • 가량

3 아래의 그림을 보고 보기에서 알맞은 낱말을 찾아 쓰세요.

> 보기   가봉   가분수   가면   가장행렬

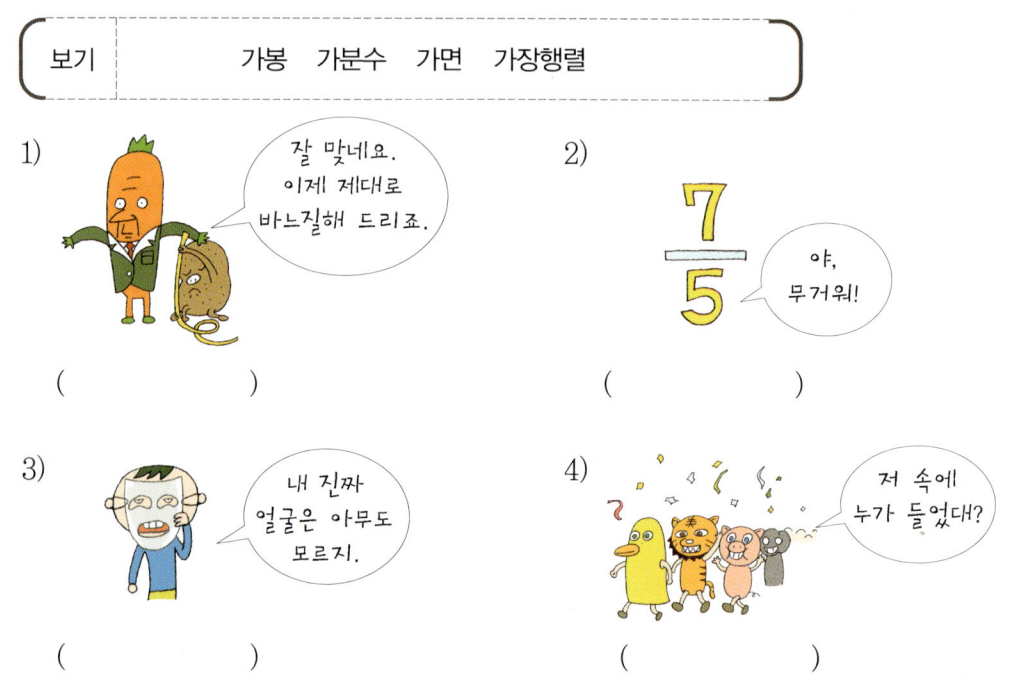

1) (   )

2) (   )

3) (   )

4) (   )

4 다음 대화를 읽고 알맞은 낱말을 보기에서 골라 괄호를 채우세요.

> 보기　　　　　　우주　밀실　현실　가상

엄마 : 방 안에서 컴퓨터 게임만 하지 말고 밖에 나가서 친구들하고 놀아.

민희 : 밖에 나가면 애들이 삐삐라고 놀려서 싫어.

　　　 컴퓨터 게임 같은 (　　　　　　　　) 공간에서 나는 인기 최고란 말이에요.

5 다음 문장에서 밑줄 친 낱말의 뜻을 고르세요. (　　　)

> 보기　　 <u>가령</u> 내가 여자가 아니라 남자라면 어땠을까?

① 확신하다　　　② 좌절하다　　　③ 반가워하다　　　④ 가정해서 말하다

6 밑줄 친 부분이 <u>어색한</u> 문장을 고르세요. (　　　)

① 지난 주 우리 동네에서 만들어진 독서 모임은 <u>가칭</u> '생각둥지' 입니다.

② 공원 화장실은 <u>가건물</u>로 지어져서 아직은 불편한 부분이 많아요.

③ 네가 케이크 몰래 먹었지? 안 먹은 척 <u>가정</u>하지 마.

④ 지구 온난화로 빙하가 모두 녹아 버릴 것이라는 <u>가설</u>도 있습니다.

7 각 줄에서 뜻이 다른 '가' 가 들어간 말을 하나씩 찾아, 괄호 안 숫자의 합을 구하세요.

가명(1)	**가**발(2)	휴**가**(3)	**가**성(4)

가건물(5)	**가**요(6)	**가**설 무대(7)	**가**불(8)

가령(9)	**가**상(10)	**가**정(11)	**가**지(12)

　　　　　 숫자의 합은 (　　　　　　　)입니다.

어휘랑 놀자

정답과 해설 16쪽

가로 열쇠

1) 분자가 분모보다 큰 분수, 가짜 분수 (▶165쪽)

4) 독을 풀어서 없앰 (▶141쪽)

6) 근심을 풀어내는 곳, 절의 화장실 (▶141쪽)

7) 단체 따위를 만드는 것, 팀 ○○ (▶151쪽)

8) 움직이지 못하게 묶음 (▶149쪽)

10) 남녀나 암수 성별의 비 (▶158쪽)

12) 물이 얼어 얼음이 됨, 도로 ○○ 현상 (▶151쪽)

14) 제약을 풀어 줌 (▶141쪽)

16) 얽힌 일을 풀어 처리함 (▶140쪽)

17) 어떤 일이나 이야기가 마무리되는 끝 (▶150쪽)

18) 꿈의 뜻을 풀이함 (▶142쪽)

19) 빗살처럼 나란히 줄지어 서 있음 (▶159쪽)

23) 언니와 여동생 사이가 됨, 친해짐 (▶149쪽)

24) 물체의 상을 미세하게 나눈 정도.
    모니터 ○○○ (▶143쪽)

세로 열쇠

1) 가짜 이름 (▶165쪽)

2) 물에만 용해되는 성질 (▶145쪽)

3) 조직, 계획이 기와 깨지듯 무너져 흩어짐
   (▶143쪽)

5) 읽어서 의미를 이해함 (▶142쪽)

8) 이어져 붙음, 관련이 있음 (▶148쪽)

9) 글을 짜임새 있게 짓는 형식 (▶150쪽)

11) 다른 것과 비교하여 차지하는 중요도 (▶157쪽)

12) 용액이 식거나 증발하면서 엉기어 맺힌 수정
    같은 고체 (▶153쪽)

13) 다른 나라 사람과 결혼하는 것 (▶148쪽)

15) 이해하기 어려움 (▶142쪽)

20) 비교하여 알려 줌, 은유과 직유가 있음 (▶161쪽)

21) 서로 양보해 일을 마무리함. 협상 ○○ (▶150쪽)

22) 가정하여 상상함. ○○도 (▶167쪽)

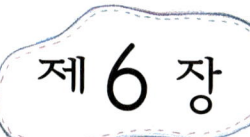

제 6 장

財
재물 재

이게 웬 떡, 이게 웬 횡재!!

올해 재물 운이나 봐 주쇼.

볼 것도 없어! 아주 재수 없어!

기본어휘 잡기

재물(財物)이란 값나가는 물건을 말해요. 돈이나 금, 보석 같은 것 말이에요. 재(財)가 들어가면 재물과 관련된 말이 됩니다.

오른쪽 그림의 빈칸에 가장 어울리는 말은 무엇일까요? (   )

① 재물   ② 재산

③ 재치   ④ 재수

야옹보살

괜히 왔네. 쳇, □□ 없어.

네, 답은 ④번 재수지요. 재수(財數)는 원래 재물이 생길 운수를 말합니다. 재물이 생기면 좋을까요, 나쁠까요? 당연히 좋겠죠! 그래서 좋은 일이 있을 운수를 '재수'라고 하지요. 반면 손재수는 재물을 잃을 운수를 뜻합니다.

뭐? 우리 집이 벼락에 맞았다고?

재물과 비슷한 말은 '재산' 입니다. 재산(財産)은 개인이나 기업이 가지고 있는 재물을 뜻해요. 하지만 '든든한 두 자식이 가장 큰 재산이다' 와 같은 경우에는 소중한 것을 뜻하는 말로 쓰여요.

財 | 재물 재

- 재물(財物물건 물)
  값나가는 물건
- 재수(財 數운수 수)
  재물이나 좋은 일이 생길 운수
- 손재수(損손해 볼 손 財數)
  재물을 손해 볼 운수
- 재산(財 産재산 산)
  개인이나 기업이 가진 재물, 소중한 것

재테크

한자어 '재무(財 務일 무)'와 영어 테크놀로지(technology 기술)' 가 결합된 말입니다. '재테크' 는 높은 이익을 얻을 수 있는 주식 투자나 펀드 등을 통해 기술적으로 돈을 늘리는 기법입니다.

재산 가운데 책이나 게임 소프트웨어처럼 사람의 지식이나 재능으로 이룬 재산은 특별히 지적 재산이라고 부릅니다.

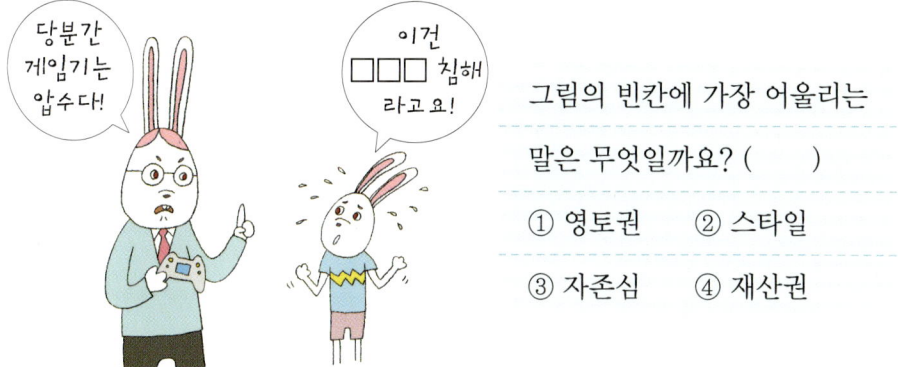

당분간 게임기는 압수다!

이건 □□□ 침해라고요!

그림의 빈칸에 가장 어울리는 말은 무엇일까요? (   )

① 영토권   ② 스타일

③ 자존심   ④ 재산권

답은 ④번이죠. 자신의 재산에 대한 권리는 재산권(財産權)이라고 합니다. 따라서 지적 재산권은 '지적 재산'에 대한 권리를 뜻하겠죠? 이것을 다른 말로 지적 소유권이라고도 해요.

돈이나 재산에 관련된 말들로 다음 빈칸을 채워 보세요.

개인이 소유하고 있는 재산은 사□, 돈이나 재산을 돌보고 꾸리는 일은 □무, 국가나 정부 단체에서 하는 돈과 관련된 여러 가지 일은 □정, 재정이 부족하여 생기는 어려움은 □□난이라고 해요.

빈칸을 채워 완성된 낱말은 사재, 재무, 재정, 재정난입니다. 재정난을 극복하려면 부족한 돈이나 재물이 나올 수 있는 곳을 빨리 마련해야겠죠? 이런 곳을 재원이라고 불러요.

다음 중 '이게 웬 떡이냐?'와 의미가 같은 말은 무엇일까요? (   )

① 횡재   ② 사재   ③ 가재   ④ 축재

네. ①번 횡재입니다. 흔히 '횡재했다'라고 많이 하지요. 횡재란 갑작스럽게 뜻밖의 재물이 생기는 것을 말합니다.

가재는 집안의 재물이나 재산을 뜻합니다. '가재도구'와 같이 쓰지요.

자산

기업이 가진 재산은 특별히 자산(資재물 자 産재산 산)이라고 부르기도 해요.

財	재물 재

■ 지적(知알 지 的~할 적) 재산
사람의 지식이나 재능으로 이룬 재산

■ 재산권(財産 權권리 권)
재산에 대한 권리

■ 지적 재산권(知的 財産權)
지적 재산에 대한 권리
= 지적 소유권

■ 사재(私개인 사 財)
개인이 소유한 재산

■ 재무(財 務일 무)
재산을 돌보고 꾸리는 일

■ 재정(財 政다스릴 정)
국가나 정부 단체에서 하는 돈과 관련된 여러 가지 일

■ 재정난(財政 難어려울 난)
재정이 부족하여 생기는 어려움

■ 재원(財 源원천 원)
돈이나 재물이 나오는 곳

■ 횡재(橫뜻밖의 횡 財)
뜻밖의 재물, 또는 그런 재물을 얻음

■ 가재(家집 가 財)
집안의 재물이나 재산

재 | 財 재물, 돈

체력은 몸의 힘, 재력(財力)은 재물의 힘을 뜻합니다. 재물로써 할 수 있는 일이 많이 있으니까, 재물도 힘이 있다고 생각하는 거죠. 재물을 많이 가진 사람은 재력가라고 합니다.

이거 완전 **부정 축재**잖아!

부정 축재? 어려운 말이네요. '축재'가 무슨 뜻일까요? (　　　)

① 재산을 쌓다　　　② 재주를 쌓다　　　③ 물건을 훔치다

잘 맞혔나요? 답은 ①번입니다. 올바르지 못한 방법으로 재산을 모으는 것을 부정 축재(不正 蓄財)라고 하는 거예요.

빈칸을 채우면서 새로운 낱말들을 익혀 볼까요?

대기업을 운영하거나 큰 재산을 소유한 사람들의 세계는 □계라고 합니다. 이들이 모이면 뉴스에서 '□계 인사들이 모임을 가졌다'라고 합니다. 빈칸을 채우면 재계가 됩니다.

재계에서도 특히 막대한 재산을 가지고 여러 기업을 거느리며 큰 세력을 떨치는 기업가의 무리는 □벌이라고 하죠. □벌은 대를 이어 기업과 재산을 소유합니다. 이번 낱말은? 네, 재벌입니다.

한편, 일정한 목적으로 내놓은 재물을 운영하기 위해 만든 집단은 □단이라고 합니다. 학교 □단, 종교 □단 등이 있지요. 이들은 기업과 달리 돈벌이가 목적이 아닙니다. 사회적으로 유익한 활동을 하기 위해 여러 사람이 모여서 만들어요. 빈칸을 채우면 재단이 됩니다.

財	재물 재

■ 재력(財 力힘 력)
재물로 무언가를 할 수 있는 힘

■ 재력가(財 力힘 家사람 가)
재력이 있는 사람

■ 축재(蓄쌓을 축 財)
재물을 쌓음

■ 부정 축재
(不아니 부 正바를 정 蓄財)
바르지 않은 방법으로 재물을 쌓음

■ 재계(財 界세계 세)
큰 재산을 소유한 사람들의 세계

■ 재벌(財 閥가문 벌)
대를 이어 기업과 막대한 재산을 소유하면서 큰 세력을 떨치는 무리

■ 재단(財 團단체 단)
일정한 목적으로 내놓은 재물을 운영하기 위해 만든 단체

'재단'은 기업과 달리 돈벌이가 목적이 아니기 때문에, 이익을 추구하지 않는 비영리 단체예요. 학교 법인, 종교 법인 등이 있습니다.

법인

법인(法법 법 人사람 인)은 사람처럼 법적인 권리를 갖는 단체를 말합니다.

너 커서 아무 쓸모없는 독버섯 될래?

재화(財貨)는 우리의 필요를 만족시켜 주는 물건이나 상품을 뜻하는 말이에요. 햇빛이나 물도 우리에게 유익하게 쓰이면 재화이지만, 아무 쓸모도 없다면 재화가 아니랍니다. 그래서 우리 주변에서 필요를 만족시켜 줄 수 있는 것들에는 재(財)라는 말이 붙어요.

어떤 재화가 있는지 빈칸을 채워 볼까요?

놀이터나 도서관은 어느 한 집안의 재물이나 재산이 될 수 없지요. 이렇게 국민이 낸 세금으로 만든 물건이나 시설을 공공□(公共財)라고 해요. '공공재'는 모든 사람들이 공동으로 쓰는 것입니다.

안 돼! 그건 공공재야!

한편, 우리가 일상생활에 필요하기 때문에 직접 소비하는 재화를 소비□(消費財)라고 합니다. '소비재'에는 식료품이나 옷, 가구, 주택, 자동차 등이 있지요. 이러한 소비재를 만드는 재료는 생산에 쓰이는 재화라 하여 생산□(生産財)라고 합니다. 나무, 도구, 기계, 공장 등은 모두 '생산재'랍니다.

똑같은 재화가 '소비재'도 되고 '생산재'도 될 수 있을까요? (   )

① 그렇다   ② 아니다

알쏭달쏭하다고요? 답은 ①번입니다. 전기나 가스는 가정에서 쓰면 '소비재'이지만, 공장에서 물건을 만들어 내기 위해 쓰면 '생산재'거든요.

財 | 재화 재

■ 재화(財 貨재화 화)
우리의 필요를 만족시켜 주는 모든 물건
■ 공공재
(公여러 공 共함께 공 財)
많은 사람이 공동으로 사용하는 물건이나 시설

■ 소비재
(消사라질 소 費쓸 비 財)
써서 사라지는 재화, 일상생활에서 직접 소비하는 재화
■ 생산재
(生날 생 産낳을 산 財)
생산에 쓰이는 재화

이게 웬 떡, 이게 웬 횡재!!

어휘로 개념 사냥

문화재

■ **문화재란 무엇일까요?**

　문화재(文化財)란 문화적으로 가치가 높은 재물을 뜻합니다. 문화재에는 도자기나 그림과 같은 물건뿐 아니라 건축물이나 장소도 포함됩니다. 또 동·식물, 자료나 기록물, 특별한 기술이나 의식, 예술 행위 등이 문화재가 될 수도 있어요.

　한마디로 문화 활동으로 만들어 낸 것들 중에서 가치가 큰 것은 모두 문화재입니다. 우리나라에서는 특히 국가적으로 가치가 뛰어난 것을 국가 지정 문화재로 정하여 보호합니다.

　그럼 우리나라에서는 누가 문화재를 지정할까요? (　　　)

　① 대통령　　　② 국민투표　　　③ 장관　　　④ 문화재청장

　좀 어려웠을지 모르겠네요. 답은 ④번입니다. 우리나라에서 여러 문화재들을 관리하고 보호하는 곳이 바로 문화재청이죠. 문화재청에 있는 문화재 위원회에서 후보들을 심사하고 논의하여, 문화재청장이 최종적으로 지정합니다.

　그렇다면 문화재는 우리나라에만 있을까요? (　　　)

　① 그렇다　　　　　② 아니다

　답은 ②번 '아니다' 입니다.

　문화재라고 해서 우리나라의 것만 생각하면 안 돼요! 각 나라마다 역사와 문화가 있기 때문에, 나름대로 기준을 정하여 문화재를 보호하고 있어요.

　중국이 자랑하는 문화재는 만리장성이나 진시황릉이고, 미국의 문화재는 자유의 여신상과 독립기념관, 영국의 문화재는 런던 타워, 프랑스의 문화재는 베르사유 궁전과 개선문 등입니다.

우리 문화재 무지하게 많다해~.

역사는 짧지만 우리도 문화재가 있어요!

176　초단비 5단계①

■ 우리나라에는 어떤 국가 지정 문화재들이 있나요?

석가탑, 고려청자, 경복궁과 같이 형체가 있어 직접 만져 볼 수 있는 유형문화재와 판소리, 종묘제례악, 은산별신제 같이 손으로 만질 수 없고 사람들의 행위를 통해 나타내는 무형문화재가 있어요. 연극, 무용, 음악, 공예 기술 같은 것들이 무형문화재에 속하죠.

유형문화재 중 가치가 높은 것은 보물(寶物), 보물 중에서도 제작 연대가 오래 되었거나 희귀한 것은 국보(國寶)로 지정됩니다. 국보와 보물에 붙은 지정 번호는 일제강점기에 붙인 것으로 큰 의미는 없어요. 곧 없어질 예정이라고 합니다.

꼭 희귀해야만 국가 지정 문화재가 되는 것은 아니에요. 안동 하회 마을, 울릉도의 너와집처럼 우리 민족의 생활문화를 이해하는 데 중요한 정보를 제공하는 것은 민속자료로 지정합니다. 이 밖에도 사적, 천연기념물, 명승은 기념물로 지정하여 관리합니다.

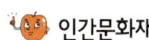 **인간문화재**

무형문화재를 직접 행하는 기술을 가지고 있는 사람을 인간문화재라고 불러요.

사적(史蹟)은 성곽이나 집터, 고분 등 역사에서 중요한 사건이나 한 시대의 자취가 남아 있는 곳입니다. 명승(名勝)은 경치가 빼어난 곳, 이름난 건물이 있거나 자연적 특징이 특이하고 희귀하여 학술적 가치가 있는 곳입니다. 마지막으로, 가치가 높은 동·식물, 천연 보호 구역을 천연기념물로 지정해 놓고 있습니다.

🍒 낱말상자

- **문화재**(文문명 문 化될 화 財) 문화적으로 가치가 높은 재물
- **문화재청**(文化財 廳관청 청) 문화재를 관리하는 관청
- **유형**(有있을 유 形모양 형)**문화재** 형체가 있는 문화재
- **무형**(無없을 무 形)**문화재** 형체가 없는 문화재
- **국보**(國나라 국 寶보물 보) 가치가 크고 희귀한 유형문화재
- **보물**(寶 物물건 물) 국보 다음가는 유형문화재
- **민속**(民백성 민 俗풍속 속)**자료** 민족의 생활문화를 이해하는 데 중요한 자료

- **기념물**(記기억할 기 念생각할 념 物) 사적, 천연기념물, 명승을 통틀어 이르는 말
- **사적**(史역사 사 蹟자취 적) 역사적 자취가 남아 있는 곳
- **명승**(名유명할 명 勝뛰어날 승) 훌륭하고 이름난 경치
- **천연**(天하늘 천 然그럴 연)**기념물** 자연 가운데 특별히 보호할 만한 것

1 다음 빈칸에 공통으로 들어갈 말은 무엇일까요? (   )

• 자네는 왜 그렇게 □물에 욕심을 내는가?

• 우리 엄마는 □테크에 관한 책을 열심히 읽고 계셔.

• 오늘은 손□수가 있는 날이니 특별히 조심하도록 해라.

• 고생 끝에 큰 부자가 된 그는 사□을(를) 털어 지역 도서관을 건립했다.

2 다음 알맞은 낱말을 넣어 문장을 완성하세요.

보기	재계 재정 재단 축재 재산

1) 그는 부정 (   )을(를) 한 혐의로 구속됐다.

2) 나는 장학 (   )의 장학금으로 대학 공부를 마칠 수 있었다.

3) 나의 사랑하는 가족은 나의 가장 큰 (   )(이)다.

4) 이날 행사에는 (   ), 문화계, 언론계 인사들이 참석했다.

3 다음의 상황들에서 공통으로 연상되는 낱말은 무엇일까요? (   )

• 약초를 캐러 산에 갔다가 산삼을 캔 상황

• 1000원 주고 산 복권이 1등에 당첨된 상황

① 가재   ② 횡재   ③ 사재   ④ 축재

4 다음 빈칸에 공통적으로 들어갈 낱말을 보기에서 고르세요.

보기	재정난 문화재 재산권

유형□□□   무형□□□   (   )

□□□청   □□□ 반환 운동

5 밑줄 친 '재'는 다음 중, 무엇을 뜻할까요? (   )

> 공공<u>재</u>   소비<u>재</u>   생산<u>재</u>

① 재화   ② 재무   ③ 재벌   ④ 재력

6 빈칸에 들어갈 낱말을 순서대로 바르게 짝 지은 것은? (   )

> 지금까지 남아 있는 미술품이나 고문서, 건축물 등의 유형문화재 중에서
> 국가적으로 가치가 높다고 평가되는 것을 문화재 위원회의 심사를 거쳐
> □□(으)로 정합니다. 그 가운데에서 제작 연대가 오래되고 시대를 대표하거나
> 희귀한 것을 □□(으)로 정합니다.

① 국보 – 보물   ② 보물 – 국보   ③ 보물 – 명승   ④ 국보 – 명승

7 암호를 풀고 설명이 뜻하는 낱말을 쓰세요.

	◎	◆	☆	♣	♡
1	돈	흥	난	가	리
2	단	정	을	재	도
3	벌	불	화	횡	고
4	기	형	물	모	산
5	축	으	술	는	발

◎1☆2   ♣4◆5♡3   ◆3♡1♣5   ◎4☆5

□□   □□□   □□□   □□ → (   )

計 셀 계

계량을 잘하면 케이크가 맛있어요

내 감각을 못 믿어?
밀가루 한 움큼,
소금 약간~.

요리책에는
□□컵을 써야
한다고 나왔잖아….

기본어휘 잡기

위 그림의 빈칸에 들어갈 말은 무엇일까요? (   )

① 측량   ② 산수   ③ 계산   ④ 계량

정답은 ④번 계량입니다. 계량(計量)은 말 그대로 '양이나 부피를 세다' 라는 뜻이에요. 양을 재려면 도구가 필요하겠지요? '계량' 에 도구 기(器)를 붙이면 계량기가 됩니다. 계량하는 도구를 뜻해요.

계량기에는 어떤 것들이 있는지 빈칸을 채우면서 읽어 볼까요? 계량할 때 쓰는 컵은 □□컵, 계량할 때 쓰는 스푼은 □□스푼입니다. '계량컵', '계량스푼' 으로 재료를 정확히 재야 요리 전문가만큼 맛있는 케이크를 만들 수 있겠죠?

우앙~
케이크 망쳤다.

거 봐,
요리책에
있는 대로
하자니까.

그럼 다음 중 계량과 비슷한 말은? (   )

① 계산   ② 계획   ③ 계측   ④ 설계

정답은 ③번 계측입니다. 계측하는 도구는? 네, 계측기입니다. 여기서 계(計)는 '세다' 라는 뜻을 나타냅니다.

計 | 셀 계

- **계량**(計 量양 양)
  양이나 부피를 셈
- **계량기**(計 量 器도구 기)
  계량하는 도구
- **계량**(計 量)컵
- **계량**(計 量)스푼
- **계측**(計 測잴 측)
  시간이나 물건의 양을 잼
- **계측기**(計測器)
  계측하는 도구

계측기로 잴 수 있는 것들은 무려 71가지나 돼요! 셀 계(計)를 붙여서 계측기임을 나타낼 수 있어요. 계측기는 간단한 도구부터 복잡한 장치나 기계까지 모두 포함돼요. 어떤 것이 있는지 빈칸을 채워 봐요.

시간을 재는 도구는 □□입니다. 비행기나 자동차에서 속도를 재어 나타내는 장치는 □□□입니다. 바람의 방향을 재는 도구는 □□□, 바람의 속도를 재는 도구는 □□□라고 합니다.

답은 순서대로 시계, 속도계, 풍향계, 풍속계입니다. 어렵지 않았죠? 조금 더 해 볼까요?

온도를 재는 도구는 □□□, 온도 중에서도 체온을 재는 도구는 □□□, 습도를 재는 도구는 □□□지요. 그럼 지진이 일어났을 때 땅이 흔들리는 정도를 재서 기록하는 기계는? 바로 □□□입니다.

답은 온도계, 체온계, 습도계, 지진계예요.

〈시·도별 인구〉

위의 표는 인구□□ 도표입니다. 빈칸에 들어갈 말은? (   )

① 계산   ② 통계   ③ 합계   ④ 회계

답은 ②번이에요. 이렇게 조사하려는 대상 전체를 합쳐서 세는 것을 통계(統計)라고 합니다. '인구통계'는 인구 전체를 합쳐서 전부 몇 명인지 조사한 것이겠지요? 통계도표는 통계의 내용을 한눈에 알아볼 수 있도록 그림으로 나타낸 표를 말해요.

計 | 재는 도구 계

■ 시계(時때 시 計)
시간을 재는 도구
■ 속도계
(速빠를 속 度정도 도 計)
속도를 재서 나타내는 장치
■ 풍향계
(風바람 풍 向방향 향 計)
바람의 방향을 재는 도구
■ 풍속계(風速計)
바람의 속도를 재는 도구
■ 온도계(溫따뜻할 온 度計)
온도를 재는 도구
■ 체온계(體몸 체 溫計)
체온을 재는 도구
■ 습도계(濕습기 습 度計)
습기의 정도를 재는 도구
■ 지진계
(地땅 지 震흔들릴 진 計)
지진의 정도를 재서 기록하는 기계

計 | 셀 계

■ 통계(統합칠 통 計)
합쳐서 셈
■ 통계도표
(統計 圖그림 도 表표표)
통계 내용을 그림으로 나타낸 표

계 | 計   세다, 재는 도구

오른쪽 빈칸에 들어갈 말은 무엇일까요? (　　)

① 집계　　② 회계　　③ 계산　　④ 합계

답은 ③번 계산이지요. 계산(計算)은 '수를 셈하는 것' 입니다. 그래서 계(計)에는 '계산하다' 라는 뜻도 있어요.

계산에도 여러 가지 방법이 있어요. 그럼 여러 가지 계산 방법을 알아볼까요?

빈칸에 들어갈 말로, 이미 계산된 것을 모아서 계산한다는 뜻의 낱말은?

(　　)

① 계단　　　　② 계좌　　　　③ 집계　　　　④ 설계

답은 ③번입니다. 모을 집(集)을 써서 집계(集計)라고 하지요. '메달 집계', '투표 결과 집계' 처럼 써요.

단체에서 하는 계산은 회계(會計)입니다. 장부에 적힌 단체의 재산 상태나 운영 성적을 모두 계산하는 것입니다. 회계 장부에는 단체에서 들어오고 나간 돈을 모두 적게 되어 있습니다. 회계에 관한 일을 전문적으로 하는 사람은 회계사라고 해요.

집계든 회계든 합쳐서 계산해야 할 때가 있지요? 합쳐서 계산한 것은 합계(合計), 전체를 모두 통틀어서 계산한 것은 총계입니다. 총계와 합계는 서로 비슷한 말이지요.

計　　計산할 계

■ 계산(計 算셈할 산)
　수를 셈하는 것
■ 집계(集모을 집 計)
　이미 계산된 것을 모아서 계산함
■ 회계(會모임 회 計)
　단체에 들어오고 나간 돈을 계산하는 것
■ 회계사(會計 司벼슬 사)
　회계 일을 전문적으로 하는 사람
■ 합계(合합할 합 計)
　합쳐서 계산함
　= 총계(總합할 총 計)

🥔 계좌

통장을 만들면 계좌 번호가 생기죠? 계좌(計 座자리 좌)는 돈의 거래 항목을 계산하기 위해 정한 자리예요. 계좌마다 번호가 매겨지고, 통장에는 돈을 입출금한 내용이 기록돼요.

넌 방학 **계획**이 뭐야?

무계획적으로 살자는 게 내 **계획**이야.

계획의 '계'는 셈하고 계산하는 겁니다. 셈을 하다 보면, 영리하여 꾀도 많아지겠지요? 계획(計劃)은 '꾀를 내어 일의 그림을 그리는 것'이에요. 어떤 일을 할지 미리 생각하고 작정을 하는 거지요. 그래서 계(計)에는 '꾀', '계획' 이라는 뜻도 있어요.

計	꾀, 계획 계

- **계획**(計 劃그릴 획) 꾀를 내어 일의 그림을 그림
- **무계획**(無 없을 무 計劃) 계획이 없음
- **설계**(設 세울 설 計) 계획을 세움
- **백년대계**(百 일백 백 年 해 년 大 큰 대 計) 먼 앞날까지 미리 내다보고 세우는 크고 중요한 계획
- **흉계**(凶 흉악할 흉 計) 남을 해치는 흉악한 꾀
- **간계**(奸 간사할 간 計) 간사한 나쁜 꾀
- **계략**(計 略꾀 략) 어떤 일을 이루기 위한 꾀와 방법
  = **계책**(計 策방법 책)

그럼 '계획' 의 반대말은 무엇일까요? (   )

① 무계획   ② 불계획   ③ 몰계획   ④ 비계획

위에 있는 만화를 봤다면 금방 맞혔을 텐데! 답은 ①번 무계획(無計劃)입니다. 계획이 없다는 말이지요. 계속해서 빈칸을 채워 볼까요?

계획을 세우는 것은 설□(設計)입니다. 앞에 있을 일을 미리 생각해 보는 거예요. 그런데 그보다 훨씬 더 멀리 내다보고 계획을 세우기도 하죠. 그런 걸 백년대□라고 해요. 교육은 앞으로 나라를 이끌 사람을 길러내는 것이라서 흔히 '백년대계' 라고 해요.

좋은 꾀는 사람들에게 도움이 되지만, 나쁜 꾀는 사람을 해칠 수 있는 법입니다.

다음 중, 나쁜 꾀를 뜻할 때 쓰는 말이 <u>아닌</u> 것은? (   )

① 흉계   ② 간계   ③ 생계   ④ 계략

어렵지 않았죠? 답은 ③번. 흉계(凶計)는 남을 해치는 흉악한 꾀를 뜻해요. 간계는 간사한 나쁜 꾀입니다. 그리고 계략은 꾀와 모략, 즉 어떤 일을 이루기 위한 꾀나 방법을 뜻해요. 하지만 '계략을 꾸미다', '계략에 빠지다' 처럼 부정적으로 많이 쓰여요. 계책(計策)도 '꾀와 방법' 을 뜻하지만, 계략과 달리 좋은 뜻으로 쓰이기도 합니다.

생계와 가계

생계(生 살 생 計)는 살아나가기 위한 꾀, 그러니까 살아갈 방도를 뜻해요. 가계(家집안 가 計)는 '집안의 살림을 꾸려가는 방도' 가 됩니다. 계(計)는 이렇게 일을 해결하는 꾀를 뜻하기도 해요.

■ 해시계

왼쪽 사진은 '앙부일구'라는 물건입니다. 이름이 참 특이하죠? 누가 지나가면 앙앙 울어대기라도 했을까요? 하하. 하지만 한자를 잘 뜯어보면 참 잘 붙인 이름입니다.

앙부일구(仰俯日晷)에서 '앙부'는 하늘을 우러러 보고 있는 가마솥을 말합니다. 그리고 '일구'는 해 그림자를 말합니다. 그러니까 앙부일구는 하늘을 보고 있는 가마솥에 해 그림자가 진다는 뜻이죠.

앙부일구의 해 그림자는 시간을 알려 주었습니다. 가운데 서 있는 바늘이 만드는 그림자를 따라가면 시각이 표시되어 있거든요. 그러니까 앙부일구는 해시계의 일종인 셈입니다.

앙부일구는 1437년, 세종 대왕의 명에 따라 장영실이 만들었습니다. 몸통은 청동이고, 비가 오더라도 녹이 슬지 않도록 그 위에 검은 칠을 했답니다.

처음 만들어질 당시, 앙부일구에는 동물들이 그려져 있었어요. 왜일까요? 글을 모르는 백성들도 시간을 알 수 있도록 세종 대왕이 배려했기 때문이랍니다. 하루의 각 시간을 나타내는 동물을 그려 넣었던 것이죠. 예를 들어, 오후 3시에서 5시는 원숭이의 시간인 신시(申時)이니, 원숭이를 그려 넣었습니다.

〈앙부일구가 나타내는 시간〉

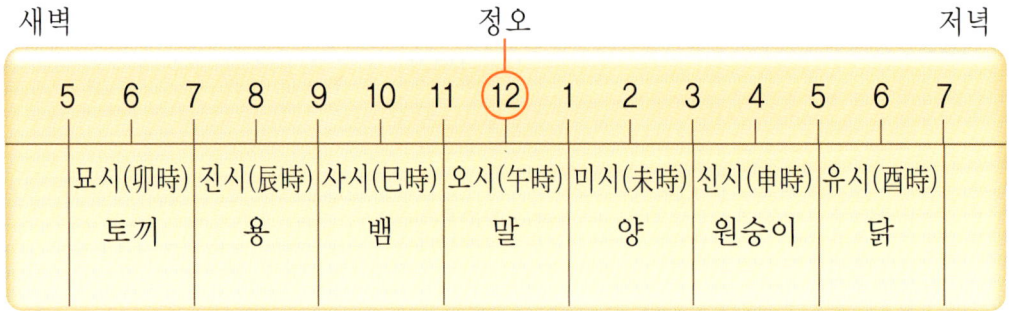

새벽							정오						저녁
5	6	7	8	9	10	11	12	1	2	3	4	5	6	7

묘시(卯時)	진시(辰時)	사시(巳時)	오시(午時)	미시(未時)	신시(申時)	유시(酉時)
토끼	용	뱀	말	양	원숭이	닭

그런데, 잘 보세요. 앙부일구는 오전 5시부터 저녁 7시까지만 시간이 나타나 있었어요. 그건 왜일까요? 바로 해시계라서 그런 거잖아요. 해가 떠 있는 시간에만 시간을 잴 수 있었기 때문에 해가 떠 있지 않은 때의 시간을 나타낼 수가 없거든요.

■ 물시계

오른쪽 사진은 '자격루'라는 물건입니다. 생긴 걸로는 무엇에 쓰는 물건인지 도통 짐작할 수 없죠? 하지만 이름을 보면 짐작이 되죠.

자격루(自擊漏)는 스스로 종을 치는 물시계입니다. 자동 물시계라는 거지요. 해시계는 해의 모양과 그림자를 보고 시간을 알았습니다. 그러면 물시계는 무엇으로 시간을 알았을까요? 물이 고이는 분량, 줄어든 분량 등을 계산해서 시간을 알았답니다.

일정한 양으로 흘러가던 물이 고여 작은 구슬을 움직이고, 그 구슬이 큰 구슬을 움직이고 큰 구슬이 굴러가 시간을 알리는 인형을 밀어내면 인형이 종, 북, 징 등을 울리게 만드는 겁니다. 이렇게 자격루는 스스로 종을 치는 물시계입니다.

이런 작동 기계는 요즘에도 아주 인기가 많잖아요. 그걸 조선 시대에 세종 대왕의 명에 따라 장영실이 만들었답니다. 그래서 요즘 전 세계의 주목을 받고 있습니다.

■ 측우기

뜻을 알고 나니 어려웠던 이름이 좀 쉽게 느껴지지 않나요? 자, 이번엔 '측우기'입니다. 측우기(測雨器)는 비의 양을 측정하는 기계입니다.

비가 흙 속으로 스며들면 비가 얼마나 왔는지 잴 수 없으므로, 원통에 빗물을 받아서 그 깊이를 재보는 거죠.

강수량을 알면 무엇이 좋을까요? 지역별, 계절별로 강수량을 기록하다 보면 기후의 특성을 파악할 수 있습니다. 그래서 나중에는 강수량을 대략 예측하게 됩니다. 언제, 얼마만큼 비가 올지 예측할 수 있으면 농사와 일상생활에 큰 도움이 되겠지요? 세종 대왕 때 발명된 측우기는 세계 최초의 강수량 계측기랍니다.

🍎 낱말상자

■ **앙부일구**(仰우러를 앙 府가마 부 日해 일 晷그림자 구) 하늘을 우러러 보고 있는 가마솥에 지는 해 그림자, 해시계를 뜻함

■ **자격루**(自스스로 자 擊칠 격 漏물시계 루) 스스로 종을 치는 물시계

■ **측우기**(測잴 측 雨비 우 器도구 기) 비가 내린 양을 측정하는 도구

1 괄호에 알맞은 말을 보기에서 골라 문장을 완성하세요.

> 보기 　　　풍향계　지진계　통계　계량컵

1) 요리할 때는 (　　　　　　　)을(를) 써야 음식의 맛을 정확하게 낼 수 있어.

2) 창밖을 봐. 바람이 심하네. (　　　　　　　)이(가) 뱅뱅 돌고 있어.

3) (　　　　　　　)에 따르면, 올해 쌀 생산량이 작년에 비해 낮습니다.

4) (　　　　　　　)은(는) 지진이 일어났을 때 움직이지 않는 것을 기준으로 진동을 기록하는 원리를 이용해서 만듭니다.

2 낱말과 올바른 뜻을 서로 연결하세요.

1) 전체를 모두 합쳐 계산함　　　　　　　　　● 　　● 계산

2) 수를 셈하는 것　　　　　　　　　　　　　● 　　● 총계

3) 단체의 재산 상태나 운영 성적을 계산하는 것 ● 　　● 집계

4) 이미 계산된 것을 모아서 계산함　　　　　● 　　● 회계

3 괄호에 알맞은 말을 보기에서 골라 대화를 완성하세요.

> 보기 　　　계획　설계　흉계　계책

1) 민호 : 방학 (　　　　　　　)을(를) 잘 세워야 해.

　　진희 : 여름방학 동안 책을 많이 읽고 싶어.

2) 엄마 : 저 분이 우리 집을 (　　　　　　)하신 분이야.

　　뭉치 : 그래요? 멋진 집을 만들어 주셔서 고맙다고 인사할래요.

3) 독립군 : 일본 순사를 따돌릴 (　　　　　　)이(가) 필요해요.

　　목수 : 제게 꾀가 많은 친구가 있는데 그의 도움을 받으면 어떨지요?

4) 남편 : 그 사기꾼의 (　　　　　　)이(가) 드러났어요.

　　부인 : 그래요? 정말 진실은 밝혀지는군요.

4 다음 중, '계'가 나머지와 다른 뜻으로 쓰인 것은? (   )

① 회계   ② 계좌   ③ 계산   ④ 계단

5 아래에서 설명하는 사자성어를 고르세요. (   )

> 먼 앞날까지 미리 내다보고 세우는 크고 중요한 계획

① 백년가약   ② 백년대계   ③ 백년해로   ④ 백년전쟁

6 밑줄 친 부분 중에서 어색한 표현을 고르세요. (   )

① 인구 변화를 한눈에 알려면 인구 통계도표를 보면 됩니다.

② 김 기자, 현재까지 메달 집계 현황을 알려 주시죠.

③ 지금까지 먹은 피자들을 합계하면 모두 열세 판이나 돼.

④ 그는 뛰어난 간계로 많은 사람들의 존경을 한 몸에 받고 있어.

7 사진과 명칭을 바르게 연결하고, 알맞은 설명의 번호를 찾아 괄호 안에 적으세요.

1)    2)    3)

•   •   •

•   •   •
앙부일구(   )   자격루(   )   측우기(   )

① 비의 양을 측정하는 기계

② 스스로 종을 치는 물시계

③ '하늘을 보고 있는 가마솥에 해 그림자가 진다'라는 뜻의 해시계

遺
남길 유

이순신 장군이 남기신 유언에 따라

싸움이 한창 급하다! 나의 죽음을 알리지 말라….

기본어휘 잡기

위의 그림처럼 죽음을 앞두고 남기는 말을 무엇이라고 할까요? (　　)

① 명언　　　② 금언　　　③ 유언　　　④ 실언

그래요. 답은 ③번 유언(遺言)입니다. 그리고 유언을 적은 문서가 유언장이지요. 여기서 유(遺)는 '남기다' 라는 뜻입니다.

죽으면 모든 것을 뒤에 남기고 가야 합니다. 그래서 죽은 사람이 남긴 것들에는 '유' 자가 붙는 말이 많아요. '유' 의 뜻을 생각하면서 다음 빈칸을 채워 볼까요?

죽은 사람이 남긴 물품은 □품, 죽으면서 남기는 글은 □서, 죽은 사람이 남긴 재산은 □산, 죽은 사람의 남은 가족은 □족.

완성된 낱말은 유품, 유서, 유산, 유족 입니다. '유서' 는 유언장과 비슷한 말이고, '유족' 은 다른 말로 유가족이라고 도 합니다.

遺 | 남길 유

■ 유언(遺 言말씀 언)
죽음을 앞두고 남기는 말

명언(名유명할 명 言)은 널리 알려진 말이라는 뜻입니다. 죽음과는 상관 없어요. 살아 있으면서 명언을 할 수도 있거든요.

■ 유언장(遺 言 狀문서 장)
유언을 적은 문서

■ 유품(遺 品물건 품)
죽은 사람이 남긴 물품

■ 유서(遺 書글 서)
죽으면서 남기는 글

■ 유산(遺 産재산 산)
죽은 사람이 남긴 재산

■ 유족(遺 族가족 족)
죽은 사람의 남은 가족
= 유가족(遺 家집 가 族)

가끔 뉴스에서 몇 천 년 전 '유골'이 발굴되었다고 하지요? 사람이나 동물이 죽어 살이 썩은 뒤에 남은 뼈를 유골(遺骨)이라고 해요. 어려운 말로 유해(遺骸)라고도 합니다. 아무렇게나 묻혀 있던 유골이 발굴되면 새로이 장례를 치러 주거나 무덤을 만들어 주기도 합니다.

죽은 사람을 화장하고 남은 뼈 역시 '유골'이라고 합니다. 유골은 빻아서 가루로 만들어 납골당에 모십니다.

그러면 예술가가 살아 있을 때 공개하거나 발표하지 않았다가 죽은 뒤에 발표되는 작품을 무엇이라고 할까요? (   )

① 창작   ② 유작   ③ 조작   ④ 제작

네, ②번 유작(遺作)입니다. 화가 고흐가 죽고 난 뒤 '유작' 전시회가 열렸습니다. 거기서 비로소 그의 수많은 작품들이 인정을 받게 되었지요.

또한, 죽은 사람이 남긴 원고는 유고(遺稿)라고 불러요.

이렇게 유(遺)는 뒤에 남기는 것이니, 조상 때부터 이어 온 사업은 유업(遺業)이라고 합니다.

遺 | 남을 유

■ 유골(遺 骨뼈 골)
살이 썩은 뒤에 남은 뼈 혹은 화장하고 남은 뼈
=유해(遺 骸뼈 해)

화장

화장(火 葬장사 지낼 장)은 불로 장례를 지낸다는 뜻입니다. 무덤을 만들지 않고 시체를 불로 태우는 걸 말하지요.

납골당

납골당(納넣어둘 납 骨뼈 골 堂집 당)은 유골을 모셔 두는 곳을 말해요. 요즘에는 돌아가신 분들을 무덤이 아니라 납골당에 모시고 있습니다.

■ 유작(遺 作작품 작)
죽은 뒤에 발표된 작품

■ 유고(遺 稿원고 고)
죽은 사람이 남긴 원고

■ 유업(遺 業일 업)
조상 때부터 내려온 사업

유감

유감(遺 憾섭섭할 감)은 섭섭한 마음이 남아 있다는 뜻입니다. '나한테 유감 있어?'와 같이 씁니다.

유 遺 남기다, 남다

유(遺)가 들어가는 말들은 다 우울한 건가? 꼭 그렇지는 않아요. 과거의 인류가 남긴 자취를 유적(遺跡)이라고 해요. 유적은 특히 무덤이나 건축물처럼 부피가 크고 옮길 수 없는 것을 말합니다.

과거의 인류가 남긴 물건은 유물(遺物)입니다. 유물은 부피가 작고 옮길 수 있다는 점에서 유적과 다릅니다.

遺	남길 유

- 유적(遺 蹟자취 적)
과거 인류가 남긴 자취
- 유물(遺 物물건 물)
과거 인류가 남긴 물건

그럼 박물관에 전시되어 있는 것은 유물일까요? 유적일까요? (   )

① 유물　　　② 유적

답은 ①번 유물이죠. 유적은 옮길 수 없으니 박물관에 전시하기 어려워요.

경주 불국사는 '유적'입니다.

금동미륵보살반가사유상은 '유물'입니다.(국립중앙박물관 소장 중박 200803-33)

유배 와서 쓴 글을 상감마마가 봐 주시기나 할까….

그래. 내가 죽고 나서는 올릴 수 있겠지.

정약용은 조선 후기의 대표적인 실학자입니다. 그가 지은 경세유표(經世遺表)는 나라 살림의 개혁에 관한 글이에요. 책 제목에 들어 있는 '유'도 죽은 후에나 전해질 글을 남긴다는 뜻입니다.

- 경세유표(經다스릴 경 世세상 세 遺 表글 표)
정약용이 나라 살림(경세)의 개혁 방법에 대하여 표(表)의 형식으로 적은 글

🥔 표
표(表)는 신하가 임금에게 올리려고 쓴 글을 말합니다.

🥔 실학
실학(實실제 실 學학문 학)은 실용적인 학문을 뜻합니다. 나라를 부강하게 만들고, 백성들의 실생활에 도움을 준다는 뜻이죠.

🌱 이런 뜻도 있어요

유실물(遺失物)은 잃어버린 물건입니다. 유기견(遺棄犬)은 주인에게 버려진 개지요. 이렇게 유(遺)는 '잃다, 버리다'라는 뜻도 있어요.

- 유실물(遺 失잃어버릴 실 物물건 물) 누군가가 잃어버린 물건
- 유기견(遺 棄버릴 기 犬개 견) 누군가가 잃거나 버린 개

아들아, 성적이 왜 이러냐?

□□□ 때문이 아닐까요?

우리는 부모님과 닮은꼴입니다. 부모님의 신체적 특징을 물려받았기 때문이죠. 유전(遺傳)이란 한 생물체가 지니는 특징을 다음 세대에게 물려주는 것을 말합니다.

遺	남길 유

■ 유전(遺 傳전할 전)
남겨서 전함, 물려줌
■ 유전자(遺傳 子씨앗 자)
유전이 되는 씨앗
■ 유전자(遺傳子) 검사
특정한 목적으로 유전자를 검사하는 것
■ 유전자(遺傳子)지도
유전자의 숫자와 위치를 알려주는 지도
■ 유전공학
유전 현상을 연구하는 학문
■ 유전 학자
유전 현상을 연구하는 학자
= 유전 공학자

뭉치가 무슨 핑계를 댔을까요? 위의 빈칸에 적당한 말은? (　　)

① 유전자　　　② 유전제　　　③ 유전물　　　④ 유전소

답은 ①번. 유전자(遺傳子)는 유전이 되는 씨앗입니다. 유전자에는 생물체의 생김새나 병, 행동 특성 등에 관한 정보가 들어 있어요. 그러나 유전자가 기본 특징을 결정짓더라도 환경이나 생활의 영향을 받아 생물체의 생김새나 행동 등이 달라질 수 있습니다. 성적이 나쁜 건 유전자 탓이 아니라, 공부를 안 해서라고요!

유전자는 생물체별로 각각 달라요. 그래서 유전자 검사를 해 보면 한 핏줄인지 아닌지를 쉽게 알 수 있답니다. 유전자 검사는 범죄자를 찾거나 한우인지의 여부를 알아내는 등 다양한 일에 사용됩니다.

😀 유전병

신체적 특징뿐 아니라 부모의 병을 물려받을 수도 있습니다. '유전병'은 유전으로 전해지는 병입니다. 색맹은 대표적인 유전병입니다.

😀 유전자은행

개인의 유전자를 저축해 두었다가 연구 시설 등 필요한 곳에 공급합니다.

다음 빈칸에 공통으로 들어갈 말은 무엇일까요? (　　)

1) 찾으려는 곳의 위치를 알려면 □□를 봐야 하듯이,

2) 각각의 유전자 위치를 알려면 유전자□□를 봐야 합니다.

① 그림　　　② 지도　　　③ 정보　　　④ 사전

정답은 ②번 지도입니다. 유전자지도는 생물체의 특성을 결정하는 유전자의 숫자와 위치를 알려 줍니다.

얼마 전에는 제주 돌돔의 유전자지도가 완성되어 다른 물고기를 값비싼 제주 돌돔으로 속여 파는 일을 예방할 수 있게 되었답니다.

이러한 유전 현상을 연구하는 학문은 유전공학, 유전 현상을 연구하는 학자는 유전 공학자 또는 유전 학자라고 해요.

이제 함부로 내 흉내 내는 놈들은 없겠지?

유전자지도는 일반 지도와 다르게 생겼어요.

유산(遺産)의 뜻은 크게 두 가지입니다. 먼저, 죽은 이가 남겨 놓은 재산을 유산이라고 합니다. 그리고 이와는 달리 앞 세대 사람들이 물려준 물건이나 문화 전체를 통틀어 유산이라고 부르기도 합니다.

세계유산 상징 로고

유네스코 세계 유산은 유네스코에서 지정한, 세계적으로 가치 있는 유산을 말합니다. 인류가 공동으로 보존하고 후손에게 전수해야 하기 때문에, 국제기구인 유네스코에서 지정하고 관리합니다. 인류의 소중한 유산이 전쟁이나 자연재해로 파괴되는 것을 막기 위한 것입니다.

유네스코(UNESCO)

UN(국제연합)
Education(교육)
Science(과학)
Culture(문화)
Organization(기구)
알파벳 앞 글자만 모아서 '유네스코'라고 부릅니다. 교육, 과학, 문화의 보급과 교류에 힘쓰는 국제기구로 유엔에 속해 있어요.

유네스코 세계 유산은 자연 유산과 문화 유산, 그리고 문화와 자연의 특성이 섞여 있는 복합 유산으로 나뉩니다.

세계 자연 유산은 인간이 이루어 낸 것이 아니라 자연환경 가운데서 지정합니다. 지구의 역사를 보여 주는 중요한 지형이나, 생태계의 진화 과정을 알려주는 훌륭한 사례들, 그리고 보전해야 할 가치가 높은 생물이 사는 서식지 등이 지정됩니다.

그럼 어떤 것이 세계 문화 유산이 될 수 있을까요?

우리나라의 세계 자연 유산

제주도 화산섬

제주도 용암 동굴

문화유산이니까 예술적으로 아름다워야 하지 않겠어?

과학적으로나 기술적으로 가치가 뛰어나야 해!

다른 데에도 좋은 영향을 미쳐서 모두의 모범이 될 만한 것이랄까?

모두들 잘 알고 있네요. 세 친구들의 설명이 모두 맞습니다.

우리나라의 세계 문화 유산 – 수원 화성

이러한 조건을 충족시키는 세계 문화 유산이 우리나라에도 있어요. 정조가 아버지 사도세자에 대한 효심을 담아 지었다는 수원의 화성입니다. 건축 동기도 동양의 가치를 잘 보여 주고 있어요.

또한 화성은 군사적 목적으로 지은 게 아니라는 점이 특색입니다. 나라의 새로운 중심지가 될 수 있도록 정치적, 상업적 목적을 고려해 실용적으로 설계했어요. 뿐만 아니라 성의 구석구석에 당시 동양의 최신 기술을 모두 적용해 성을 만들었습니다. 정약용이 발명한 거중기를 써서 성벽의 돌을 손쉽게 날랐던 사실도 유명하지요.

이 외에도 종묘, 석굴암과 불국사, 해인사 장경판전 등이 세계 문화 유산으로 지정되어 있어요.

그럼 그냥 우리나라의 문화재로 보호 받는 것과 세계 유산으로 지정되는 것은 어떻게 다를까요?

우선 세계 유산 기금에서 유산을 관리할 자금을 지원 받을 수 있습니다. 또, 인류 공동의 유산이기 때문에 국제사회가 관심을 갖고 파괴되지 않도록 감시하지요. 세계 유산이라는 가치 때문에 훌륭한 관광지로 인정받을 수도 있습니다.

외국의 세계 문화 유산

이집트의 피라미드와 스핑크스

인도의 타지마할 궁전

유네스코에서는 세계 유산과는 별도로 세계 무형 유산과 세계 기록 유산을 지정하고 있습니다. 무형 유산(無形遺産)은 뚜렷한 형태가 없는 유산을 뜻합니다. 언어, 음악이나 춤, 놀이, 의식 등의 예술은 따로 형태가 있는 것이 아니어서 사람들이 실제 행위로 옮겼을 때에만 볼 수 있습니다. 기록 유산(記錄遺産)은 글자로 기록된 형태의 유산을 말합니다. 우리나라의 판소리는 유네스코 세계 무형 유산으로, 훈민정음은 유네스코 세계 기록 유산으로 선정되었습니다.

우리나라의 세계 무형 유산 – 판소리

1 다음 빈칸에 공통으로 들어갈 말은 무엇일까요? (   )

> • "나의 죽음을 알리지 말라"는 이순신 장군의 ☐언이자 마지막 명령이다.
> • 할머니께서는 나에게 ☐품으로 가락지를 남겨 주셨습니다.
> • 다행히도 잃어버린 내 가방이 ☐실물 센터에 있었습니다.
> • 마침내 ☐전자지도가 완성되었습니다.   .

2 밑줄 친 부분과 같은 뜻의 낱말은 무엇일까요? (   )

> 6 · 25 전쟁 당시 치열한 전투를 벌이다 전사한 국군 병사의
> <u>유해</u>가 55년 만에 유족들의 품으로 돌아왔습니다.

① 유서   ② 유물   ③ 유골   ④ 유작

3 괄호에 들어갈 말을 보기에서 골라 문장을 완성하세요.

> | 보기 | 유산　유전　유감　유적 |
> | --- | --- |

1) 내게 (   ) 있으면 한번 얘기해 봐.
2) 저 사람은 (   )을(를) 물려받아 백만장자가 된 거래.
3) 딸이 엄마를 닮는 것은 (   ) 때문이지요.
4) 신라의 문화 (   )지인 경주 불국사로 수학여행을 다녀왔어요.

4 다음 밑줄 친 부분 중에서 뜻이 <u>다른</u> 하나를 고르세요. (   )

① 그 백만장자는 아무런 <u>유</u>언장도 남기지 않고 죽었다고 합니다.
② 유명한 예술 작품 중에는 작가가 죽은 후에야 인정 받는 <u>유</u>작이 많습니다.
③ <u>유</u>전 탐사와 발굴에는 막대한 돈이 들어갑니다.
④ 우리 아빠의 잠 <u>유</u>전자를 물려받았는지 나는 잠이 많습니다.

5 다음 중 '유전(遺傳)' 뒤에 어울리지 <u>않는</u> 말은? (　　　)

① 자　　　　　　② 병　　　　　　③ 가　　　　　　④ 공학

6 다음은 무엇에 대한 글일까요? 빈칸에 알맞은 말을 고르세요. (　　　)

> 인류 문명과 자연사에 있어 매우 중요한 자산인 □□ □□은 전 인류가 공동으로 보존하고 이를 후손에게 전수해야 할 세계적으로 매우 중요한 가치를 가진 유산이다.

① 문화 유적　　　　② 세계 유산　　　　③ 금은보화　　　　④ 완전 소중

7 설명에 맞는 낱말을 찾아 글자를 차례로 연결하세요.

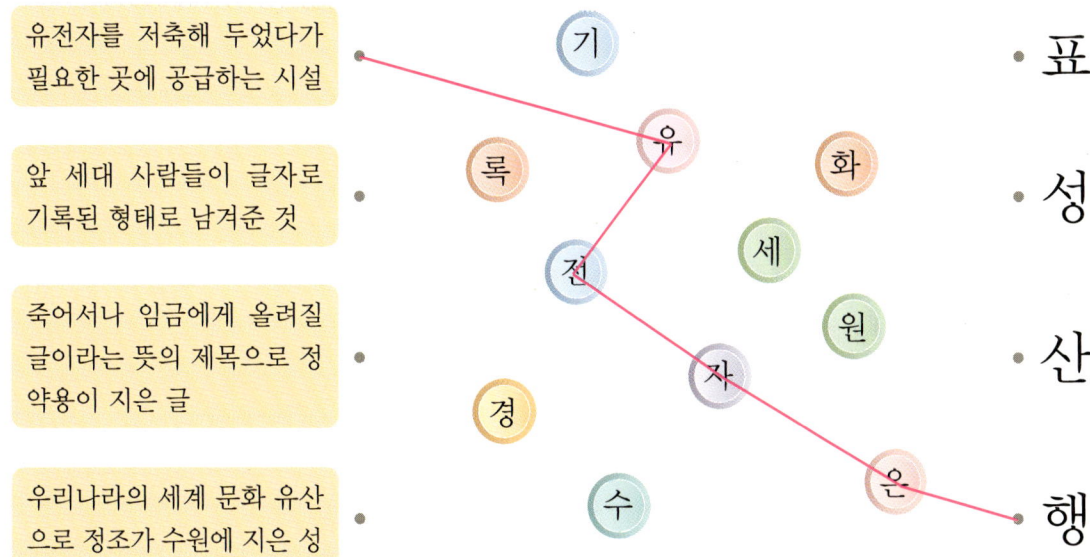

유전자를 저축해 두었다가 필요한 곳에 공급하는 시설

앞 세대 사람들이 글자로 기록된 형태로 남겨준 것

죽어서나 임금에게 올려질 글이라는 뜻의 제목으로 정약용이 지은 글

우리나라의 세계 문화 유산으로 정조가 수원에 지은 성

기　록　유　화　세　원　전　자　경　은　수

표　성　산　행

可 할수있을 가

나에게 불가능은 없어!

엄마, 제가 잘 칠 수 있을까요?

그럼~. 우리 딸이라면 충분히 □□하지!

우리딸 하이팅!

기본어휘 잡기

두 손가락의 피아니스트 이희아 씨예요. 위의 빈칸에 알맞은 말은? (　　)

① 안심　　　② 가능　　　③ 설득　　　④ 용감

정답은 ②번. 가능(可能)은 '능히 할 수 있다' 라는 말이니까요. 어머니는 희아 씨의 '가능성' 을 믿었습니다. 앞으로 능히 할 수 있거나, 이뤄질 수 있는 성질의 것이면 가능성(可能性)이 있다고 말합니다.

책 같은 인쇄물이 읽힐 수 있는 성질은? (　　)

① 독해력　　　② 가독성　　　③ 이해력　　　④ 해석력

어렵지 않았나요? 답은 ②번 가독성(可讀性)입니다. 인쇄가 선명하지 않거나 글자가 너무 작으면 읽기 힘들죠? 이런 땐 '가독성이 나쁘다' 라고 말합니다. 이렇게 가(可)는 '할 수 있다' 를 뜻해요.

빈칸을 채우면서 한번 읽어 볼까요? 불에 탈 수 있는 성질은 □연성입니다. 나무나 종이는 '가연성' 이 큰 물질이죠. 저항할 수 없는 힘은 불□항력, 사람의 생각으로 논할 수 없는 것은 불□사의예요.

可 할수있을 가

- 가능(可 能능히 능)
  능히 할수있음
- 가능성(可 能 性성질 성)
  능히 할수있는 성질·정도
- 가독성
  (可 讀읽을 독 性성질 성)
  읽힐 수 있는 성질
- 가연성(可 燃탈 연 性성질 성)
  불에 탈 수 있는 성질
- 불가(不아니 불 可)
  할수없음
- 불가항력
  (不可 抗저항할 항 力힘 력)
  저항할 수 없는 힘
- 불가사의
  (不可 思생각 사 議의논할 의)
  생각하거나 의논할 수 없음

서울의 **가시거리**가 최대 20Km에 이르고….

왼쪽 그림을 보세요. 라디오의 말을 엉뚱하게 알아들었군요. 가시거리는 맨눈으로 볼 수 있는 거리를 말해요. '가시거리가 20km'라면 20킬로미터 앞까지 보인다는 말이지요. 여기서 가시(可視)는 '눈으로 볼 수 있음'을 뜻합니다.

엑스선이나 자외선, 또는 적외선을 눈으로 본 적이 있나요? 물론, 없을 거예요. 이런 빛은 눈으로 볼 수 있는 빛과 파장이 다르거든요.

그럼, 눈으로 볼 수 있는 파장을 가진 빛은 뭐라고 할까요? (　　　)

① 가시광선　　② 태양 광선　　③ 전등불　　④ 야광

앞에서 배운 '가시'를 떠올려 보면? 답은 ①번 가시광선이죠. '가시광선' 덕분에 우리는 색깔을 볼 수 있어요. 또 어떤 현상이 실제로 나타나서 눈으로 볼 수 있게 되면, □□화되었다고 합니다. 빈칸을 채워 낱말을 완성하면? 네, 가시화예요.

그럼, '가'를 써서 여러 가지 가능한 일들의 표현을 알아볼까요?
쓰는 것은 용(用), 쓸 수 있으면 □□(可用).
변하는 것은 변(變), 변할 수 있으면 □□(可變).
바라는 것은 망(望), 바랄 수 있으면 □□(可望).

"<u>될 수 있는 대로</u> 빨리 와."의 밑줄 친 부분과 같은 말은? (　　　)

① 무조건　　② 아무래도　　③ 정말로　　④ 가급적

답은 ④번이에요. 가급적(可及的)은 형편이 미치는 범위 내에서 최선을 다한다는 말입니다. 형편과 상관없이 '무조건'은 아닌 거죠.

可	할 수 있을 **가**

- 가시(可 視볼 시)
  볼 수 있는
- 가시거리(可視 距떨어질 거
  離떨어질 리)
  눈으로 볼 수 있는 거리
- 가시광선
  (可視 光빛 광 線줄기 선)
  사람의 눈으로 볼 수 있는 빛줄기(무지개 빛으로 이루어져 있음)
- 가시화(可視 化될 화)
  실제로 나타나 볼 수 있게 됨
- 가용(可 用쓸 용)
  쓸 수 있음
- 가변(可 變변할 변)
  변할 수 있음
- 가망(可 望바랄 망)
  바랄 수 있음
- 가급적
  (可 及미칠 급 的~할 적)
  형편이 미치는 한

가 可　능히 할 수 있다

可 ~할 만한 **가**

- 가공(可 恐두려울 공)할
  두려워할 만한
- 가소(可 笑웃을 소)롭다
  비웃을 만하다
- 가련(可 憐불쌍할 련)하다
  불쌍히 여길 만하다
- 가증(可 憎미울 증)스럽다
  미워할 만하다
- 가당(可 當마땅할 당)치 않다
  마땅하지 않다
- 가관(可 觀볼 관)이다
  보아 줄 만하다

위 그림의 빈칸에 공통으로 들어갈 말은 뭘까요? (　　　)

① 감사　　　② 가공　　　③ 한심　　　④ 가련

정답은 ②번이죠. 가공(可恐)은 '두려워할 만한' 이라는 말입니다. 상대의 힘이 세거나 능력이 대단할 때 쓰는 표현이에요. 예를 들어, 핵무기는 아주 '가공' 할 위력을 지녔지요.

여기서 가(可)는 '~할 만한' 을 뜻합니다. 이 뜻으로 쓰인 '가(可)' 와 관계있는 표현들을, 빈칸을 채우며 더 알아볼까요?

웃음을 살 만하면 □소(可笑)롭다라고 말합니다. 그런데 이 웃음은 그냥 웃음이 아니라 비웃음이랍니다. 호랑이 앞에서 여우가 큰소리치고 폼을 잡으면, 그게 '가소로운' 짓이죠.

불쌍히 여길 만한 것은 □련하다, 보기에 괘씸하여 미워할 만한 것은 □증스럽다, 당연하거나 마땅하지 않은 것은 □당치 않다라고 합니다. 열심히 일하지 않고 일확천금만을 노린다면, '가당치 않은' 태도라고 말할 수 있지요.

보아 줄 만한 것은 □관입니다. 경치나 장면이 '가관' 이라면, 정말 아름답고 멋지다는 말이에요. 하지만 사람의 행동에 대해서 쓰면 정말로 봐줄 만하다는 게 아니고 비꼬는 말이 되니, 조심해서 써야 합니다.

잠꼬대가 **가관**이네.

할 수 있을 **가** 可

앗! 강아지도 입학 □□를 받았다고요?

오른쪽 빈칸에 들어갈 말은 무엇일까요? (　　　)

① 허가 　 ② 심판 　 ③ 요령 　 ④ 시험

정답은 ①번이죠? 허가(許可)는 어떤 일을 해도 된다고 허락하는 것을 말합니다. 관청이나 나라에서 '허가' 라는 말을 쓰면, 원래는 금지되어 있는 일을 특별히 허락한다는 뜻이 됩니다. 그러니까 '허가' 받지 않고 하는 일은 불법 행위인 거죠.

저도 입학 □□ 받았어요. 잘 부탁드립니다.

인가(認可)는 무언가를 해도 된다고 인정하는 것을 말합니다. 관청이나 나라의 '인가' 를 받아야 공식으로 인정이 되는 거예요. '무인가 학원' 은 관청의 인가를 받지 않은 학원이겠지요? 이런 곳에서는 피해를 당해도 보상받을 수 없어요. 공식적으로 인정된 학원이 아니기 때문이에요. 이렇게 가(可)는 '해도 되는 것' 을 뜻해요.

可	해도 될 **가**

- 허가(許허락할 허 可) 해도 된다고 허락함
- 인가(認인정할 인 可) 해도 된다고 인정함
- 불가(不아니 불 可) 하면 안 됨
- 미성년자 입장 불가(未아닐 미 成이룰 성 年해 년 者사람 자 入들 입 場마당 장 不可) 아직 어른이 아닌 사람이 들어가면 안 됨
- 불가침 조약(不可 侵침략할 침 條조항 조 約약속 약) 침략하면 안 된다는 조항이 있는 약속

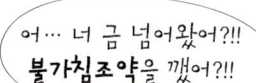

어… 너 금 넘어왔어?!! **불가침조약**을 깼어?!!

반대로, 불가(不可)는 하면 안 되는 것들을 가리킵니다.

그럼, 다음 빈칸을 채워 보세요. 미성년자가 들어가면 안 되는 곳은 미성년자 입장 □□라고 하고, 서로 침략하면 안 된다고 정한 조약은 □□침 조약 이라고 합니다.

이런 뜻도 있어요

가(可)에는 '옳다' 라는 뜻도 있어요. 옳다고 생각하는 것이니 '찬성' 을 뜻하기도 합니다. 가부(可否)는 '옳고 그름' 또는 '찬성과 반대' 를 말하는 거예요. 또 회의에서 가결(可決)되었다고 하면, '찬성으로 결정' 되었다는 말이에요.

- 가부(可 否아닐 부) 찬성과 반대　■ 가결(可 決결정할 결) 찬성으로 결정됨

어휘력 다지기

1 밑줄 친 '가' 중에서 나머지와 뜻이 <u>다른</u> 것을 찾으면? (　　　)

① 사흘 안에 밀린 방학 숙제를 다 하는 게 과연 <u>가</u>능할까?

② 이번 반장 선거에서 내가 당선될 <u>가</u>망은 거의 없어.

③ <u>가</u>급적 각자 먹을 도시락을 챙겨 오세요.

④ 새 건물이 완공될 때까지 고학년은 <u>가</u>건물에서 수업을 해야 합니다.

2 낱말의 뜻과 낱말을 올바르게 연결하세요.

1) 두려워할 만함　　　　　　　　●　　　　　● 가관

2) 꼴이 볼 만함　　　　　　　　●　　　　　● 가련

3) 불쌍히 여길 만함　　　　　　●　　　　　● 가공

4) 보기에 괘씸하여 미워할 만함 ●　　　　　● 가증

3 그림의 빈칸에 알맞은 말을 보기에서 찾아 괄호 안에 써 넣으세요.

보기	가련　　불가　　불가항력　　가부

1) 입장 □□
애들은 가라~
(　　　　　　)

2) 구해 줄꺼야 말꺼야~
□□□□적 자연재해로 마을은 순식간에 물바다가 되었습니다.
(　　　　　　)

3) 아~ □□한 소녀… 이렇게 추운 날….
지금 여름이거든?
성냥사세요~콜록..콜록
(　　　　　　)

4) 이번에도 내가 반장을 하겠어~. 호호~
독재는 물러가랏! 투표로 □□를 결정하라!
(　　　　　　)

4 괄호 안에 들어갈 말을 보기에서 골라 대화를 완성하세요.

> 보기   인가   허가   가결   가부

1) 진희 : 수진이가 다니는 학원 어떻대?

    지영 : 나라에서 인정해 주지 않은 무(   ) 학원이라고, 걔도 곧 그만둘 거래.

2) 뭉치 : 엄마, 불법 영업이 뭐예요?

    엄마 : (   ) 받지 않고 가게 같은 걸 한다는 뜻이야.

3) 엄마 : 마을 공터에 주차장을 세운다던데, 어떻게 생각해요?

    아빠 : 글쎄. 나는 아직 (   )을(를) 결정하지 못했어요.

4) 의장 : 찬성 32표, 반대 3표로 의안이 (   )되었습니다.

    아이들 : 만세! 우리, 이제 여자랑 짝하는 거야?

5 다음 중, 빈칸에 공통으로 들어가는 낱말을 고르세요. (   )

> • 이집트의 피라미드는 세계 7대 □□□□ 중 하나래.
>
> • 산모의 몸 안에서 아이가 자라고 태어나는 과정은 정말 □□□□해.

① 불가사의   ② 불가항력   ③ 입장 불가   ④ 가시거리

6 다음 설명에 해당하는 낱말을 가로, 세로, 대각선으로 찾아 ○표 하세요.

1) 불에 탈 수 있는 성질

2) 눈으로 볼 수 있는 파장을 가진 빛

3) 읽힐 수 있는 성질.

    인쇄가 선명한 책은 ○○○이 좋다

4) 서로 침략하면 안 된다고 정한 조약

5) 능히 할 수 있는 성질.

    나는 너의 ○○○을 믿어

6) 쓸 수 있음. ○○ 자원

급	력	가	용	입	의
히	불	항	사	외	불
소	가	시	광	선	연
증	침	화	가	급	가
당	조	장	의	능	독
가	약	적	가	연	성

어휘랑 놀자

정답과 해설 16쪽

가로 열쇠

1) 살이 썩은 뒤에 남은 뼈 (▶189쪽)
4) 지진의 정도를 재서 기록하는 기계 (▶181쪽)
5) 옳고 그름, 또는 찬성과 반대 (▶199쪽)
6) 돈이나 보석처럼 값나가는 물건 (▶172쪽)
8) 재산을 쌓음, 부정 ○○ (▶174쪽)
9) 가진 재물로 무언가를 할 수 있는 사람 (▶174쪽)
10) 바랄 수 있음. 회복될 ○○ (▶197쪽)
11) 교육·과학·문화의 보급과 교류에 힘쓰는
     유엔 기구 (▶192쪽)
12) 생각할 수 없음. 세계 7대 ○○○○ (▶196쪽)
14) 해도 된다고 허락함. 입학 ○○ (▶199쪽)
17) 많은 사람이 공동으로 쓰는 물건, 시설 (▶175쪽)
19) 생산에 쓰이는 재화 (▶175쪽)
20) 돈의 거래 항목 계산을 위해 정한 자리.
     은행 ○○ 번호 (▶182쪽)

세로 열쇠

1) 잃어버린 물건. 지하철 ○○○ 센터 (▶190쪽)
2) 이미 계산된 것을 모아서 계산함 (▶182쪽)
3) 하늘을 우러러 보는 가마솥 모양의 조선 시대
   해시계 (▶184쪽)
4) 사람의 지식이나 재능으로 이룬 재산 (▶173쪽)
7) 해도 된다고 인정함 (▶199쪽)
9) 국가나 정부 단체의 돈과 관련된 일 (▶173쪽)
10) 집안의 살림을 꾸려가는 방도 (▶183쪽)
11) 죽은 뒤에 발표된 작품 (▶189쪽)
12) 침략하면 안 됨. ○○○ 조약 (▶199쪽)
13) 문화재의 일종, 역사적 자취가 남아 있는 곳
    (▶177쪽)
15) 두려워할 만함. ○○할 위력의 펀치 (▶198쪽)
16) 기업의 재산 (▶173쪽)
18) 큰 재산을 소유한 사람들의 무리 (▶174쪽)

찾아보기

초등교과서
단어의
비밀

정답과
해설

아울북

單
하나 단

단숨에 날아와 단칼에 날려 버려 / 18~19 쪽

1 ③

해설 단체(團體)의 단(團)은 '모이다' 라는 뜻입니다.

2 1) 식단   2) 전단   3) 사주단자   4) 명단

3 1) 단독   2) 단위   3) 단조   4) 단순

4 ①

5

6 ④

해설 절단(切斷)의 단(斷)은 '자르다' 라는 뜻입니다.

7 ①

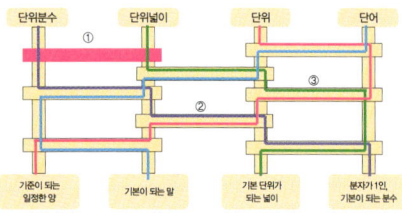

約
약속할 약

꼬리 걸고 꼭꼭 약속해~ / 26~27 쪽

1 약

2 1) 협약   2) 공약   3) 조약   4) 백년가약

3 1) 계약   2) 위약   3) 해약   4) 조약

해설 위약과 해약은 달라요. 위약은 계약 사항을 어긴 것이고, 해약은 계약을 없었던 일로 하는 것입니다.

4 ②

5 1) 요약   2) 축약   3) 절약   4) 인색

6 ④

해설 25쪽을 보세요. 약수는 배수의 약수가 되고, 배수는 약수의 배수가 되는 관계가 항상 성립합니다.

7 근검절약

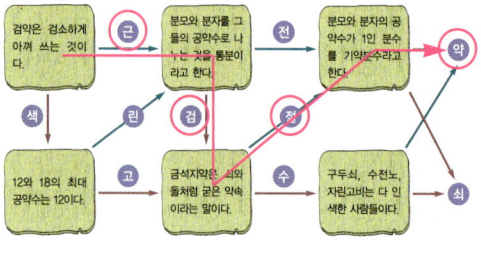

通
통할 통

어이구, 답답해. 말이 **통**해야지~ / *34~35* 쪽

1 ②

    해설 통나무의 '통'은 '쪼개지 않은 덩어리'라는 뜻의 고유어입니다.

2 1) 개통　　　　2) 통풍
   3) 보통　　　　4) 통화

3 보통례

4 ③

5 교통 체증

교	비	사	증
소	통	체	량

6 ①

    해설 치통(齒痛)의 통(痛)은 '아프다'라는 뜻입니다.

7

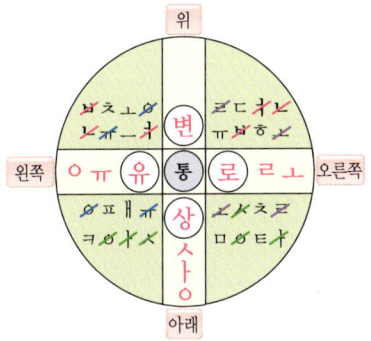

最
가장 최

나도 **최**고 중의 **최**고가 될 거야 / *40~41* 쪽

1 최

2 1) 최고봉　　　　2) 최근
   3) 최첨단　　　　4) 최고조

3 1) 최고　　　　2) 최악
   3) 최초　　　　4) 최강

4 ②

5 1) 최고　　2) 최신　　3) 최연소
   4) 최다　　5) 최소한

    해설 3)번은 '나이도 어린데'라는 표현을 보면 최연소(最年少)가 가장 알맞습니다. 5)번은 돈 씀씀이를 줄여야 한다는 내용이므로 최소한(最小限)이 알맞습니다.

6 1) 최우선　　　　2) 최고령
   3) 최소공배수　　4) 최약체

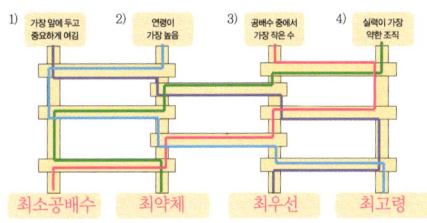

明
밝을 명

와! 꼭 조명을 켠 것처럼 밝아 / 50~51 쪽

1 명

2 ③

3 1) 증명   2) 조명 장치
   3) 발명   4) 공명정대

4 ④

해설 '명랑' 은 사람의 성격이 밝고 맑은 것을 뜻하기 때문에 어울리지 않습니다.

5 ④

6 1) 총명   2) 명랑
   3) 현명   4) 공명정대

7 명랑운동회

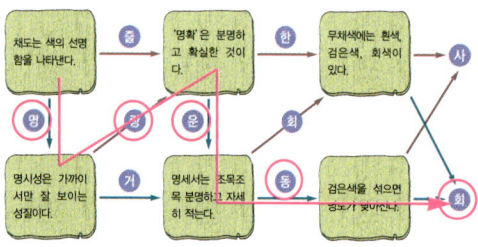

發
낼 발

빛이 반짝 발광, 열이 후끈 발열 / 58~59 쪽

1 발

2 1) 우발   2) 재발
   3) 돌발   4) 다발

3 ④

해설 가발(假髮)의 발(髮)은 머리털을 뜻해요.

4 ④

해설 ①번은 비밀에 관한 것이므로 '발언' 보다 '발설' 이 알맞습니다. ②번의 '우발적' 은 우연히 일어난 일일 때 쓰는 말입니다. ③번은 경찰이 한 일이므로 '발각' 이 아니라 '적발' 이 알맞습니다.

5 ②

6 1) 발견   2) 발각   3) 발굴
   4) 발표   5) 증발

7

1)발	광		2)수	3)증	기
열		4)계		발	
		5)발	굴		
6)발	아			7)출	8)발
달			9)개		상
		10)만	발		지

展
펼칠 전

신기한 것들이 펼쳐진 전시장 / 66~67쪽

1 전

2 1) 진전　　　　　2) 전망
　　3) 전개　　　　　4) 전람

3 1) 전개　　　　　2) 전개
　　3) 발전　　　　　4) 발전

4 ①
　　해설 전람은 한곳에 모아서 펼쳐 놓고 볼 때 쓰는 말입니다.

5

（ 얼굴전 ）

（ 도서전 ）

（ 시화전 ）

（ 풍물전 ）

6 ①
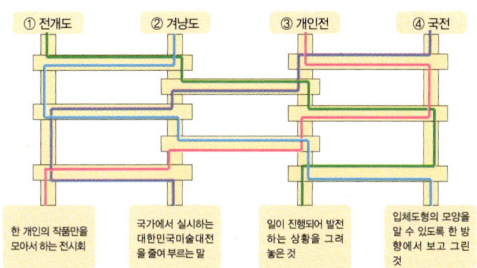

① 전개도　　② 겨냥도　　③ 개인전　　④ 국전

한 개인의 작품만을 모아서 하는 전시회 | 국가에서 실시하는 대한민국미술대전을 줄여 부르는 말 | 일이 진행되어 발전하는 상황을 그려 놓은 것 | 입체도형의 모양을 알 수 있도록 한 방향에서 보고 그린 것

見
볼 견

많이 보고 들어야 견문이 넓어지지 / 72~73쪽

1 견

2 ④
　　해설 견고(堅固)의 견(堅)은 '굳다' 라는 뜻입니다.

3 1) 발견　　　2) 예견　　　3) 알현

4

（ 편견 ）　　（ 선견지명 ）　　（ 상견례 ）

　　해설 율곡 이이는 임진왜란이 일어나기 전에, 왜적의 침입에 대비하여 십만 대군을 길러야 한다고 주장했습니다. 이렇게 앞날을 내다볼 줄 아는 지혜를 선견지명이라고 합니다.

5 1) 이견　　　　　2) 편견
　　3) 의견　　　　　4) 사견

6 ② - ① - ⑥ - ④ - ⑤ - ③
　　해설 백문(百聞)이 불여일견(不如一見)

정답과 해설

都
도읍 도

수도 서울은 거대한 도시 / *82~83*쪽

1   도

2   1) 도사공   2) 환도
    3) 도편수   4) 도회지

3   1) 독차지   2) 도대체
    3) 도합   4) 도매금

4   ④
    해설 도로(道路)의 도(道)는 '길'을 뜻합니다.

5   ①

6   1) 천도   2) 왕도
    3) 도심   4) 도농

7   1) ①   2) ②   3) ③

特
특별할 특

우리는 보통 부대가 아니라 특공대! / *90~91*쪽

1   특

2   1) 특사   2) 특기
    3) 특활   4) 특권

3   ③

4   ③
    해설 '특색하다'라는 말은 없어요. 대신 '특색이 있다'라고 표현합니다.

5   1) (기특)   2) (특석)
    3) (특유)   4) (특이)

6

여러 사람 공

여러 사람을 위한 공공장소 / 98~99쪽

1 공

2 1) 공직　　　　　2) 공익
　　3) 공정　　　　　4) 공언

3

1) 공기업　　2) 공영
3) 공과금　　4) 관공서

4 ④

해설 공장(工場)의 공(工)은 '만들다' 라는 뜻입니다.

5 ②

6 1) 공모　　2) 선공후사　　3) 멸사봉공
　　4) 공청회　　5) 청문회　　6) 공과금

멸	사	봉	공	아	파
사	신	주	설	과	트
공	사	선	영	하	금
모	진	공	청	회	장
생	육	후	목	문	공
선	교	사	엄	간	회

間

사이 간

친구 사이는 친구 간, 눈썹 사이는? / 104~105쪽

1 간

2 1) 사제간　　　　2) 순간
　　3) 간헐　　　　　4) 간발

3 ③

해설 간판(看板)의 간(看)은 '보다' 라는 뜻입니다.

4 1) 어중간　　　　2) 이간질
　　3) 별안간　　　　4) 공간

5 ②

해설 발재간(才幹)의 간(幹)은 '재능' 을 뜻합니다.

6
1) 　　2)
(미간 또는 　　　(외양간)
　양미간)

3) 　　4)
(정주간)　　　　(대장간)

7 아빠최고

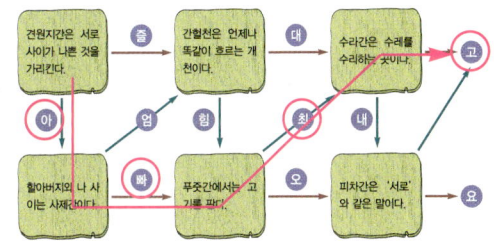

進
나아갈 진

직진만 하는 엄마 / 114~115쪽

1 ②

2 ③
   해설 진실(眞實)의 진(眞)은 '참' 을 뜻합니다.

3 1) 촉진   2) 진행
   3) 진전   4) 진화

4 ②
   해설 ②에서 '진취' 는 '진출' 로 바꾸어야 자연스럽
   습니다.

5 ③

6 ②

7

1)직	2)진		3)지	지	부	4)진
	상	5)진				도
		화				
6)촉	7)진		8)진	퇴	양	난
	학		입			

情
마음 정

감정은 표정에 다 드러나 / 122~123쪽

1 정

2 1) 열정   2) 정세
   3) 정서   4) 정경

3 1) 정상   2) 동정
   3) 진정   4) 감정

4 ④
   해설 정지(停止)의 정(停)은 '머무르다' 라는 뜻입니
   다.

5 1) 열정   2) 역정   3) 다정
   4) 인정   5) 사정

6 1) 정보화 사회   2) 정보 기술
   3) 정보화   4) 정보격차

갯벌

움직이는 바닷물이 만든 갯벌 / 130~131 쪽

1 ②

2 1) 방파제   2) 방조제   3) 조류   4) 조차

3 1) 간척지   2) 갯벌

4

간	철	자	하	방
파	척	방	굿	기
생	주	지	둑	생
제	파	조	지	갯
파	방	조	제	방

1) 간척지
2) 하굿둑
3) 방조제

5 ③

해설 개펄은 갯벌에서 개흙이 깔린 부분만을 가리켜요.

6
1)

지금은 밀물

2)
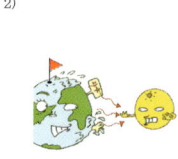
이번엔 썰물

7 갯

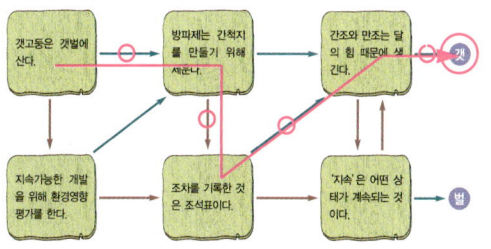

環
고리 환

화환을 목에 걸고 브이(V)를~ / 136~137 쪽

1 환

2 1) 화환   2) 색상환
   3) 악순환   4) 순환선

3 ③

4 ②

5 하나

6 ③

해설 ① 선 + 순환 = 선순환, ② 악 + 순환 = 악순환,
④ 순환 + 기 = 순환기

7 1) 환동해권 2) 환경호르몬 3) 환태평양 지역
   4) 색상환 5) 화환 6) 친환경
   7) 순환선 8) 선순환

환	태	평	양	지	역	수
동	하	지	기	조	호	환
해	호	색	강	친	환	경
권	악	상	보	순	육	호
선	순	환	차	환	미	르
옥	회	끈	화	선	화	몬
외	국	태	환	도	덕	한

고민을 확 풀어 주는 해결사! / 146~147 쪽

1 해

2 1) 해금   2) 화해   3) 이해
    4) 해소   5) 해산

3 1) 해석   2) 해명
    3) 해고   4) 와해

4 ①

5 ④
> **해설** ④에서 '용해' 보다는 '와해' 가 자연스러운 표현입니다.

6 ③

7 꿈보다해몽

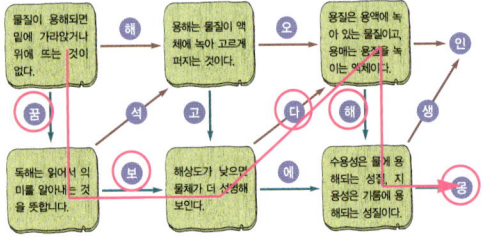

사랑의 결실로 결혼에 골~인 / 154~155 쪽

1 결

2 1) 결론   2) 결정
    3) 결성   4) 결실

3 1) 결혼   2) 타결
    3) 결박   4) 자매결연

4 ④
> **해설** 완전무결(完全無缺)의 결(缺)은 '흠, 결점' 이라는 뜻입니다.

5 ③
> **해설** 결성, 결사, 결단은 모두 단체를 만들어 이루는 일을 뜻합니다. 결빙은 물이 얼어 얼음이 되는 것을 말하죠.

6

比
견줄 비

비교할 테면 비교해 봐~ / *162~163* 쪽

1 비

2 1) 대비   2) 비견
  3) 비등   4) 성비

3 1) 비교   2) 비유
  3) 비중   4) 비등

4 ③

5 ②

6 ②

> **해설** 남학생과 여학생의 비(比)에 대해 이야기를 나누고 있습니다. 남학생이 여학생보다 많으니 '성비가 높다'라는 말이 어울립니다.

7 ◆1 ♡3 ◎5 ☆2 ♣4 ◎2 ☆5
   ➡ (비견)

假
거짓 가

가면을 벗고 진짜 얼굴을 보여 줘 / *168~169* 쪽

1 1) 가장   2) 가발
  3) 가명   4) 가성

2 1) 가량   2) 가불
  3) 가건물   4) 가설 무대

3
1) (가봉)
2) 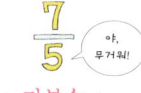 (가분수)
3) (가면)
4) (가장행렬)

4 가상

5 ④

6 ③

> **해설** ③의 '가정'은 '가장'으로 바꿔야 자연스러운 표현입니다.

7 21

> **해설** 휴가(3) + 가요(6) + 가지(12) = 21
> 휴가(休暇)의 가(暇)는 '느긋하게 지내다', 가요(歌謠)의 가(歌)는 '노래'를 뜻합니다. 가지는 고유어입니다.

財
재물 재

이게 웬 떡, 이게 웬 횡재!! / *178~179* 쪽

1 재

2 1) 축재   2) 재단
    3) 재산   4) 재계

3 ②

4 문화재

5 ①

6 ②

7 ◎1☆2   ♠4♦5♡3   ♦3♡1♠5   ◎4☆5

| 돈 을 | 모 으 고 | 불 리 는 | 기 술 | ➡ (재테크   ) |

計
셀 계

계량을 잘하면 케이크가 맛있어요 / *186~187* 쪽

1 1) 계량컵   2) 풍향계
    3) 통계   4) 지진계

2 1) 총계   2) 계산
    3) 회계   4) 집계

3 1) 계획   2) 설계
    3) 계책   4) 흉계

4 ④
   해설 계단(階段)의 계(階)는 '층계'를 뜻합니다.

5 ②

6 ④
   해설 간계는 간사한 꾀를 뜻하므로 존경을 받는 것과 어울리지 않습니다.

7
1)   2)   3)

앙부일구(③)   자격루(②)   측우기(①)

12 초단비 5단계 ①

遺
남길 **유**

이순신 장군이 남기신 **유**언에 따라 / *194~195* 쪽

1 유

2 ③

3 1) 유감   2) 유산

   3) 유전   4) 유적

4 ③

   해설 유전(油田)의 유(油)는 기름을 뜻합니다.

5 ③

   해설 ① 유전 + 자 = 유전자, ② 유전 + 병 = 유전병,

   ④ 유전 + 공학 = 유전공학

6 ②

7

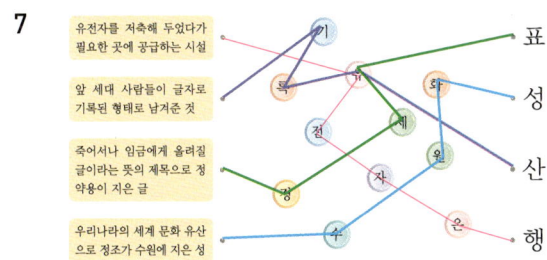

유전자를 저축해 두었다가 필요한 곳에 공급하는 시설

앞 세대 사람들이 글자로 기록된 형태로 남겨준 것

죽어서나 임금에게 올려질 글이라는 뜻의 제목으로 정약용이 지은 글

우리나라의 세계 문화 유산으로 정조가 수원에 지은 성

표 성 산 행

可
할수있을 **가**

나에게 불**가**능은 없어! / *200~201* 쪽

1 ④

   해설 가건물(假建物)의 가(假)는 '임시' 를 뜻합니다.

2 1) 가공   2) 가관   3) 가련   4) 가증

3

   1) (불가)   2) (불가항력)

   3) (가련)   4) (가부)

4 1) 인가   2) 허가   3) 가부   4) 가결

5 ①

6 1) 가연성   2) 가시광선   3) 가독성

   4) 불가침 조약 5) 가능성   6) 가용

급	력	가	용	입	의
히	불	항	사	외	불
소	가	시	광	선	연
증	침	화	가	급	가
당	조	장	의	능	독
가	약	적	가	연	성

정답과 해설

제1장 어휘랑 놀자

(문제 42쪽)

1)식		2)통			3)최	연	4)소		
5)단	6)위	분	7)수		적		통		8)소
	약		9)전	단				단	10)식
			노		11)최	첨	12)단		통
		13)단					신		
14)인	색		15)융		16)조	17)약			19)단
		18)보	통	례	분				
	20)축		성				21)최	고	봉
22)향	약		23)공	통			소		낙
	어		24)가	약			25)통	화	타

제2장 어휘랑 놀자

(문제 74쪽)

1)수	2)증	기			3)진			4)선	
	명		5)알		6)전	7)개		8)견	문
			9)현	10)명		11)발	상	지	
12)사	13)견			시				14)명	도
	물		15)발	성		16)우	17)발		
	생						발		
18)명	심	보	감		19)투			20)발	
세					21)명	랑		22)설	23)명
서		24)발			경			25)재	쾌
	26)스	모	그		영			27)발	굴

제 3 장
어휘랑 놀자

(문제 106쪽)

1)도	시	화		2)영			3)특	
사			4)특	5)정		6)이	7)간	질
8)공	9)공	연		주			발	
	청			10)간	헐	천		
11)도	회	지					12)선	
읍			13)특	허		14)도	15)공	정
		16)공	보			매		후
	17)특			18)공	과	금		사
	파			립			19)공	
20)견	원	지	간		21)특	용	작	물

제 4 장
어휘랑 놀자

(문제 138쪽)

	1)진			2)몰			3)선	순	4)한
5)간	척	6)지		인		7)추	진		경
		지		8)정	상				
		부					9)갯	마	을
	10)촉	진		11)격			벌		
			12)조	차					13)색
			류		14)진	화	15)진	상	상
16)정	보	17)화			퇴				환
나		18)환	태	평	양		19)역	20)정	
미				난				서	

제 5 장
어휘랑 놀자
(문제 170쪽)

1)가	분	2)수		3)와				4)해	5)독
명		용		6)해	우	소			해
	7)결	성					8)결	박	
			9)기				부		
10)성	11)비		승		12)결	빙		13)국	
	중		전		정		14)해	제	
15)난		16)해	결				17)결	말	
18)해	몽			19)즐	20)비		혼		
		21)타			유		22)가		
23)자	매	결	연			24)해	상	도	

제 6 장
어휘랑 놀자
(문제 202쪽)

	1)유	골			2)집				3)앙	
	실		4)지	진	계			5)가	부	
6)재	물		적				7)인		일	
		8)축	재		9)재	력	가		구	
10)가	망		산		정					
계						11)유	네	스	코	
		12)불	가	13)사	의		작			
14)허	가			적				15)가		
	침			16)자		17)공	공	18)재		
				19)생	산	재		20)계	좌	